Architectural working drawing

初めて学ぶ
建築実務テキスト
建築施工図

大野隆司　監修
中澤明夫　著
安藤俊建
佐々木晴英
秦　邦晃

市ヶ谷出版社

「初めて学ぶ　建築実務テキスト」発行にあたって

　大学・専門学校において，"建築"を冠する学部・学科は多い。そこでは，建築計画，建築構造，環境・設備といった標準的な科目の他に，それぞれの学校の特色を生かした科目を用意しており，その多くは実務に直結したものである。

　市ヶ谷出版社には既に，実績のある大学教科書の他に，大学・専修学校における標準的な科目を対象とした「初学者の建築講座」があるが，教育現場からは実務に直結した科目についても教科書の要望が多い。本シリーズ「初めて学ぶ　建築実務テキスト」はそうした声に応えることを目的に企画されたものである。

　実務に直結した科目の多くは，施工現場と関係があり，即戦力の養成が期待されている。こうした背景から，本シリーズは，大学・専修学校における教科書としてだけでなく，社会人の方が勉強する際の基本テキストとして，さらに，実務で使えることも大きな目標としている。

　以上のような趣旨から，著者は経験豊富な実務者中心の構成となっており，内容については，次のように読む人に留意した工夫をしている。
1) 説明は具体的で，例題演習もしくは自学自習的な部分をもつこと。
2) 実務における近年の傾向や将来の方向性についても留意すること。
3) 重要語句のゴシック表示，カラーをまじえた挿入図など，見やすさやわかりやすさを重視すること。

　建築の本質的なものの多くは現場実務にあります。本シリーズを通して，建築についての理解が深められ，次代を担う技術者が巣立つことを，関係者一同，期待しています。

2012 年 9 月

編修委員長　大野隆司

まえがき

「建築の施工とは，平たく一言でいうと，設計図に基づいて建物を建てることである。」といわれる。

建築物の施工にあたっては，各職種の施工担当者に対して，それぞれの役割と相互の関係，作業の手順と方法を具体的に示した図面が必須となる。この図面が「施工図」であって，これは設計図を展開して作成される。

建築の施工現場では，施工図は原則として元請会社の社員が作成していた。しかし，この施工図作成の仕事の内容が複雑化，かつ高度化するにつれて専門化が進み，作成業務は施工現場での作業から分離されて専門職によるものとなっている。

建築施工図の作成方法や読み方を解説した図書としては，既刊の「実用　建築施工図—若手技術者のための見方・描き方—」（市ヶ谷出版社）をはじめとして，建築を学ぶ学生から建築会社の初級技術者を対象としたもの，あるいは初歩的でかつ基本となる事柄を解説したものなど，いくつかの参考図書が刊行されている。これらは「施工図」の性格上，建築現場での施工技術者を対象としているものが多い。

本書は，大学，専修学校，高等専門学校，工業高校などで初めて建築を学び，施工図の役割を理解し描き方を修得しようとする人たちを対象としている。したがって，施工図の作成手順を中心に，作成するうえでの決まりごとや約束ごと，留意点などを説明することとし，それら決まりごとなどの背景についての説明は最小限に留めた。これは，建築施工図の作成技術の修得に絞った学習を，より容易に，かつより早く進めることが出来るようにとの考えによるものである。なお，施工図作成に際しての決まりごとなどの背景や理由あるいはその効果については，既刊本に詳しく解説してあるので参考にされたい。

本書によって建築施工図の役割を理解し，建築施工図作成の手順と要点を修得したうえで，専門職としての職能を身につけた多くの若手技術者が生まれることを期待している。

2012 年 9 月

執筆者代表　中澤明夫

本書の構成の特徴と使い方

　本書では，建築施工図の概要を理解したうえで，具体的な施工図の描き方を修得することが出来るように，全体構成，特に章と節の構成を工夫した。

　第1章では，建築施工図の位置付けと種類を説明し，以降の章では，施工図のうちRC造建物の施工で最も重要なコンクリート躯体図に限って扱ってある。

　第2章では，コンクリート躯体図の基本となる事柄を解説した。

　第3章では，2階建てのRC造事務所建物をモデル建物として取りあげ，この建物の施工で通常必要となるコンクリート躯体図について，作図の要点を解説した。

　第4章では，自学自習の役にも供するため，このモデル建物のコンクリート躯体図の作図手順を詳細に説明した。

　この詳細説明は，コンクリート躯体図を作成する手順を1ステップごとに分解し，参照あるいは確認の対象とすべき設計図の当該部分を示したうえで，そのステップでの作図内容を示したものである。これを順次追いかけることによって，完成に至る作成の手順と各作図段階での要点が容易に理解できるようになっている。

　最後に，実際に施工現場で用いるコンクリート躯体図の完成図の一部を，参考のため添付しておいた。ただし，添付図は，紙面の都合で縮小版とし，基本となる基準階躯体図についてのみ，原寸版を2分割して添付してある。

　限られた時間の中で，効率よく学習を進めることが出来るように，本書を用いた学習の方法は，次のように想定している。

　まず第1章で，施工図の概念を手早く把握する。ついで，第2章でコンクリート躯体図の基礎をおおまかに理解し，そのうえで第3章で取りあげたモデル建物について，作図の要点を参照しつつ実際の作図を演習する。

　この作図の演習にあたっては，具体的な作図の要点と第2章の基本となる事柄とを対照して逐一確認し，学習を進めていただきたい。また，必要に応じて，第4章の詳細手順を参照することが有効である。

謝　辞

　専修学校，工業高等学校などで教鞭をとっておられる教育現場の先生方からは，若手技術者育成に向けての日頃のご体験を基にした熱意のこもった貴重なご意見を頂戴し，本書の編纂の参考とし役立たせて戴きました。お礼を申し上げます。

CONTENTS

第1章 建築の施工図

1・1 建築施工図とは　2
1・1・1 設計図と施工図 ―― 2
1・1・2 施工計画図 ―― 3
1・1・3 施工詳細図 ―― 3

1・2 施工図の作成　4
1・2・1 施工図の種類 ―― 4
1・2・2 施工図の作成手順 ―― 5

1・3 設計図の見方　6
1・3・1 設計図書とは ―― 6
1・3・2 設計図の表示記号 ―― 7

第2章 RC造の施工図

2・1 コンクリート躯体図とは　10
2・1・1 コンクリート躯体図は何を描くのか ―― 10
2・1・2 コンクリート躯体図には建物のどこを描くのか ―― 11
2・1・3 コンクリート躯体図はだれが描くのか ―― 12
2・1・4 コンクリート躯体図はいつ描くのか ―― 13

2・2 コンクリート躯体図の表示記号・表現方法　14
2・2・1 縮尺 ―― 14
2・2・2 線の種類 ―― 14
2・2・3 基準線 ―― 14
2・2・4 寸法線，寸法 ―― 15
2・2・5 柱 ―― 16
2・2・6 梁 ―― 18
2・2・7 壁 ―― 20
2・2・8 スラブ（床版） ―― 21

2・3 コンクリート躯体図に影響する仕上工事　26
2・3・1 タイル工事（外装タイル） ―― 26
2・3・2 建具工事 ―― 30
2・3・3 打継ぎ目地 ―― 36
2・3・4 ひび割れ誘発目地 ―― 37
2・3・5 防水工事 ―― 38
2・3・6 耐震スリット ―― 43

2・4 コンクリート躯体図に影響する設備工事　44
2・4・1 壁の設備開口 ―― 44
2・4・2 床の設備開口 ―― 45
2・4・3 柱の設備機器 ―― 45
2・4・4 梁の設備開口 ―― 46
2・4・5 パイプシャフト（PS） ―― 46
2・4・6 洗面台などの給水管・排水管 ―― 47
2・4・7 エレベータシャフト ―― 47
2・4・8 設備基礎 ―― 48
2・4・9 ハト小屋 ―― 48

第3章　コンクリート躯体図の作図

3・1　モデル建物　　　50
3・1・1　設計概要 ———— 50
3・1・2　意匠設計図 ———— 51
3・1・3　構造設計図 ———— 60
3・1・4　躯体図に関係する建築設備 ———— 65

3・2　作図の要点　　　66
3・2・1　基準階躯体図（1階躯体図） ———— 66
3・2・2　基礎躯体図 ———— 72
3・2・3　最上階躯体図 ———— 75
3・2・4　階段躯体図 ———— 80
3・2・5　設備開口 ———— 82

第4章　コンクリート躯体図の作図の詳細手順

4・1　基準階躯体図（1階躯体図）　　　85
4・1・1　レイアウト計画（平面図，断面図，凡例，他） ———— 85
4・1・2　通り心（基準）線・符号，壁・柱の中心線ならびに寸法（補助基準）線・寸法の記入 ———— 85
4・1・3　平面図の作成 ———— 86
4・1・4　断面図の作成 ———— 97
4・1・5　作図後のチェック ———— 101

4・2　タイル割付図（45 二丁掛けタイル張りとした場合）　　　102
4・2・1　タイル割付図のレイアウト ———— 102
4・2・2　平面の割付け ———— 102
4・2・3　開口部の平面の割付け ———— 102
4・2・4　高さ方向の割付け ———— 103
4・2・5　開口部の高さ方向の割付け ———— 104
4・2・6　完成図 ———— 105

（巻末袋入図）コンクリート躯体図

①-A　コンクリート躯体図に描く内容（1階コンクリート躯体図）
①-B　1階躯体図（平面図・断面図）
②-A　基礎躯体図（平面図・断面図）
②-B　2階（屋上階）躯体図（平面図・断面図）
③-A　屋根伏図・断面図
③-B　階段躯体図
④-1　1階躯体図の原寸図（左半分）（1／50）
④-2　1階躯体図の原寸図（右半分）（1／50）

索　引 ———— 106

初めて学ぶ 建築実務テキスト

第1章

建築の施工図

1・1　建築施工図とは　……………　2

1・2　施工図の作成　………………　4

1・3　設計図の見方　………………　6

　「施工図書き」は，現場作業から独立した職能であって，かつ専業化しているため，仕事の積み重ねの経験が重要視される。

　本章では，「建築施工図とは何か」を中心に学習するが，要点は以下のとおりである。
　　① 設計図とのかかわりあいと設計図の見方
　　② 施工図の種類
　　③ 施工図の作成フロー

1・1 建築施工図とは

1・1・1 設計図と施工図

建物の建設は，建築主の「こんな建物を建てたい」という発意で始まる。これを設計者が設計図に表し，この設計図に基づいて施工者が施工することによって建物が建つ。この一連の流れの中での設計図と施工図の要点を，図1・1に図解する。

設計図は，建物の完成時の形を表しているのに対して，施工図は，完成に至る手順を描いている。

したがって，図が使われる対象は，設計図は，建築主，許認可機関および施工者である。一方，施工図は，各施工段階（工程）の各職種の工事担当者であって，施工の方法や施工の手順を具体的に明らかにする役割を持っている。

建築の施工図には，施工計画図と施工詳細図がある。

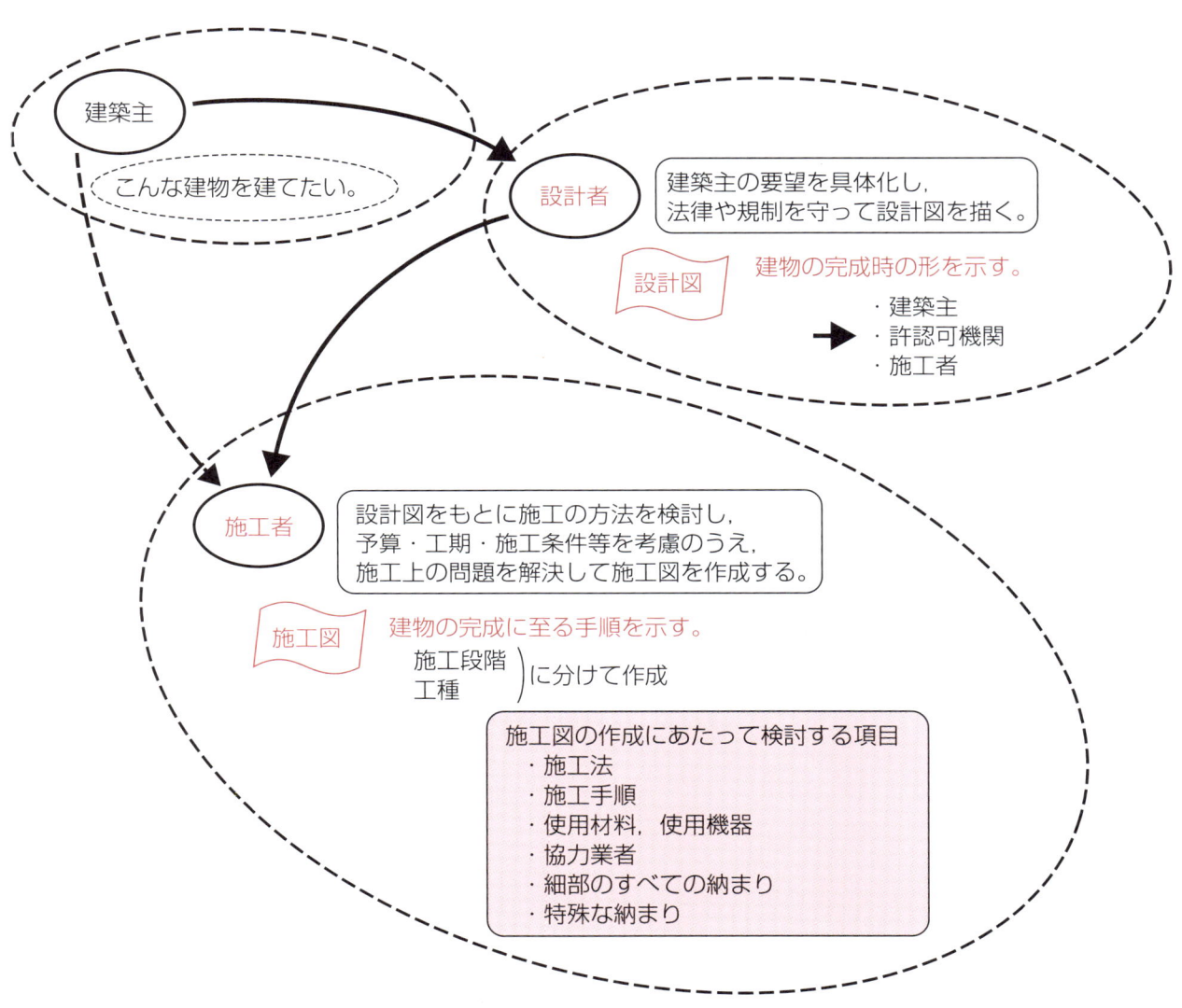

図1・1　建物の建設の流れにおける設計図と施工図

1・1・2 施工計画図

施工計画図は，施工に着手する初期段階で元請業者が作成する。その役割は，次のとおりである。

(1) 施工方針を施工法とともに示し，全工事担当者に徹底させる。
(2) 施工上の手段，順序，段取りを表し，実施工への具体的展開をスムーズにする。

施工計画は，品質，工程，予算などに与える影響が大きく，施工計画図はそれぞれの工事種目ごとに作成される。

なお，施工計画には以下の種類があり，施工計画図の作成にあたっては，各工事種目の相互の関連を念頭に置いた総合的な検討が行われる（図1・2）。

① 仮設工事計画
② 解体・撤去工事計画
③ 地下工事計画
④ 躯体工事計画
⑤ 仕上・設備工事計画

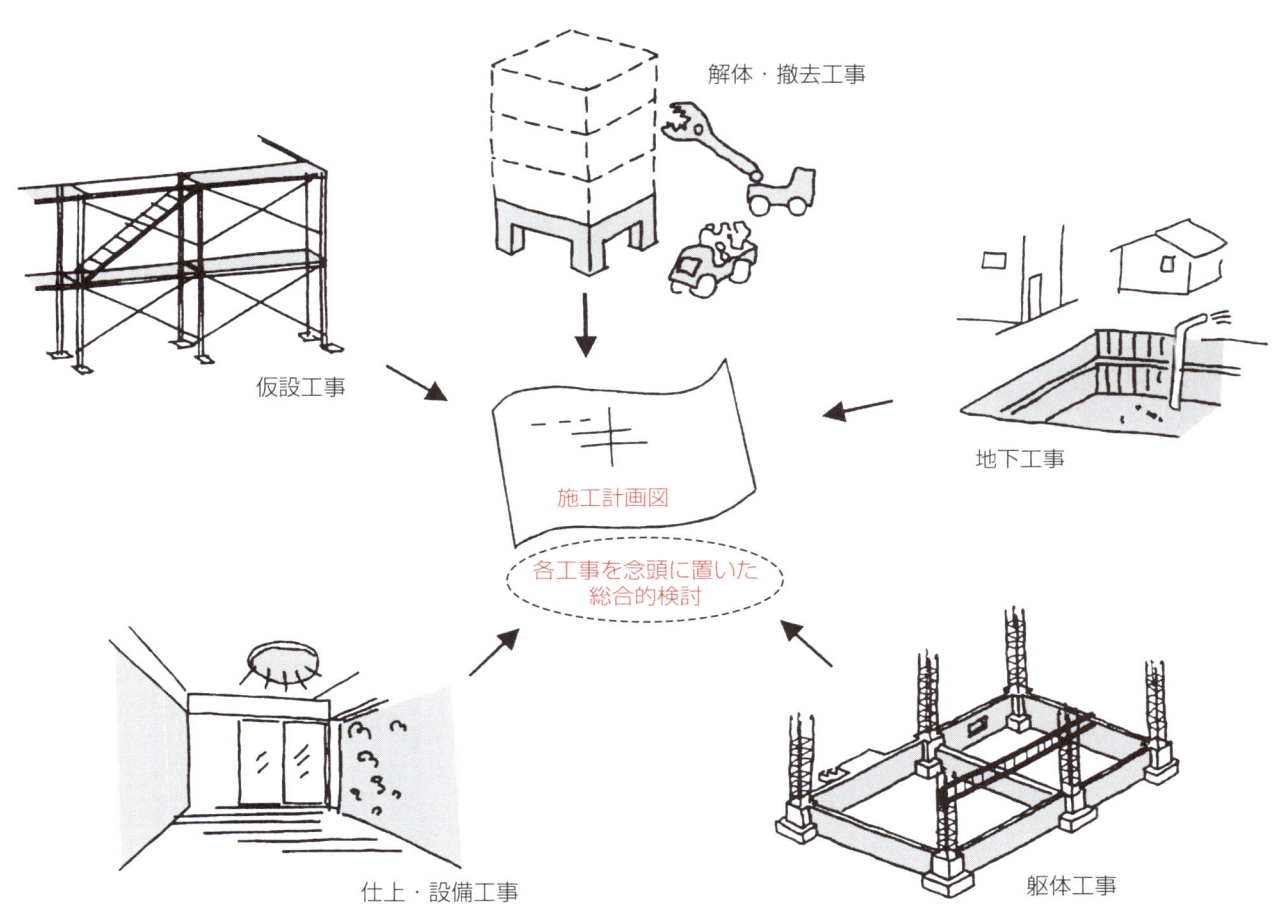

図1・2 建築の施工計画

1・1・3 施工詳細図

施工詳細図の主な役割は，次のとおりである。

(1) 工種ごとの工事範囲を明らかにし，具体的な施工方法と施工手順を示す。
(2) 実際の施工に必要な，細部の寸法や納まり，断面などを示す。

施工詳細図の作成にあたって検討する事柄は，施工の方法と手順，使用材料と機器，協力業者，詳細な納まりなどである（図1・1参照）。

施工詳細図を指して「施工図」と呼ぶことが多い。本書でも，以降はこの施工詳細図を施工図と呼ぶ。

1・2 施工図の作成

1・2・1 施工図の種類

工事工程ごとに，その職種・工種・目的に合わせた施工図を作成する。

躯体工事について，主な施工図の種類とその作成者を，表1・1に示す。

また，仕上工事および設備工事について，主な施工図の種類を，表1・2に示す。

施工図の作成者は，その施工図の工種や目的，作業所の規模や構成などによって，それぞれ元請業者，協力業者，あるいは両者のいずれかに分類される。

躯体工事の施工図について，コンクリート躯体図は元請業者が作成する。一方，杭やプレキャスト・コンクリート，鉄骨などのように工事の専門性が高く，技術的にも高度な工種については，協力業者が専業者として作成する。

仕上工事に関して，平面詳細図は多くの職種との取り合い部分が多いので，元請業者が作成する。

設備工事については技術的な専門性が高いので，ほぼすべてを協力業者が作成する。

なお，表1・1に「いずれか」と示した施工図は，主に協力業者が作成することが多い。

表1・1 施工図の種類・作成者（躯体工事）

工事分担		図面名称	図面の作成者		
			元請業者	協力業者	いずれか
躯体工事	杭工事	杭伏図	○		
	土工事	掘削図	○		
	コンクリート工事	躯体図（寸法図）	○		
	プレキャスト工事	割付図		○	
		詳細図		○	
	鉄筋工事	施工図（工作図）			○
	鉄骨工事	加工図（工作図）		○	
	型枠工事	施工図（工作図）	○		

表1・2 施工図の種類（仕上工事・設備工事）

工事分担		図面名称
仕上工事	内装工事	平面詳細図
		天井伏図
		床伏図
	外装工事	外装施工図
	木工事	木工事施工図
		木製建具施工図
	石工事	石割付図
		詳細図
	タイル工事	タイル割付図
	金属工事	手摺工事施工図
		詳細図
	金属製建具工事	建具施工図

工事分担		図面名称
設備工事	機械設備工事	各階系統図
		各階タイプ別衛生図
		各階躯体スリーブ図
		M.B廻り詳細図
	電気設備工事	幹線系統図
		弱電系統図
		各階電気施工図
		各戸タイプ別施工図
		自動火災報知器系統図
		RF避雷針施工図

1・2・2 施工図の作成手順

施工図の作成手順を，図1・3に示す。

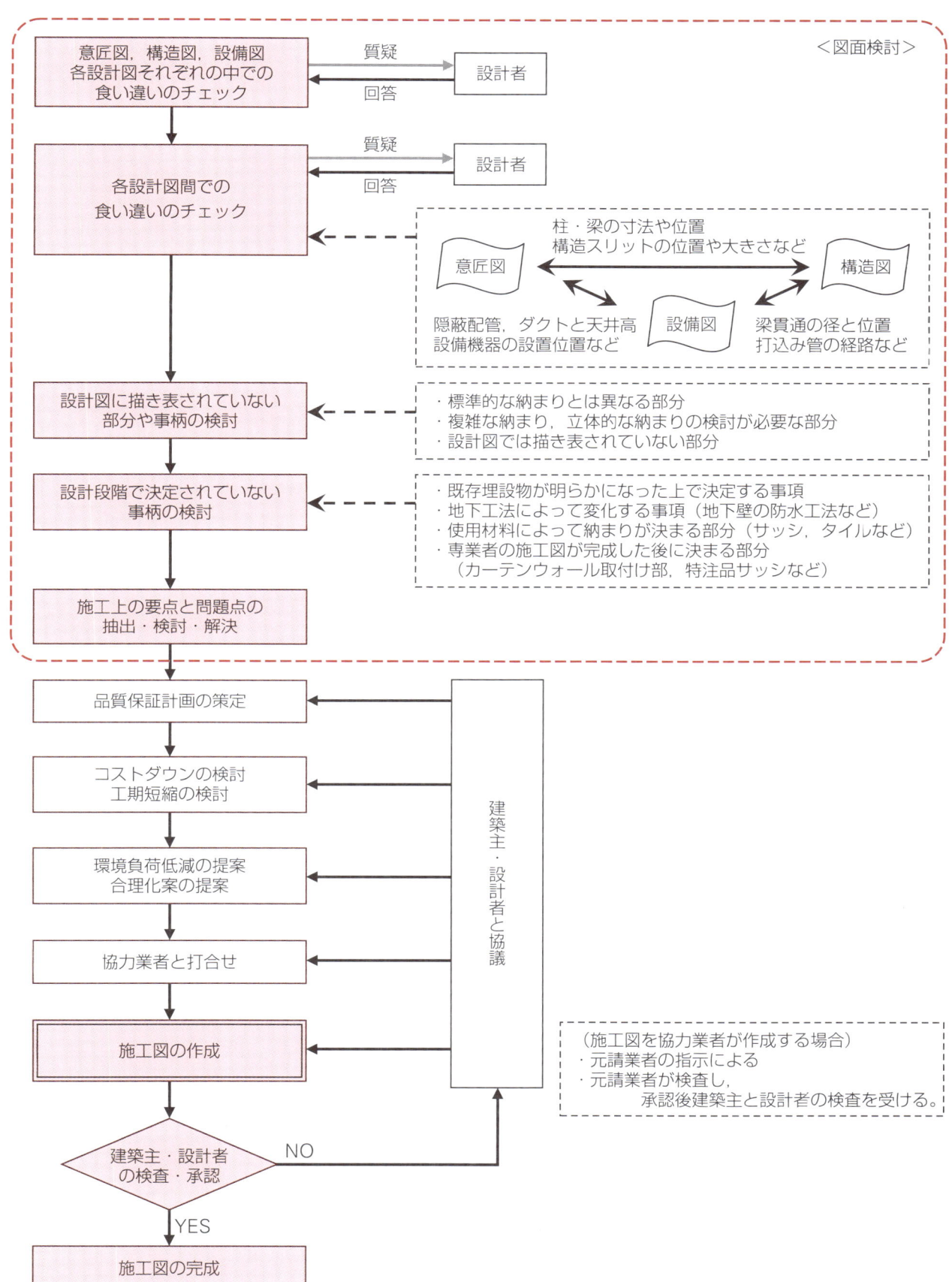

図1・3 施工図作成のフロー

1・3 設計図の見方

1・3・1 設計図書とは

設計図書の主な機能は，次のとおりである。
(1) 建築主のニーズと設計意図が的確に表現されている。
(2) 工事費の見積，工期の設定が出来る。
(3) 施工計画の立案，施工図の作成が出来る。

一般に設計図とは，意匠図，構造図，設備図および特記仕様書のことをいう。このほか，共通仕様書，現場説明資料などを含めて設計図書と呼ぶ。

設計図書の優先順位は，次のとおりである。
① 質疑応答書を含む現場説明資料
② 特記仕様書
③ 設計図
④ 共通仕様書
⑤ 規格

各設計図の構成と図面名称，および各図面に示されている事柄を，意匠図と構造図について表1・3に，また設備図のうち主なものについて表1・4に一覧で示す。

表1・3 意匠図・構造図の構成，図面名称，図面に示されている事柄

意匠図

図面名称	表示内容
図面リスト	設計図の構成
設計概要書・案内図	工事名称，構造規模，敷地の位置，方位，縮尺
配置図	敷地と道路，敷地と建物の位置関係
特記仕様書	一般共通事項，工事別の品質基準，工法・材料・メーカーの指定
求積図	法的な面積の算定基準
面積表	敷地面積，建築面積，床面積
仕上表	内部・外部の仕上一覧
各階平面図・屋根伏図	平面形状，構造材，仕上材，設備等の位置・寸法
立面図	建物の外観，基準地盤面，高さ，屋根勾配，道路斜線，高さ制限との関係
断面図	内部の各階の天井高および敷地の相互関係
矩計図	基準寸法，標準的納まり，主要部分の詳細
平面詳細図	各室の建具，間仕切，設備機器を配置した寸法を表示
展開図	各室の断面，開口部の形状，仕上げ
天井伏図	天井面の仕上げと納まり，割付け，照明器具の配置
各階建具キープラン	建具の位置と建具表の記号
建具表	材種，名称，形状，形式，寸法
各部詳細図	各室，階段，造作，建具回り等の詳細
昇降機図	エレベータ，機械駐車設備
外構図	建物外部の門・塀・駐車場等の構築物の位置，庭園
その他参考図	製品図，イメージ図

構造図

図面名称	表示内容
構造標準（基準）図	構造の概要・基準，工法・材料の指定
杭伏図	杭の位置，径，形状，配筋詳細
基礎伏図	基礎の位置，形状，開口位置，部材記号
各階伏図・R階伏図	柱・梁・床・壁の位置，部材記号
軸組図	躯体の各階高さ，柱・梁・壁・開口部・構造スリットの位置，部材記号
基礎リスト・基礎梁リスト	基礎・基礎梁の部材記号ごとの断面形状，配筋本数
大梁リスト	大梁の部材記号ごとの断面形状，配筋本数
小梁リスト	小梁の部材記号ごとの断面形状，配筋本数
壁リスト・床版リスト	壁・床版の部材記号ごとの断面形状，配筋本数
雑詳細図	階段，開口補強
架構配筋詳細図	柱・梁・耐力壁等の継手，定着，接合部納まりの配筋

表1・4 主な設備図の図面名称，図面に示されている事柄

電気設備図

図面名称	表示内容
特記仕様書	電気設備の概要，工事別標準，工法・材料・メーカー指定，凡例
幹線系統図	各種引込み・盤等の位置，建物全体の幹線系統
幹線・動力設備図	各階ごとの設備機器等の動力系統・位置
照明・コンセント設備図	各階ごとの照明・コンセントの位置，個数，記号，系統
電話・テレビ共聴設備図	各引込み・端子盤の位置，建物全体の配管系統と各階の位置
弱電設備図	各階ごとの弱電設備の位置，系統
インターホン設備図	分配器・制御部の位置，建物全体の配管系統
自動火災報知設備図	火災報知器・非常用電源・スピーカーの位置・個数，建物全体の配管系統，記号説明
避雷設備図	突針，影響範囲，設置銅板・接地棒の位置，端子盤，系統，避雷設備機器姿図
住戸詳細図	各タイプ別電気設備の位置，系統

機械設備図

図面名称	表示内容
給排水衛生設備特記仕様書	給排水衛生設備の概要・標準，工法・材料・メーカー指定，凡例
空調設備特記仕様書	空調設備の概要・標準，工法・メーカー指定，凡例
衛生設備系統図	本管接続，量水器，継手，弁等，建物全体の配管系統
衛生設備各階平面図	上記各階の位置，系統
衛生設備タイプ別 平面詳細図	上記各タイプの詳細
空調換気設備平面図	空調換気設備の各階の位置，配管系統・径
空調換気設備タイプ別 平面詳細図	上記各タイプの詳細

1・3・2 設計図の表示記号

設計図に一般的に用いられる表記と記号のうち，主なものを以下に示す．

① 材料構造表示記号
  例）コンクリート

  ────────
  ═══════ 構造用
  ────────

  ────────
  ──────── 非構造用

② 材料断面表示記号
  例）〰〰〰〰 畳

③ 材料種類略名記号
  例）Al   アルミ
    SUS   ステンレス
    LGS   軽量鉄骨

④ 塗装種類略名記号
  例）OS   オイルステイン
    VP   塩化ビニールペイント

⑤ 建具記号
  例）WD   木製ドア
    SD   スチールドア
    AW   アルミサッシ
    AD   アルミドア

⑥ 平面記号
  例）点検口（床）   構造スリット

⑦ 製図記号
  例）CH   天井高
    FL   フロアレベル（フロアライン）
    SL   スラブライン
    GL   グランドライン

⑧ 電気記号
  例）コンセント（2口）   換気扇

⑨ 設備記号
  例）給湯管   給水栓

  ──┼──

  PS   パイプスペース

初めて学ぶ 建築実務テキスト

第2章

RC造の施工図

2・1　コンクリート躯体図とは ……………………… 10

2・2　コンクリート躯体図の表示記号・表現方法 …… 14

2・3　コンクリート躯体図に影響する仕上工事 …… 26

2・4　コンクリート躯体図に影響する設備工事 …… 44

　本章では，建築構造物の中でも基本となるRC造建物を例に，以下の内容を学習する。

① コンクリート躯体図の作成に係る基本事項
② 建物の主要部材である柱・梁・壁・スラブのコンクリート躯体図への表示方法・表現方法
③ コンクリート工事と密接な関係にある仕上工事および設備工事において、納まりや取合いなどのコンクリート躯体図への表現方法

2・1 コンクリート躯体図とは

2・1・1 コンクリート躯体図には何を描くのか

コンクリート躯体図として表す主な図面は，平面図，断面図，部分詳細図である。これらの躯体図に描き込む主な内容を表2・1に示す（巻末袋入図①-A コンクリート躯体図に描く内容 参照）。

(1) 平 面 図

コンクリート工事に関わるすべての範囲を描く。

(2) 断 面 図

平面図だけでは分かりにくい部位を描く。

(3) 部分詳細図

複雑で細かい納まりなどを，縮尺が小さい図面で表す。1枚に納まらないときは，別の図面に描き表す。また，共通的な事柄（例えば，建具のぬすみ[注1]の形状や目地棒・面木の形状など）は，凡例として示す。

なお，打込み金物，天井インサートなどは，コンクリート躯体図と同一図面に描くと見にくくなるため，別に施工図を作成する。

表2・1 躯体図に描き込む主な内容

基 準 階	
①	通り心
②	基準レベル線
③	通り心の間隔寸法
④	階高寸法
⑤	柱
⑥	梁
⑦	壁
⑧	スラブ
⑨	階段
⑩	建具開口
⑪	設備開口
⑫	差し筋
⑬	ぬすみ・目地棒・面木
最上階（基準階に加える項目）	
⑭	パラペット
⑮	水勾配
⑯	ドレン
別図となるもの	
⑰	天井インサート
⑱	アンカーボルト

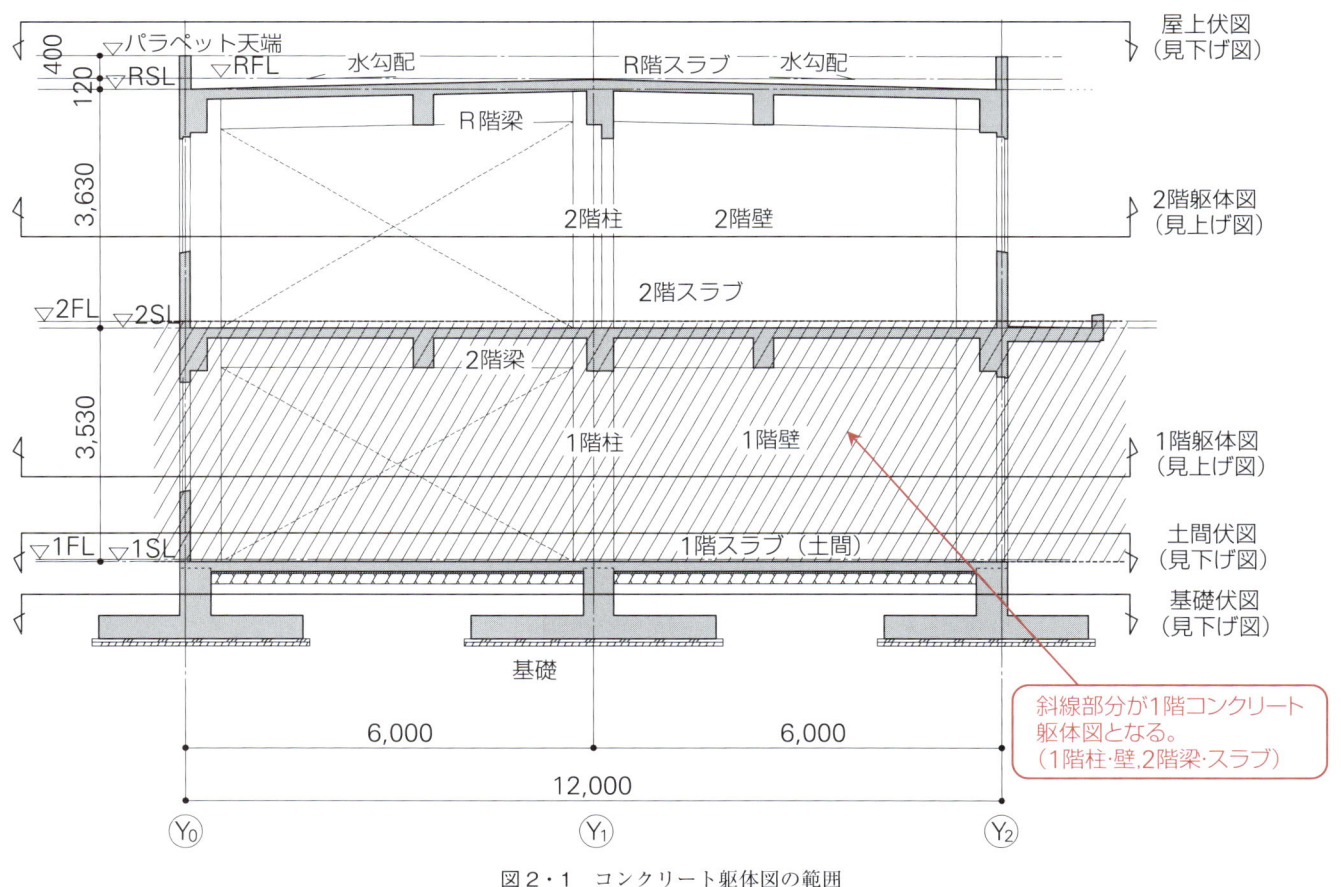

図2・1 コンクリート躯体図の範囲

注1) 図2・2参照

2・1・2 コンクリート躯体図には建物のどこを描くのか

コンクリート躯体図1枚の図面には，1回に打設するコンクリートの範囲を描き表す。これは，コンクリート躯体図を最も利用する型枠工や鉄筋工に配慮したものである。

1階のコンクリート躯体図の範囲とは，図2・1に示すように1階のスラブ上端から2階のスラブ上端までである。つまり，1階の柱，壁などの立ち上がり部分と2階の梁，スラブなどを1枚の図面に描き表す。この表現方法は見上げ図と呼ばれ，設計図で用いられる見下げ図の表現とは異なる。

また，最上階については，一般階の見上げ図に加えて見下げ図も作成する。この見下げ図は，**屋根伏図**と呼ばれ，屋根スラブの水勾配やパラペットなどを描き表す（p.75 3・2・3参照）。なお，見下げ図には1階の床伏図（土間伏図）や基礎伏図などがある（p.72 3・2・2参照）。

■**参考：ぬすみ**

コンクリート躯体には様々な部位に「ぬすみ」を入れる。

「ぬすみ」とは，仕上材を躯体に取り付けたり，コンクリート躯体と仕上げとの取合いを円滑に仕上げるために設ける欠込みのことである。

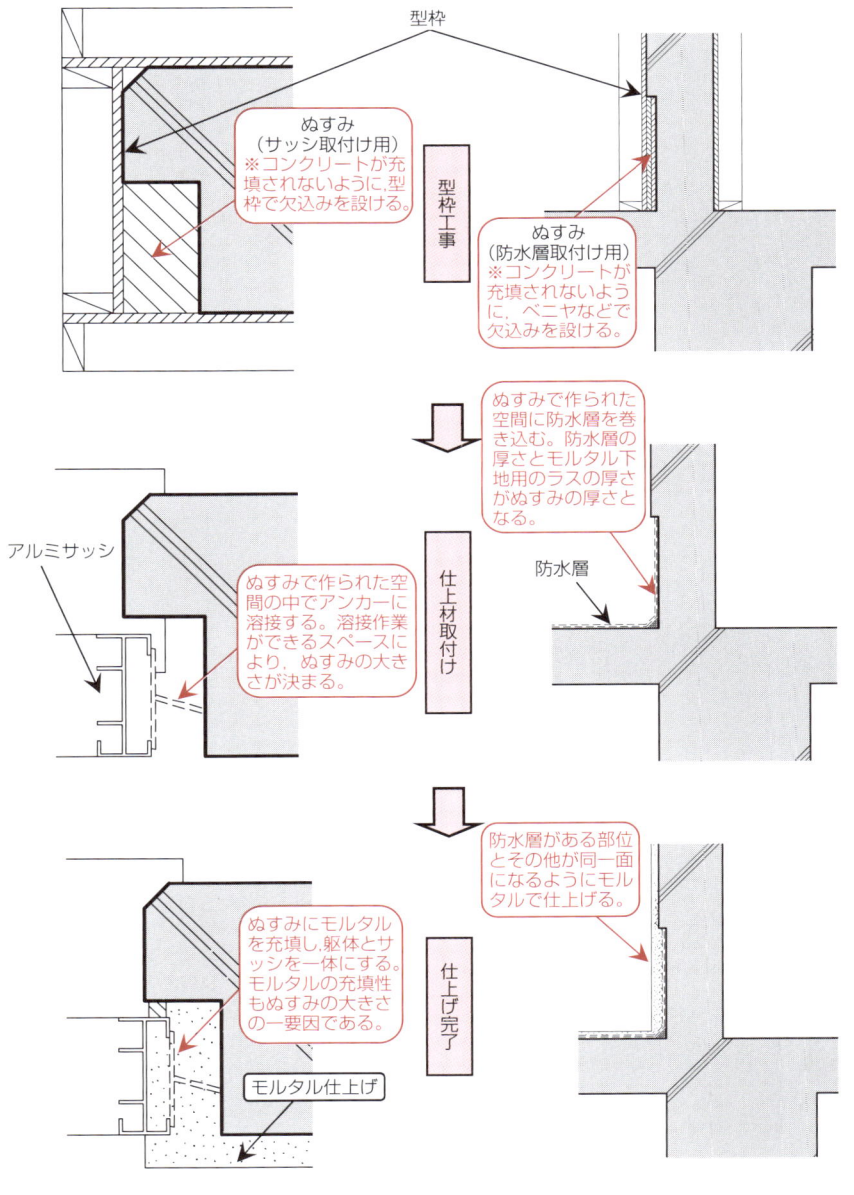

(a) サッシの場合　　(b) 室内防水の場合

図2・2 ぬすみ

2・1・3 コンクリート躯体図はだれが描くのか

コンクリート躯体図は，多くの職種との調整が必要なことから元請業者が作成する。さらに，元請業者が作成する施工図の中でも，中心的な役割を担うものである（図2・3）。

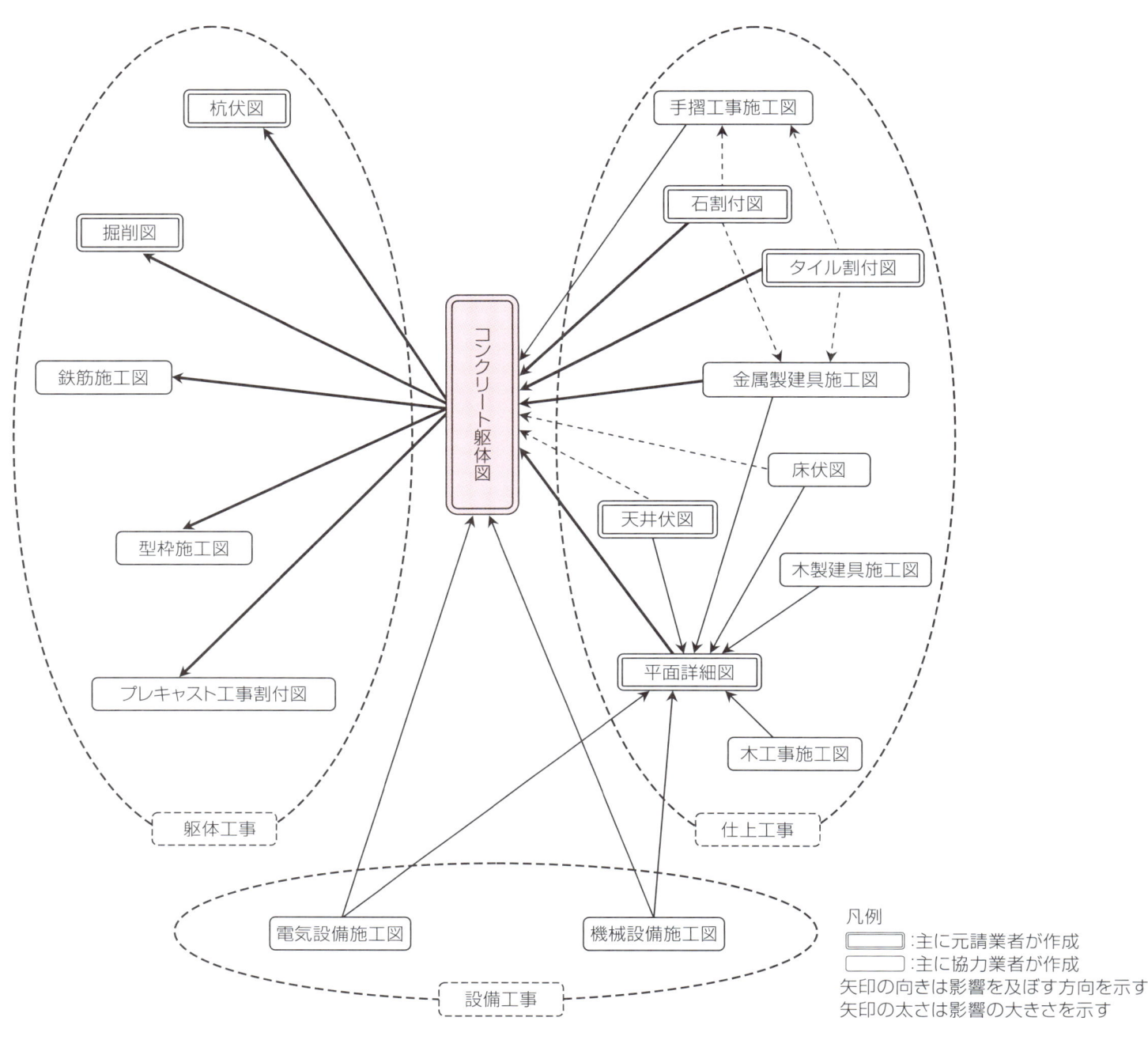

図2・3 コンクリート躯体図の位置付け

2・1・4 コンクリート躯体図はいつ描くのか

2階建RC造事務所建物（3・1のモデル建物）における工事工程表を，図2・4に示す。

工程表から分かるように，各階のコンクリート工事が始まる前に型枠，鉄筋の加工を終わらせておく必要があるため，その作業時間を見込んでコンクリート躯体図を完成させなければならない。

さらに，コンクリート躯体図には建具の開口を描き込むため，コンクリート躯体図作成前に建具施工図が必要となる。

なお，外壁がタイル仕上げの場合，外壁に取り付く鋼製建具の開口寸法はタイルの割付けにより決まるため，建具施工図作成前にタイル割付図が必要となる。

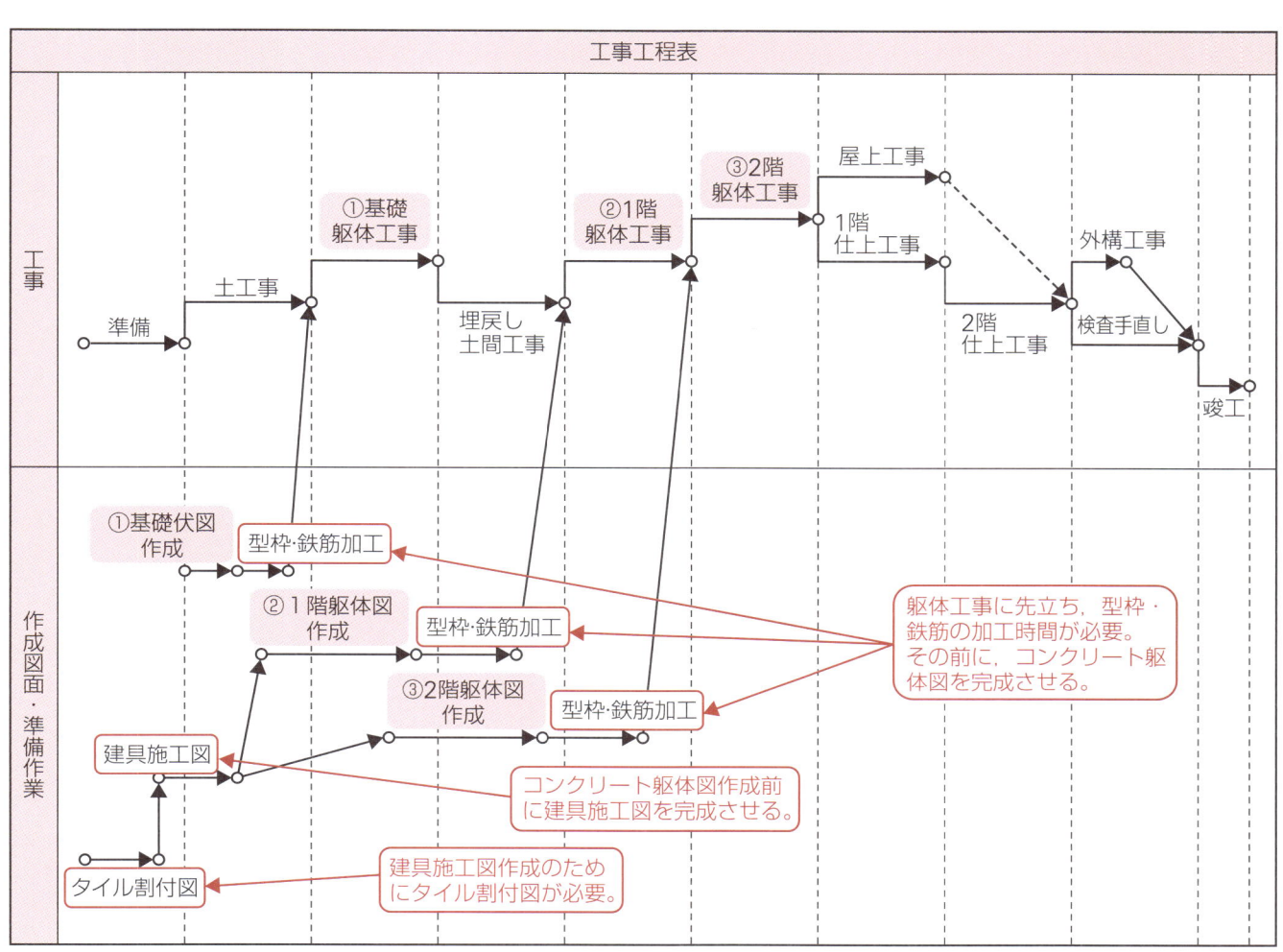

図2・4　工事工程表

2・2　コンクリート躯体図の表示記号・表現方法

コンクリート躯体図には，図面に盛り込まれた情報を簡潔かつ正確に伝達するために，表示方法・表現方法で多くの決まりごとがあるが，主なものは設計図と共通している。

2・2・1　縮尺

通常用いる縮尺の種類は，以下のとおりである。

平面図　1/200，1/100，1/50
断面図　1/200，1/100，1/50，1/20
部分詳細図　1/20，1/10，1/5，1/1

2・2・2　線の種類

作図に用いる線の種類は，おおむね図2・5に示す4種類である。それぞれ，強調したい箇所や重要度に応じて太さを変える。

2・2・3　基準線

平面図の基準は，設計図に示されている通り心であり，建物の柱，梁，壁などの寸法の基準となる。

一般的に通り心の記号はⓍ0Ⓧ1…，Ⓨ0Ⓨ1…などと表すが，表示方法や位置は意匠図・構造図などの設計図に合わせる（図2・6）。

断面図の基準として，標準地盤面をGL（ジーエル：Ground Line）で，ある階の床の仕上がり高さをFL（エフエル：Floor Line）で表す。

コンクリート躯体図では，コンクリートの天端を表す表現として，ある階のコンクリート面の高さをSL（エスエル：Slab Line）やCL（シーエル：Concrete Line）で表す（図2・7）。

実線
強調したい箇所は太い線で，それ以外は細い線で描く。
柱・梁・壁などのコンクリート躯体は太い実線で表す。
寸法線は細い実線で描く。
一点鎖線
通り心，基準線で用いる。
破線
点線
仕上材，設備機器などはコンクリート工事では取り扱わないが，コンクリート躯体に影響を及ぼすものは破線や点線で表しておく。また，増打ち部分注1）は破線で表す。

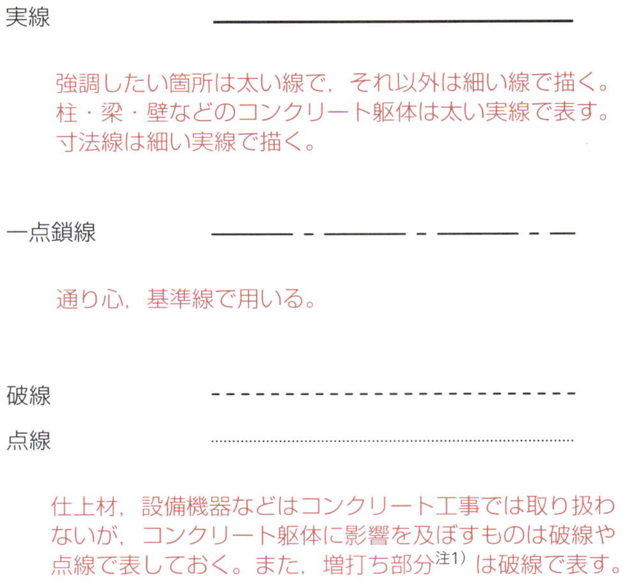

図2・5　線の種類

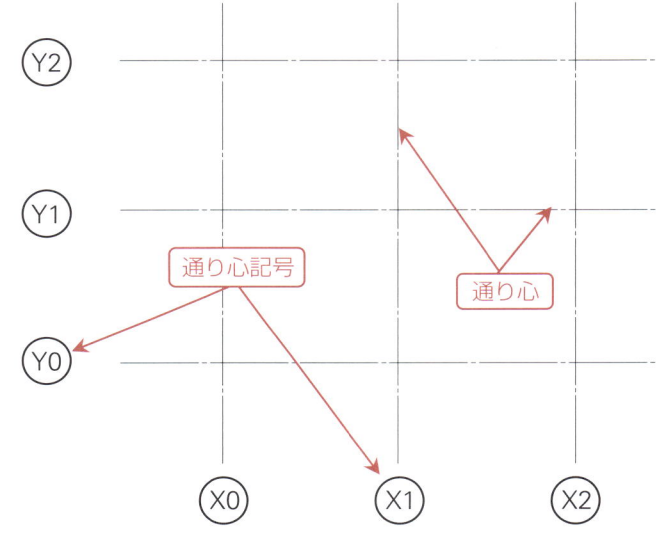

Y2
Y1
Y0
通り心記号
通り心
X0
X1
X2

図2・6　通り心（平面図）

CL
2CL
SL
GL
1SL
GL
X0
X1
X2

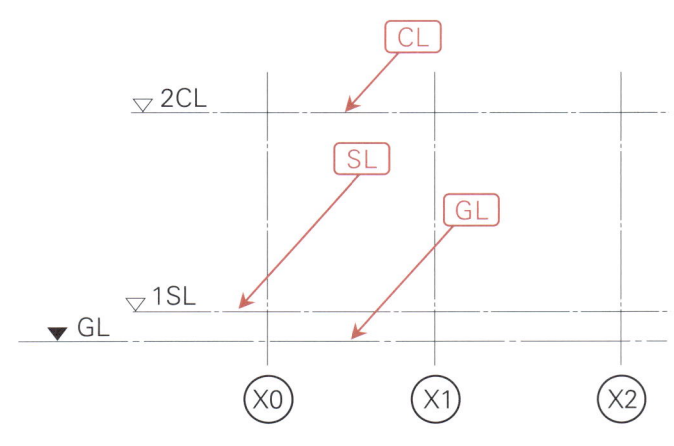

図2・7　通り心，基準レベル（断面図）

注1）　p.17 図2・11参照

2・2・4 寸法線，寸法

寸法線は図の押さえの位置が分かるように描く。寸法線の押さえの位置の表示方法には，以下に示す種類がある。

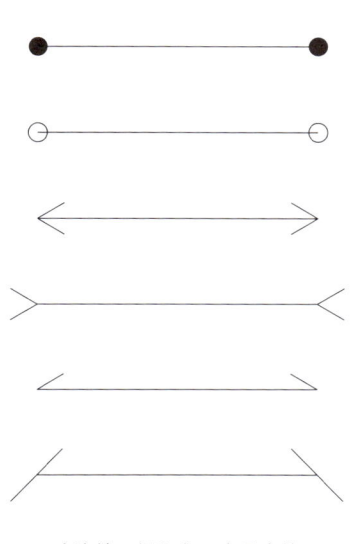

寸法線の押さえの表示方法

引出線を用いる場合は，図の押さえの位置が分かるように描くが，図との混同を避けるために，躯体図の線と引出線とは少し離す。

寸法は mm 単位を用い，メートルの位に「,」(カンマ) を打って表示する。例えば，「4 m 70 cm」は「4,700」と表示する。

図面を見る方向は，基本的には下側もしくは右側からになるので，寸法数字は寸法線の上側もしくは左側に書く。また，書き方は内側に小さい数字を，外側に大きな数字を寸法線に沿って書く（図2・8）。

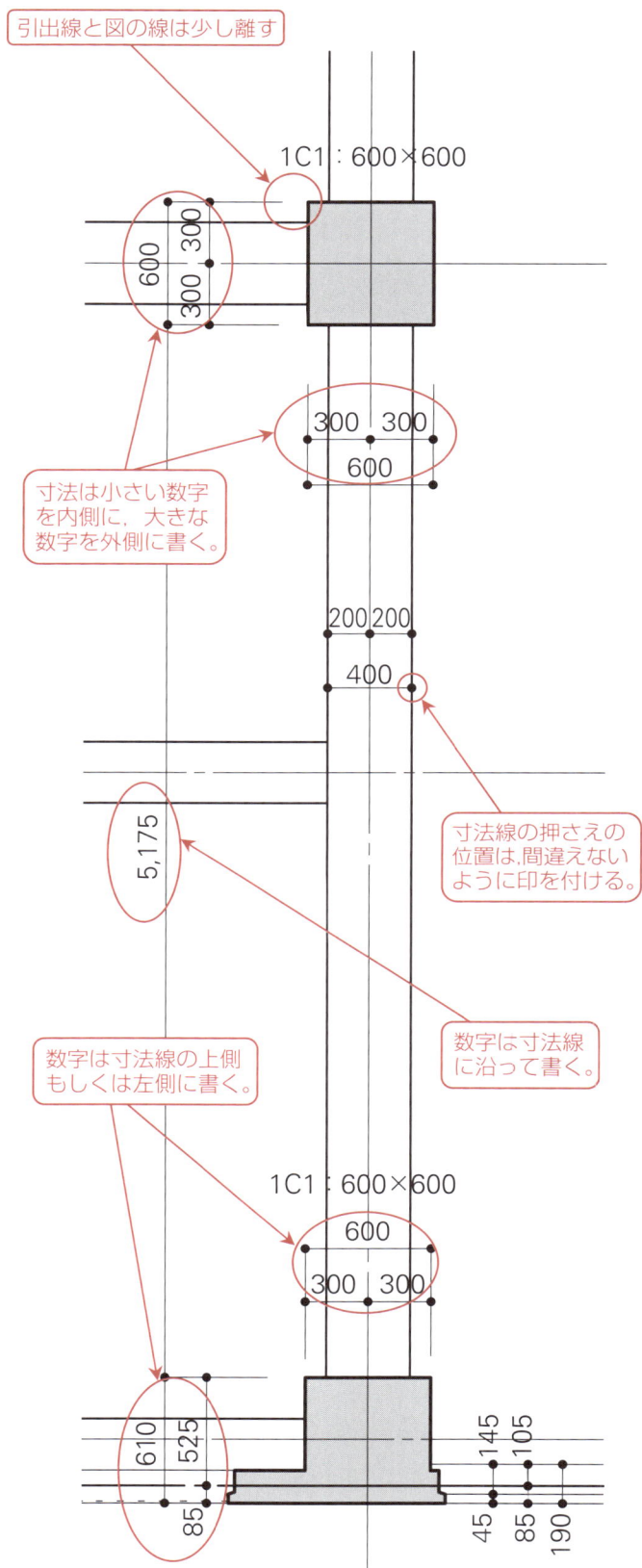

図2・8 寸法表示の例

2・2・5 柱

意匠図，構造図などを基に柱の位置を確認し，柱記号，柱の全断面寸法と通り心からの寄り寸法を表す。なお，n 階のコンクリート躯体図は n 階の床から1mぐらいの位置から上を見上げた形を想定しているが，その位置が切断面として現れる部位は，図面を塗りつぶして表現することが原則である。

梁やスラブも断面を描き表す場合は塗りつぶして表現する（図2・9）。

部材の適正な納まりや施工性の向上などのために，コンクリートを増打ち（打増し，フカシともいう）する場合がある。増打ち部分は，補強筋の検討などが必要であるため，斜線で区分し増打ち寸法を明記しておく（図2・10）。

増打ちコンクリートの例を図2・11に示すが，(a)は補強筋が不要であり，(b)～(d)の場合は補強筋が必要となる。なお，柱に限らずコンクリートの増打ちは，構造耐力に影響が出る恐れがあるばかりでなく，材料費，労務費などの高騰につながるため不必要に行わない。

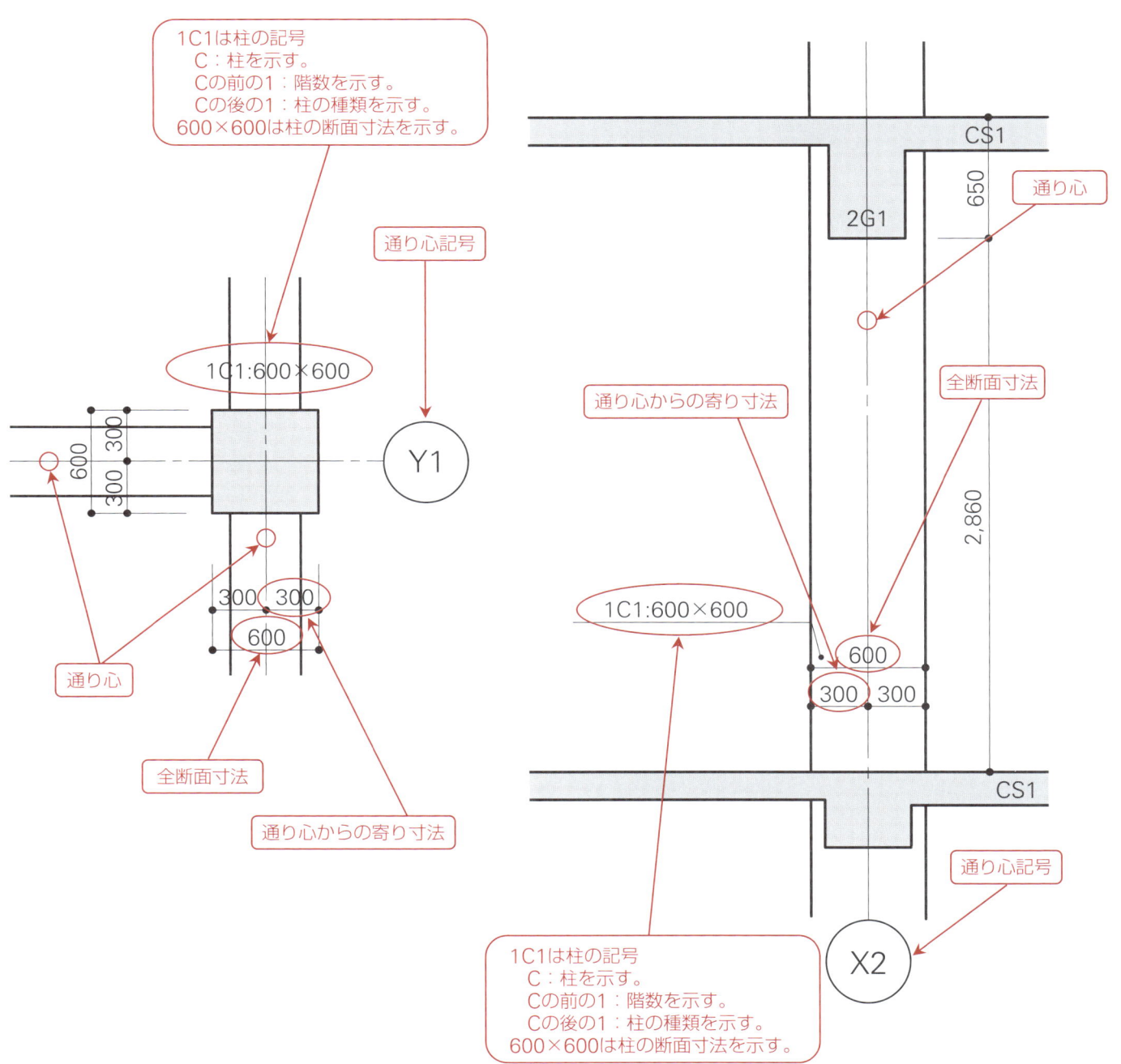

図2・9　柱の基本表示

2・2 コンクリート躯体図の表示記号・表現方法　17

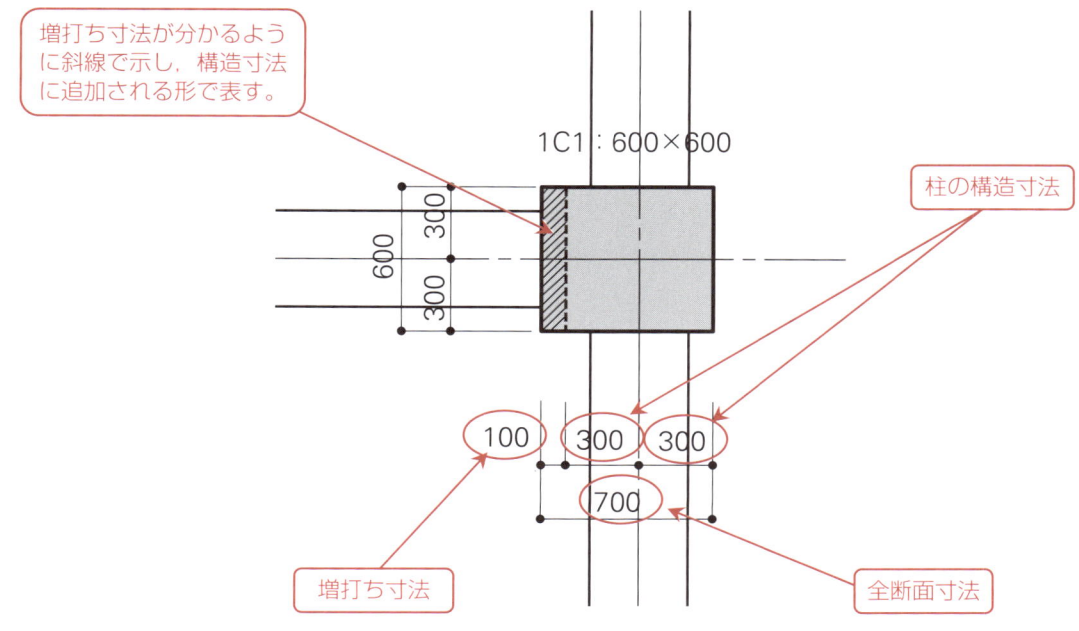

図2・10　柱の増打ちの表示例

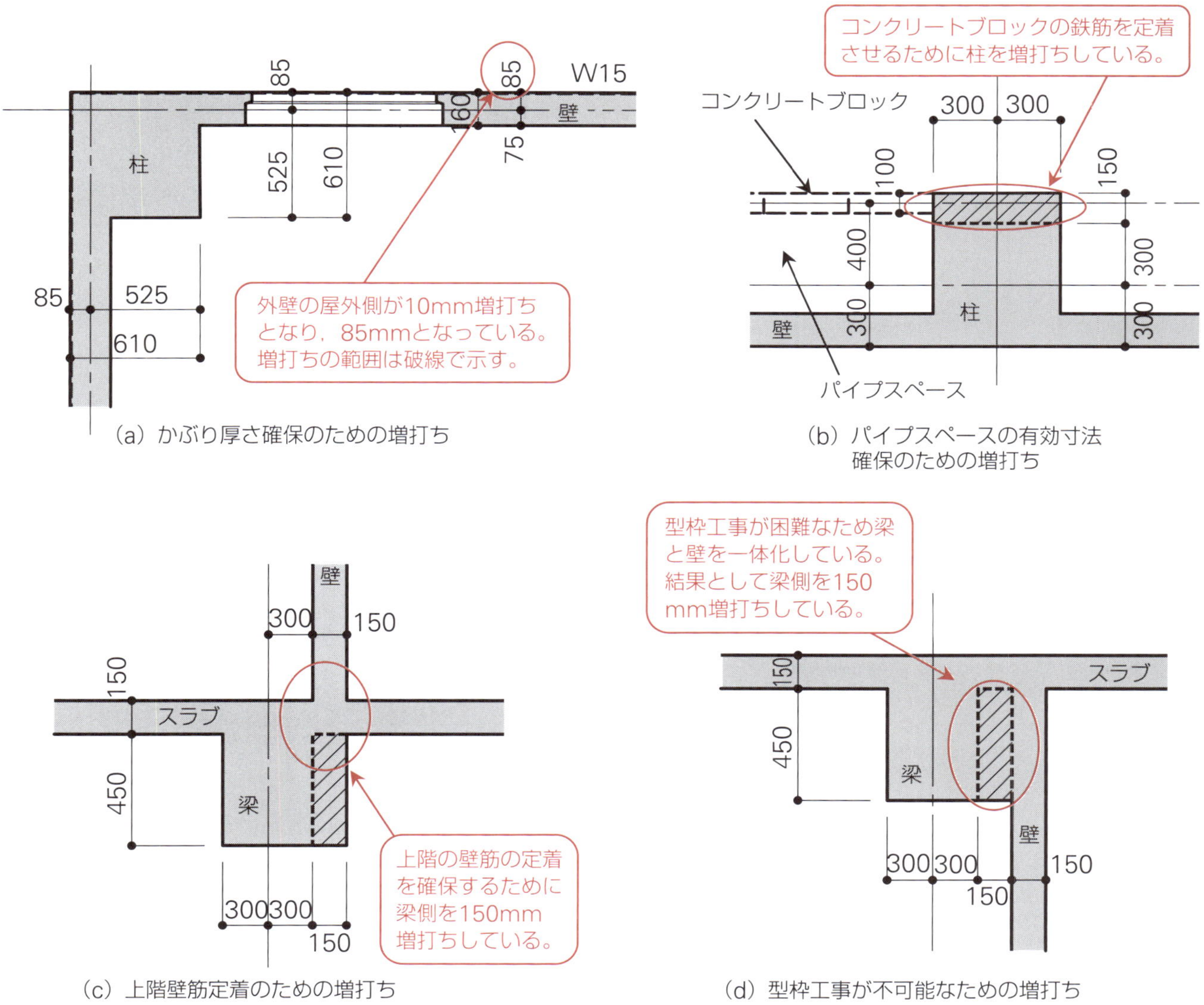

(a) かぶり厚さ確保のための増打ち

(b) パイプスペースの有効寸法確保のための増打ち

(c) 上階壁筋定着のための増打ち

(d) 型枠工事が不可能なための増打ち

図2・11　増打ちコンクリートの例

2・2・6 梁

意匠図，構造図などを基に梁の位置を確認し，梁記号，梁の断面寸法（梁幅，梁せい），通り心からの寄り寸法と基準高さからの梁天端高さを表す（図2・12）。

増打ちには，梁側を増打ちする場合（図2・13）と梁下端や梁天端を増打ちする場合（図2・14）がある。

ハンチの表示は，垂直方向の場合が図2・15であり，水平方向の場合が図2・16である。

なお，梁は n 階で見上げたときの $(n+1)$ 階の梁を表すが，梁底が見えるため塗りつぶさない。

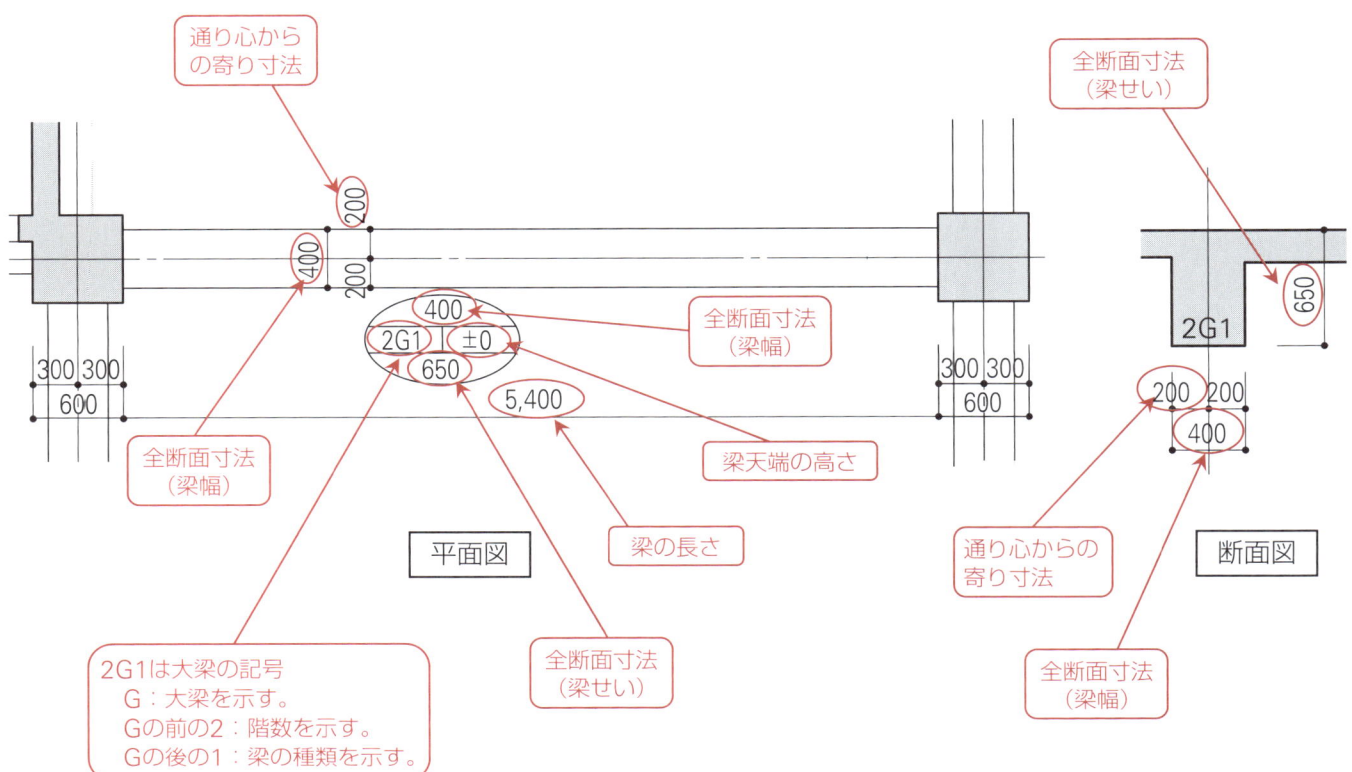

図2・12　梁の基本表示

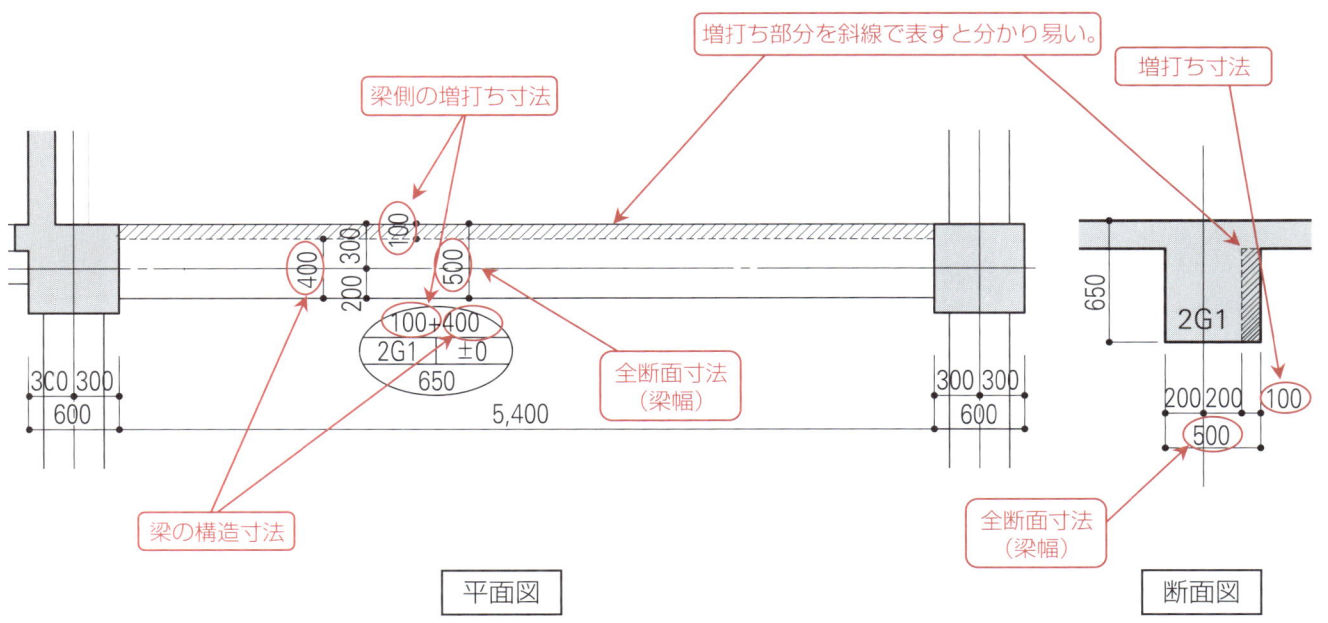

図2・13　梁側の増打ちの表示例

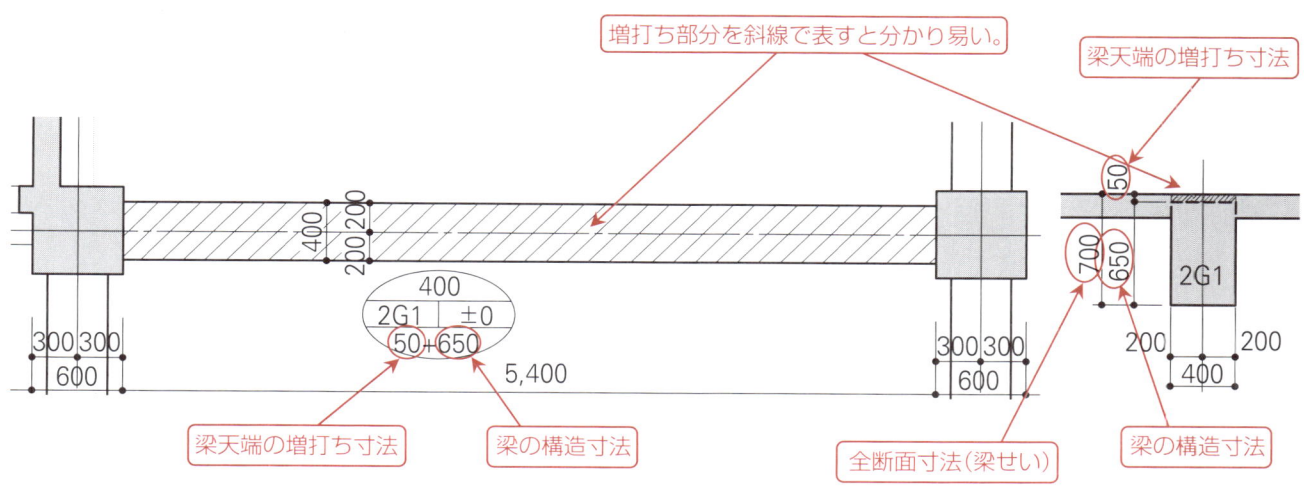

図2・14 梁天端の増打ちの表示例

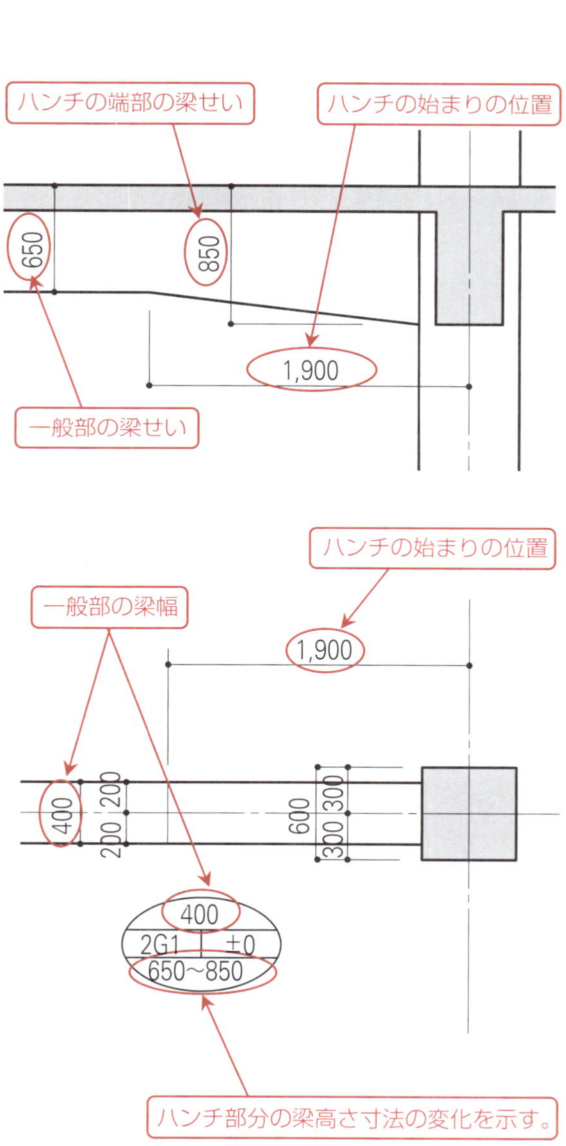

図2・15 垂直方向にハンチがある梁の表示例

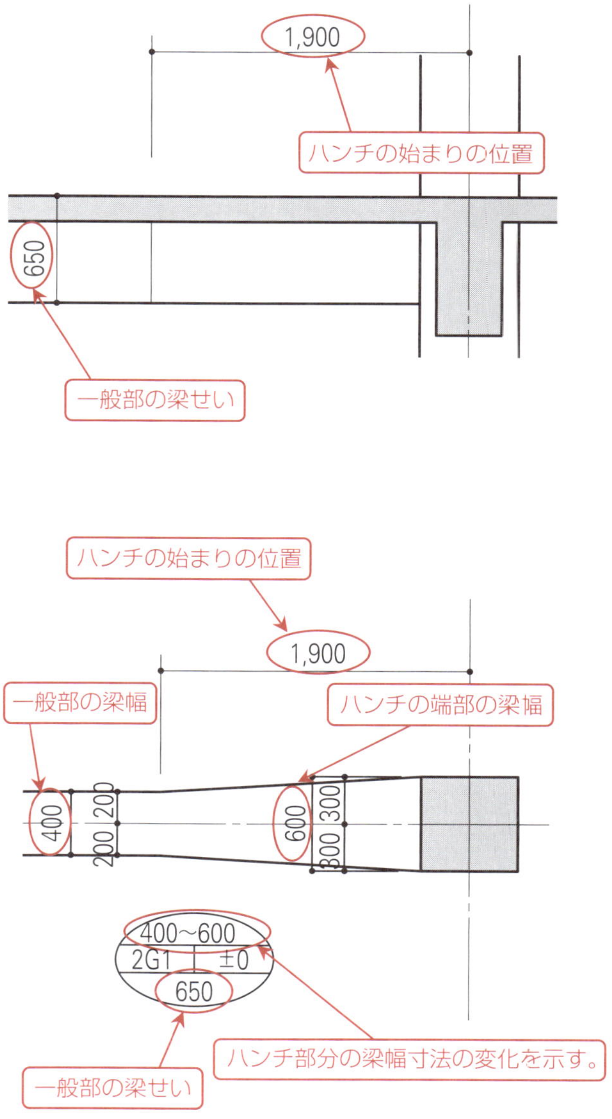

図2・16 水平方向にハンチがある梁の表示例

2・2・7 壁

意匠図，構造図などを基に壁の位置を確認し，壁記号，壁の全断面寸法と通り心からの寄り寸法を表す。

設計図に示された位置から，タイルの割付けや仕上材との納まりなどによって，壁の位置や開口の位置が変更になる場合がある。ただし，手摺の高さや開口部の採光面積などの法律や基規準に決まりがある事柄については，確認が必要である。

一般の壁は柱と同様に断面部分を色塗り表現とし，垂れ壁・腰壁は実線で描き表すことが多いが，分かり易くするために注釈を記入したり，断面図を平面図の壁の近くに描き表す（図2・17）。

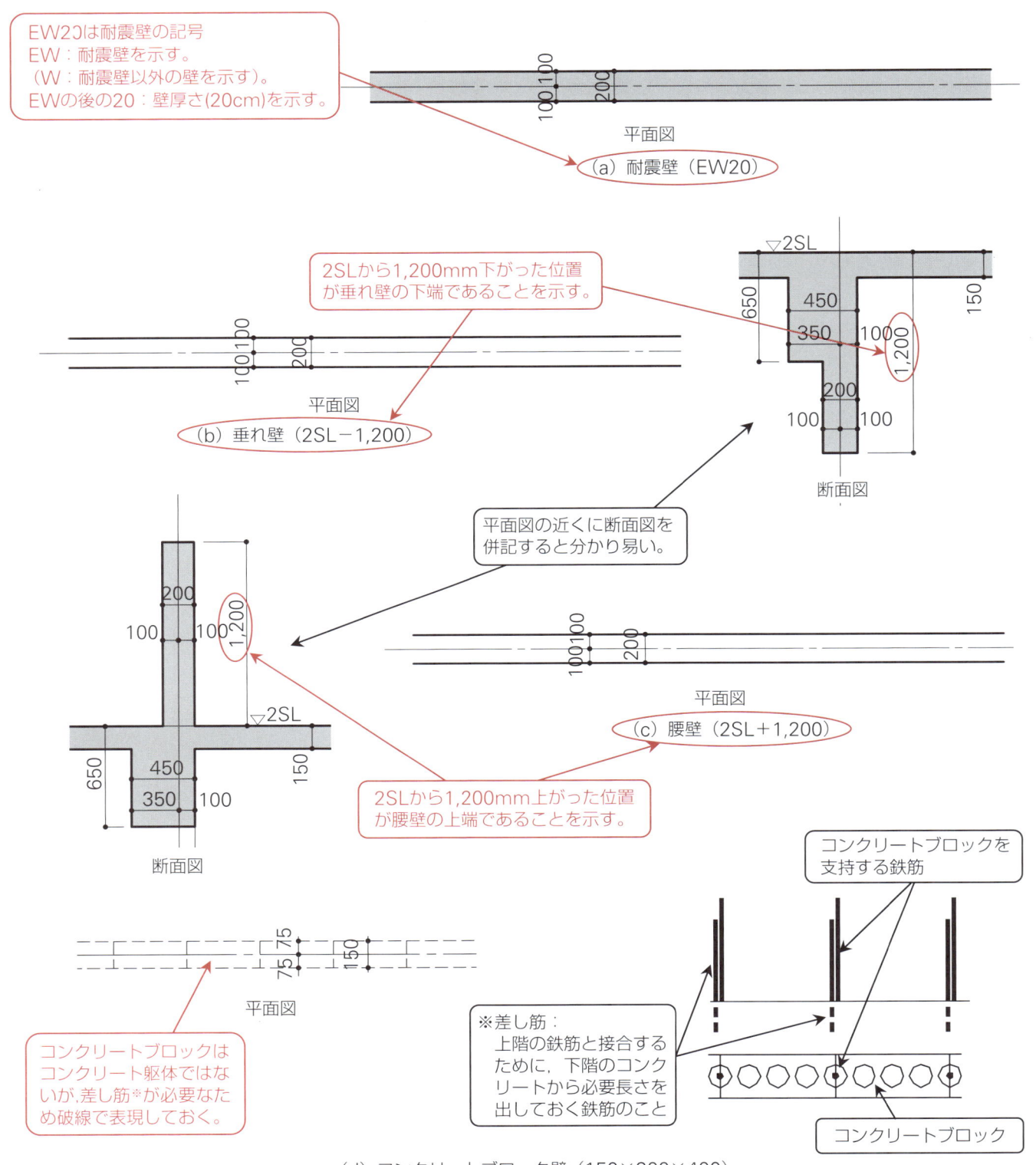

図2・17 壁の基本表示

2・2・8 スラブ（床版）

仕上がった後の床の高さが等しくなる場合，仕上材の種類により仕上代（しあげしろ：仕上げを行うために必要な，下地と仕上材などを含めた厚さのこと）が異なるため，コンクリートの天端の高さがスラブごとに異なる場合がある（図2・18）。

その際，同じ仕上材でも材料メーカーや専門業者により仕上代が異なる場合があるため，納まりや施工法などの確認が必要である。

また，最上階や外壁に面したスラブの下端には，断熱材が取り付く場合が多い。断熱材をコンクリートに打ち込む場合は，コンクリート躯体図に描き込む（図2・19）。

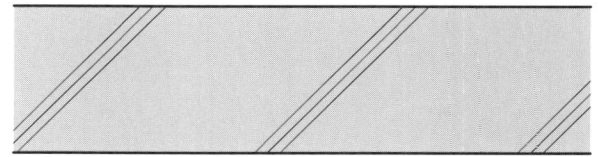
コンクリート素地仕上げとする場合

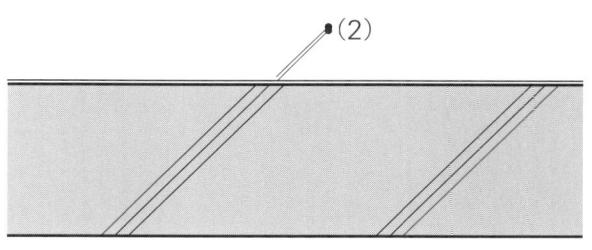
コンクリートに直接Pタイルや長尺シートを張る場合

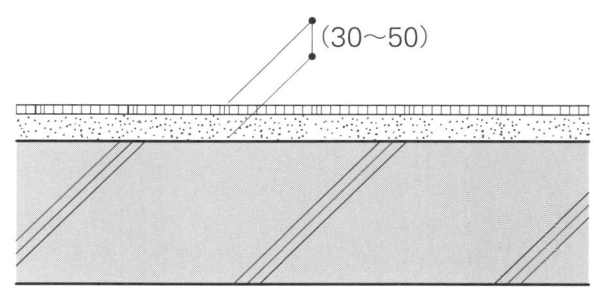
コンクリートにモルタルで下地を作った上にタイルや石を張る場合

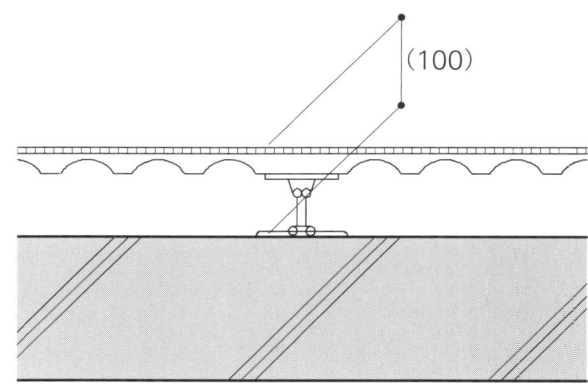
コンクリートに配線・配管用スペースを設けるために置床とした場合

図2・18 床の仕上代

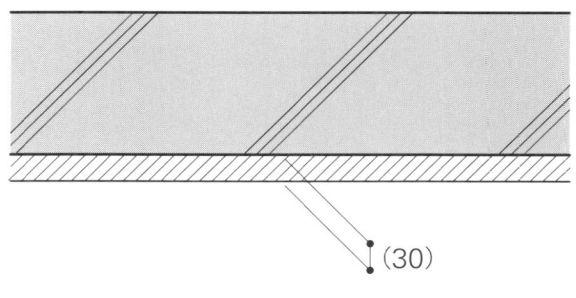
スラブ下端の断熱材

図2・19 打込み断熱材

(1) スラブの基本表示

意匠図，構造図などを基にスラブの位置を確認し，スラブ記号，スラブの断面寸法と基準高さからのスラブの天端高さおよびスラブの範囲を示す（図2・20）。

なお，断面図を描くことにより，スラブの高さや梁との関係が分かる。

天井インサートなどの打込み金物類は，設計図で施工範囲を確認ののち，コンクリート躯体図から不要な寸法線や記号などを除いた図面を用いて打込み位置を描く。

天井インサート図の例を図2・21に示すが，実際の現場での寸法追い出しは梁面から行うため，梁の断面寸法は残す。

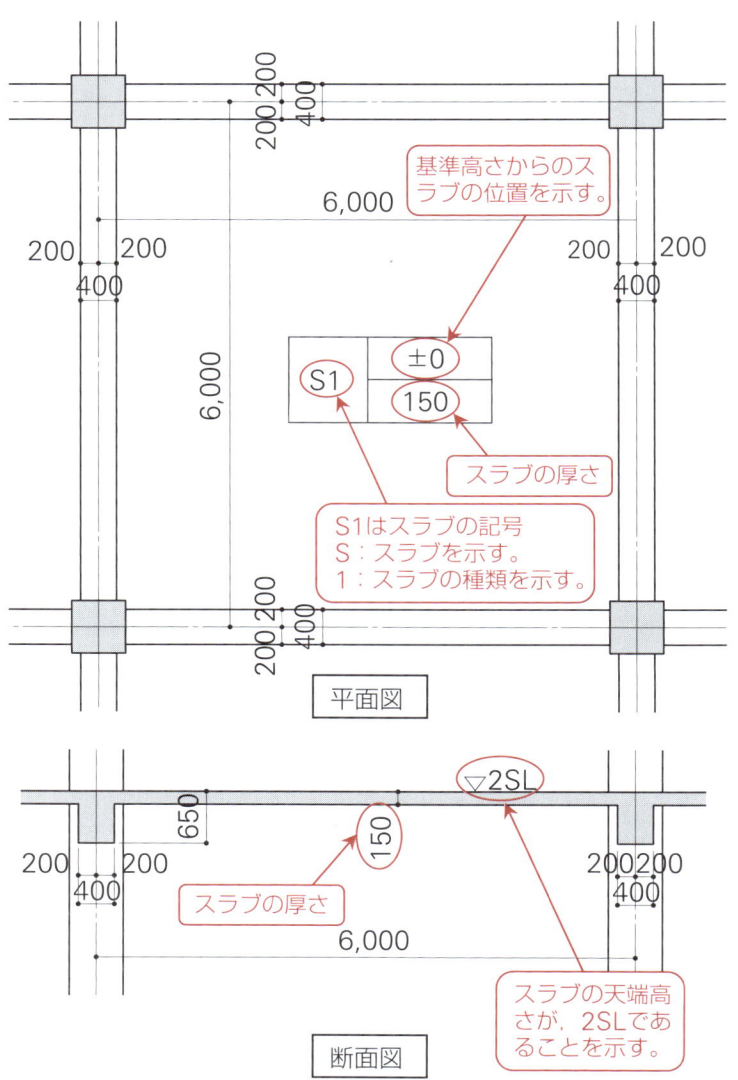

図2・20 スラブの基本表示

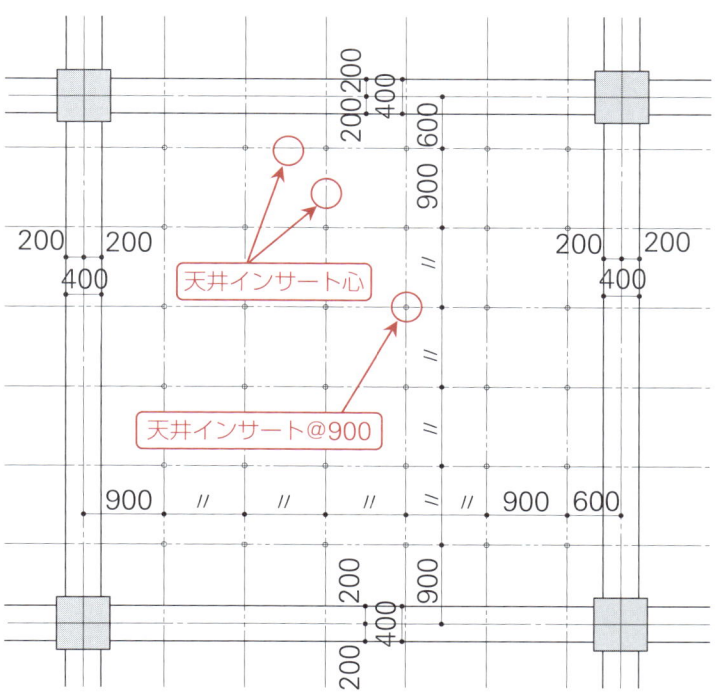

図2・21 天井インサート図の例

(2) 段差があるスラブの表示例

便所，厨房，浴室などの水回りのスラブは，防水層の納まりから，周囲より低くなる場合が多い。そのほかにも，設備配管が集中する箇所などでスラブを下げる場合がある。

一般的に，周囲よりスラブの高さが異なる場合は，スラブ筋を定着するために周囲が梁で囲まれている。その場合，上階の壁の位置により，梁もスラブと同じ高さまで下がる場合がある（下図　参照）。天端が下がった梁の影響範囲を確認し，基準高さまでコンクリートが必要な梁は，梁天端を増打ちする（図2・22）。

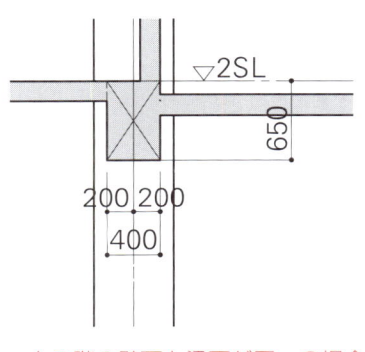

上の階の壁面と梁面が同一の場合，梁天端は下げない。

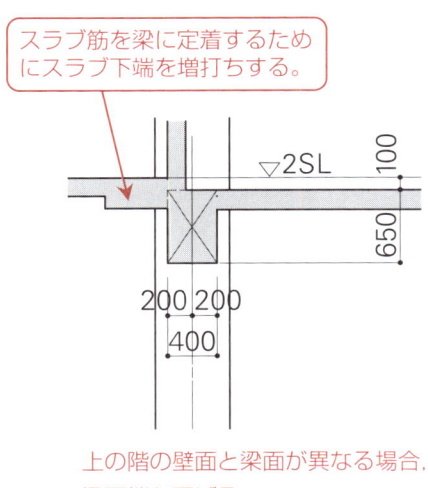

上の階の壁面と梁面が異なる場合，梁天端も下げる。

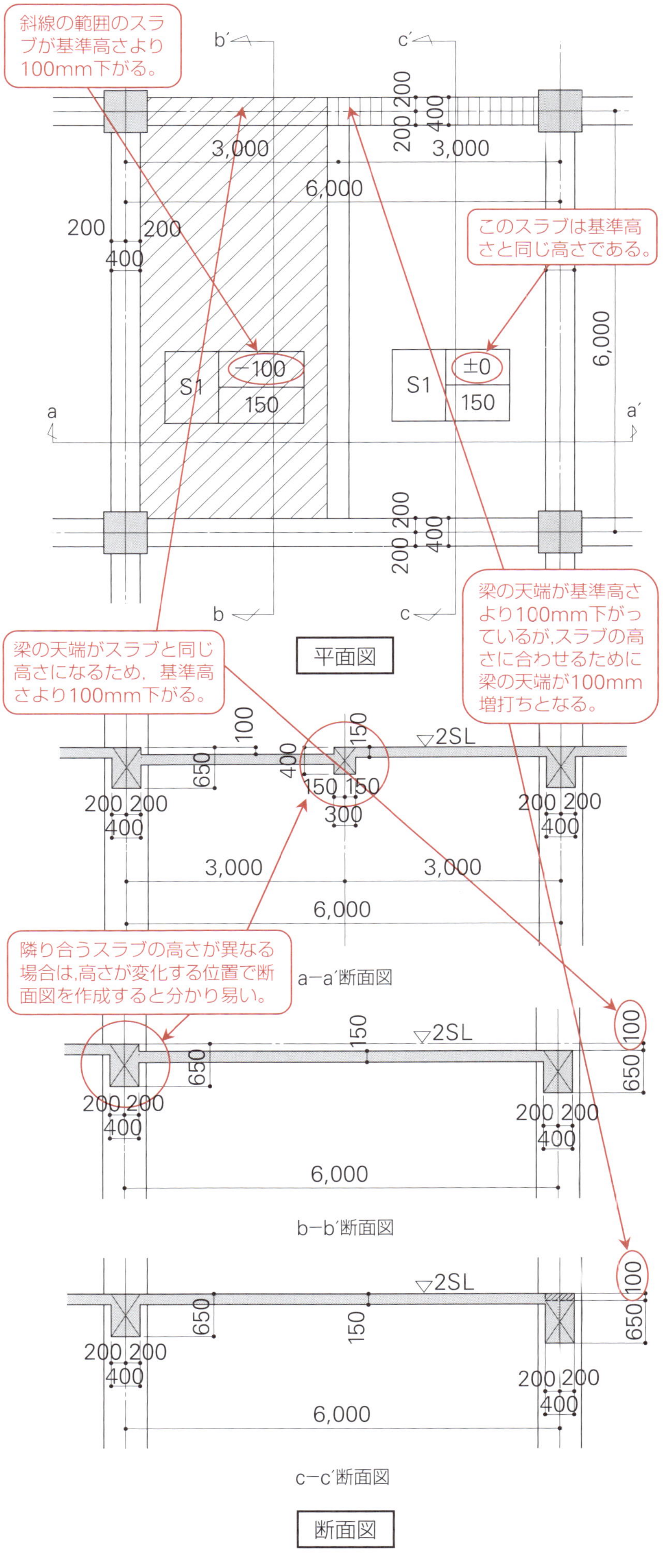

図2・22　段差があるスラブの表示例

(3) ベランダ・バルコニーの表示例

スラブの出寸法が小さいことから、コンクリートの厚みを変化させて水勾配を確保する。さらに、スラブの先端からの水の回り込みを防ぐために、下図のような水切を設ける。これらのことから、スラブ厚さは構造寸法より大きくなる場合が多い。

また、外壁に面した躯体には結露防止のために、断熱材が取り付く場合が多い。コンクリートに打ち込む場合は、コンクリート躯体図に打込み範囲を示す（図2・23）。

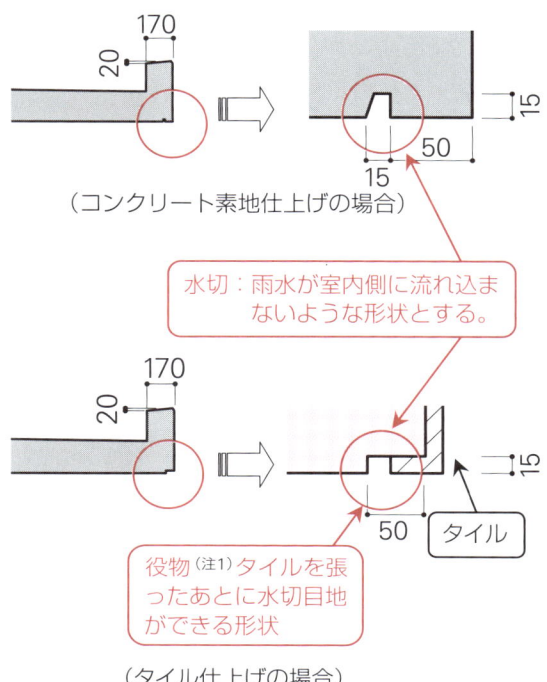

ベランダ・バルコニーの先端の形状

ベランダやバルコニーのスラブは、雨掛かりになることが多い。そのため、部屋内側への雨水の浸入を防ぐ目的で、コンクリートの立ち上がりを設けることが多い。

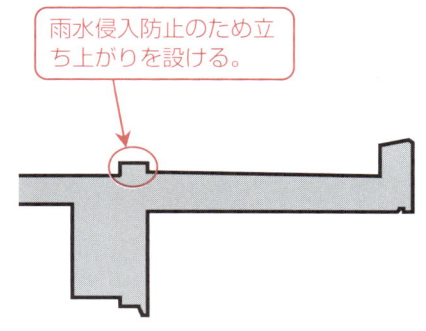

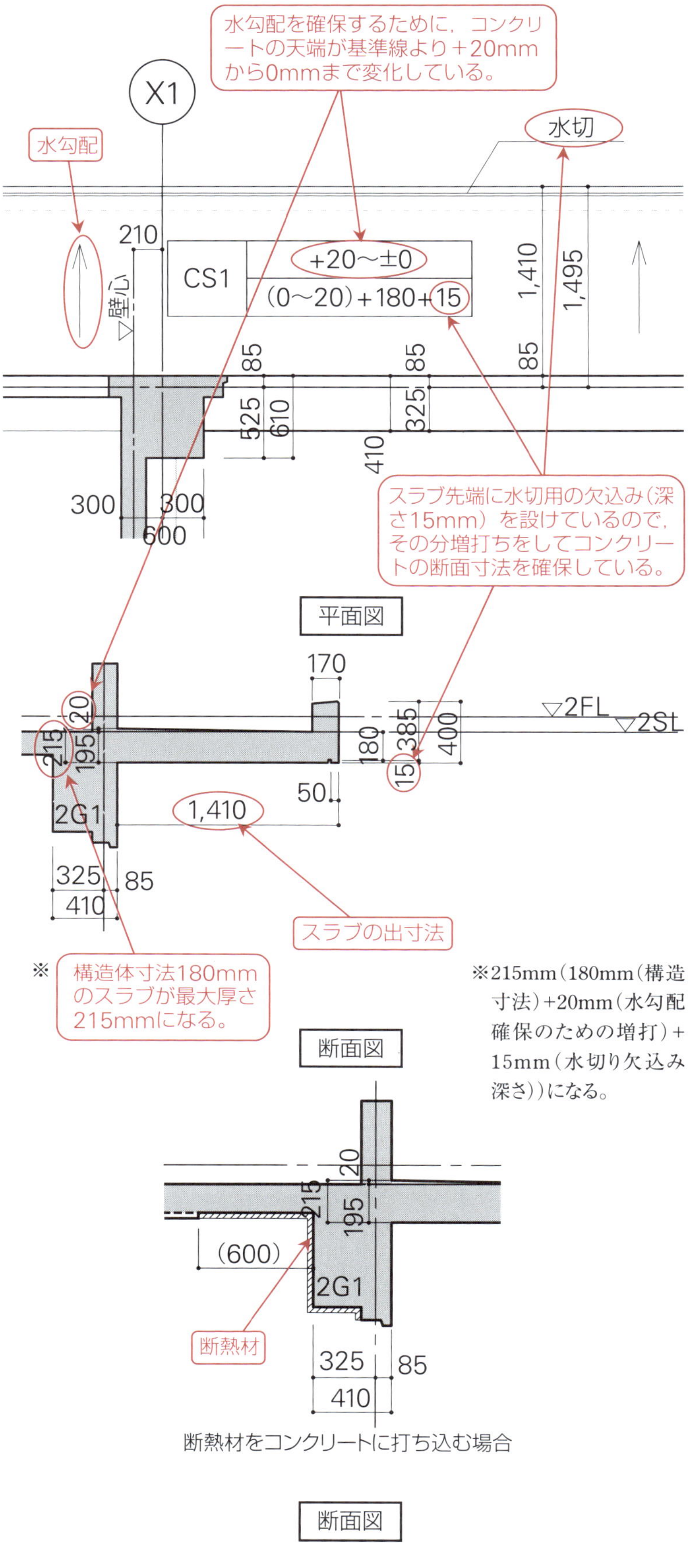

図2・23 ベランダ・バルコニーの表示例

注1）役物：「タイル，瓦などで，特定の位置や用途に用いられる特殊な形のもの」（p.26 表2・2参照）

(4) ハンチスラブ・ドロップスラブの表示例

スラブ端部を補強するために，図2・24に示すようにハンチスラブやドロップスラブとする場合がある。

断面が厚くなる範囲は平面図で示すが，ハンチスラブとドロップスラブは平面図での表示方法が同じになるので，必ず断面図を併記する。全体の断面図を描き表してもよいが，同図の平面図のように，断面の形状が分かる部分だけを平面図に描き込む方法もある。

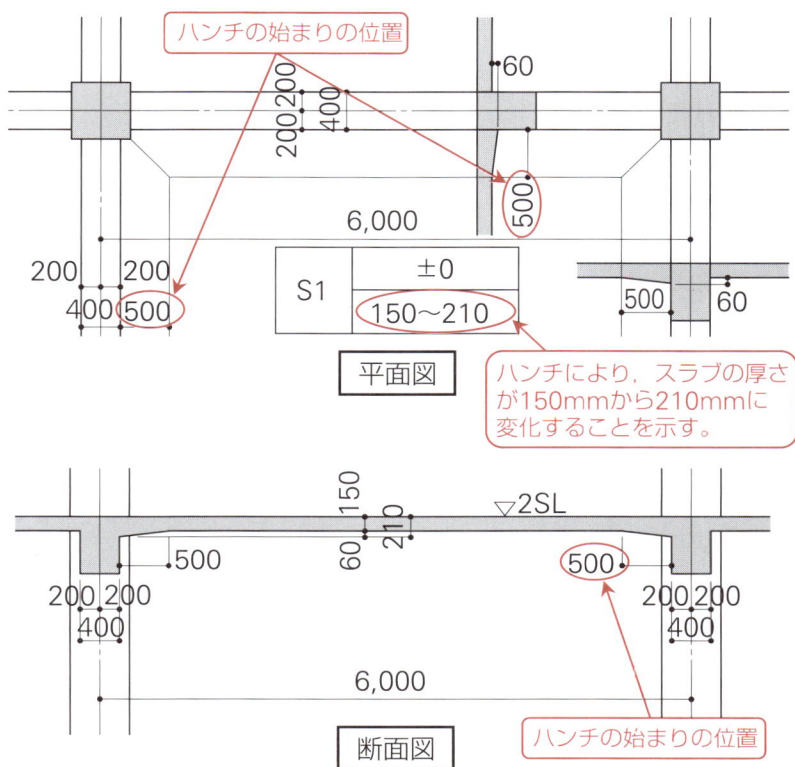

(a) ハンチスラブの例

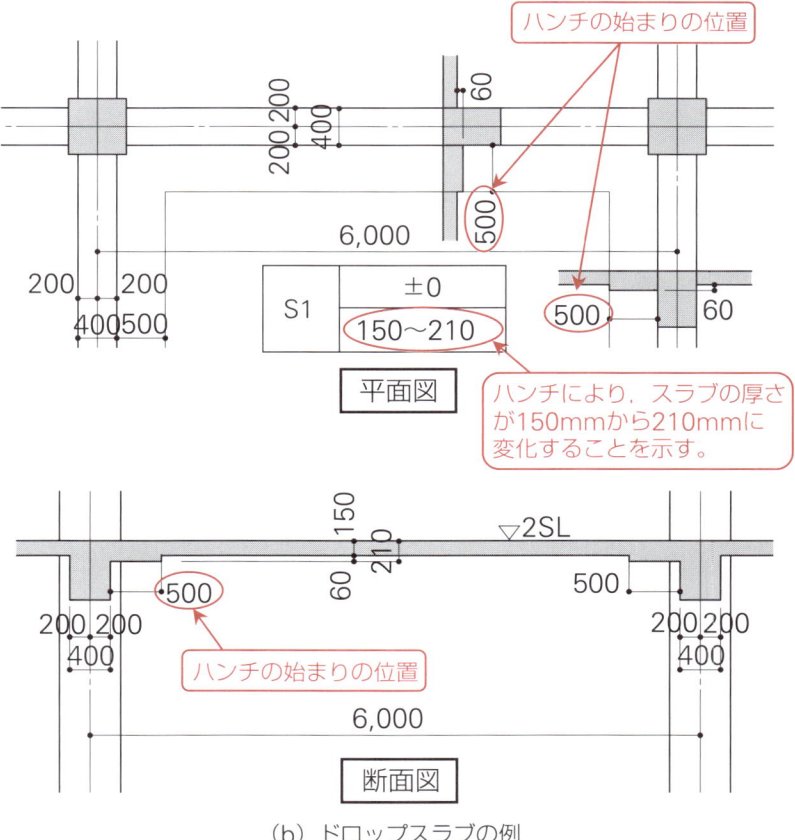

(b) ドロップスラブの例

図2・24 ハンチスラブ・ドロップスラブの表示例

2・3 コンクリート躯体図に影響する仕上工事

コンクリート躯体図は，意匠図，構造図，設備図などのそれぞれの設計図における整合性を確認したのち，設計図に描き表せていない事柄や施工上の要点・注意点を加えて完成に至る。この設計図に描き表せていない事柄や施工上の要点・注意点のうち，仕上工事に関連してコンクリート躯体図に大きく影響するものとしては，タイル工事，建具工事，打継ぎ目地，ひび割れ誘発目地，防水工事，耐震スリットなどがある。

2・3・1 タイル工事（外装タイル）

(1) 外装タイルの種類と張り方

外装タイルで用いられる主なタイルには，表2・2に示す種類がある。また，タイルの張り方には，図2・25に示すような方法があるが，設計図には示されないことが多いため設計者との協議が必要となる。

表2・2 外装タイルの種類

	種類	A	B	C
	小口タイル	108	60	−
	二丁掛けタイル	227	60	−
	45二丁掛けタイル	95	45	−
	モザイクタイル	45	45	−
	小口タイル	108	60	50
	二丁掛けタイル	168	60	50
	45二丁掛けタイル	95	45	45
	モザイクタイル	45	45	45

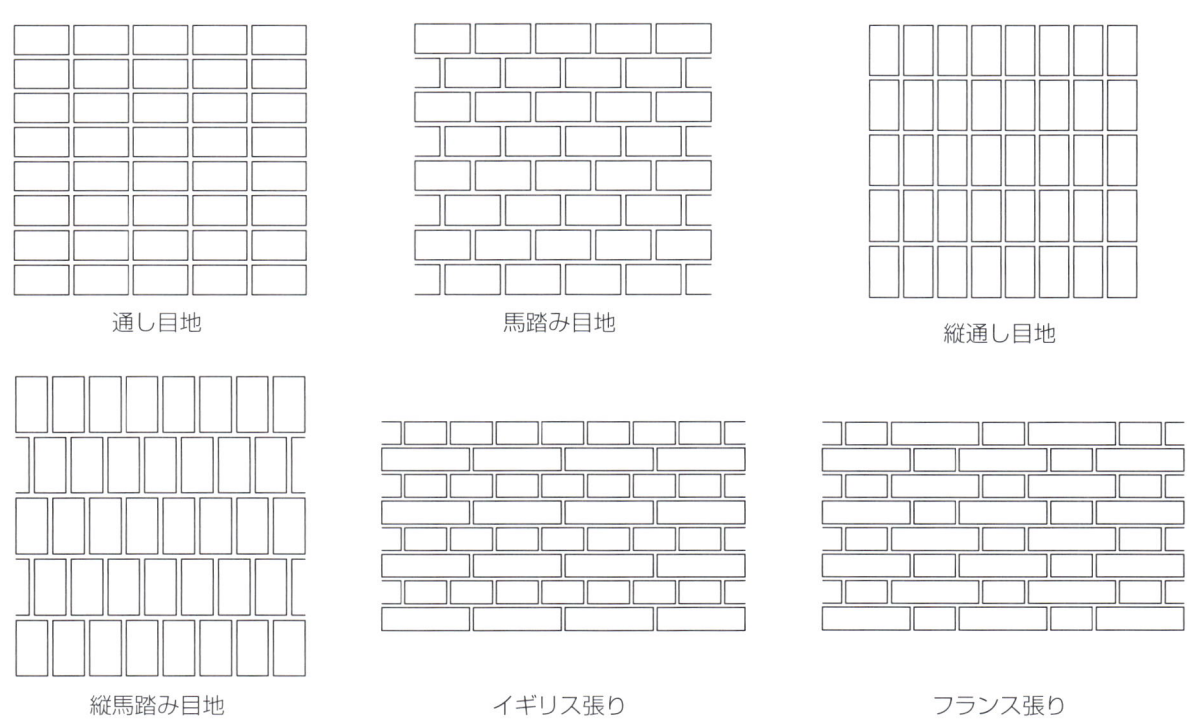

通し目地　　馬踏み目地　　縦通し目地

縦馬踏み目地　　イギリス張り　　フランス張り

図2・25 外装タイルの張り方

(2) タイル割付図の作成

タイルの割付け方法は，目地で調整する方法と躯体で調整する方法に大きく分けられる。それぞれの場合を，スパン 6,000 mm，階高 3,100 mm の建物を例に，二丁掛けタイルと 45 二丁掛けタイルの場合で例示する。

1) 平面の割付け

平面の割付け方法は，二丁掛けタイルの場合は，外壁躯体長さにタイルの厚みとタイルの張り代を加えた長さを，目地幅で調整する。45 二丁掛けタイルの場合はタイルと目地が一定寸法のユニットになっているため，最少限の躯体の増打ちを行い調整する（図 2・26）。

二丁掛けタイル

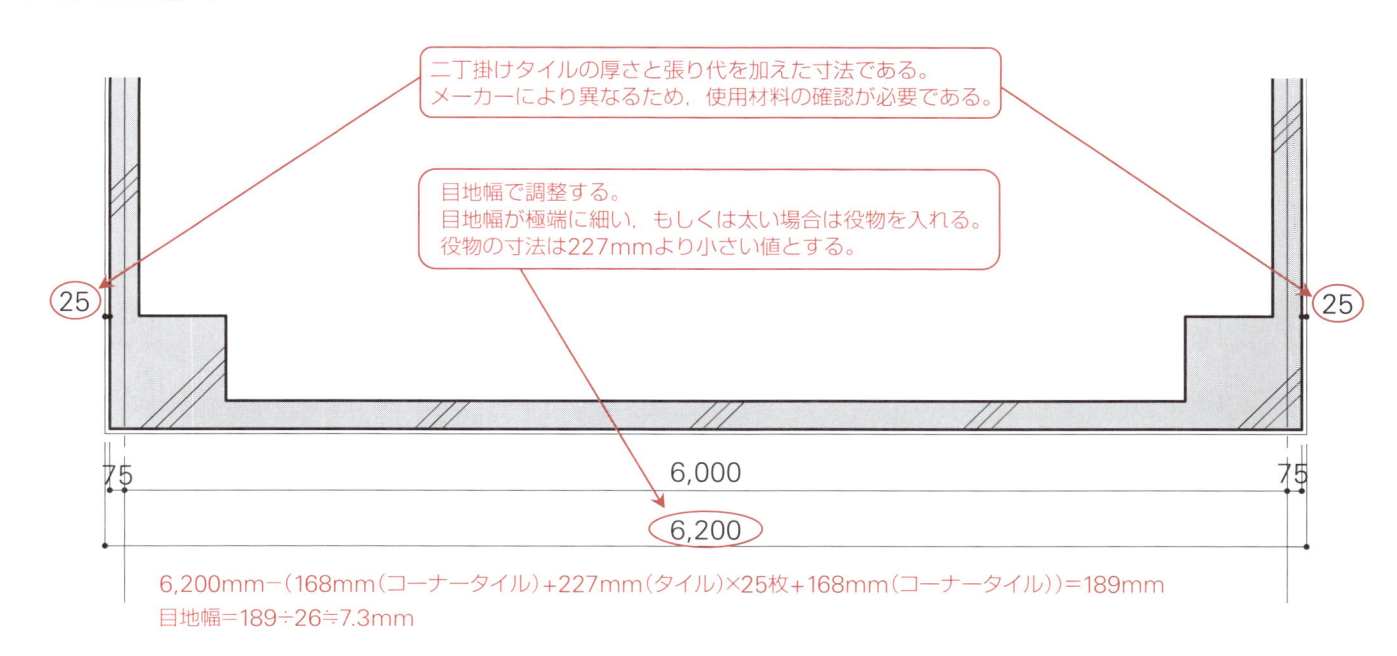

二丁掛けタイルの厚さと張り代を加えた寸法である。
メーカーにより異なるため，使用材料の確認が必要である。

目地幅で調整する。
目地幅が極端に細い，もしくは太い場合は役物を入れる。
役物の寸法は227mmより小さい値とする。

6,200mm−（168mm（コーナータイル）+227mm（タイル）×25枚+168mm（コーナータイル））=189mm
目地幅=189÷26≒7.3mm

45 二丁掛けタイル

躯体寸法で調整する。
壁厚を10mmずつ（合計20mm）増打ちすることにより，調整している。

45二丁掛けタイルの厚さと張り代を加えた寸法である。
メーカーにより異なるため，使用材料の確認が必要である。

95mm（タイル）×62枚+5mm（目地）×61本=6,195mm

図 2・26 平面の割付け方法の例

2) 立面の割付け

平面の割付けと同様に，二丁掛けタイルの場合は全体の長さを目地幅で調整し，45二丁掛けタイルの場合は躯体寸法で調整する（図2・27）。

設計図から階高が変更になる場合は，斜線制限などの法的規制および天井高さや天井裏の有効寸法などの確認のために設計者との協議が必要である。

図2・27では打継ぎ目地の幅を15mmとして割付けを行っている。

<u>二丁掛けタイル</u>

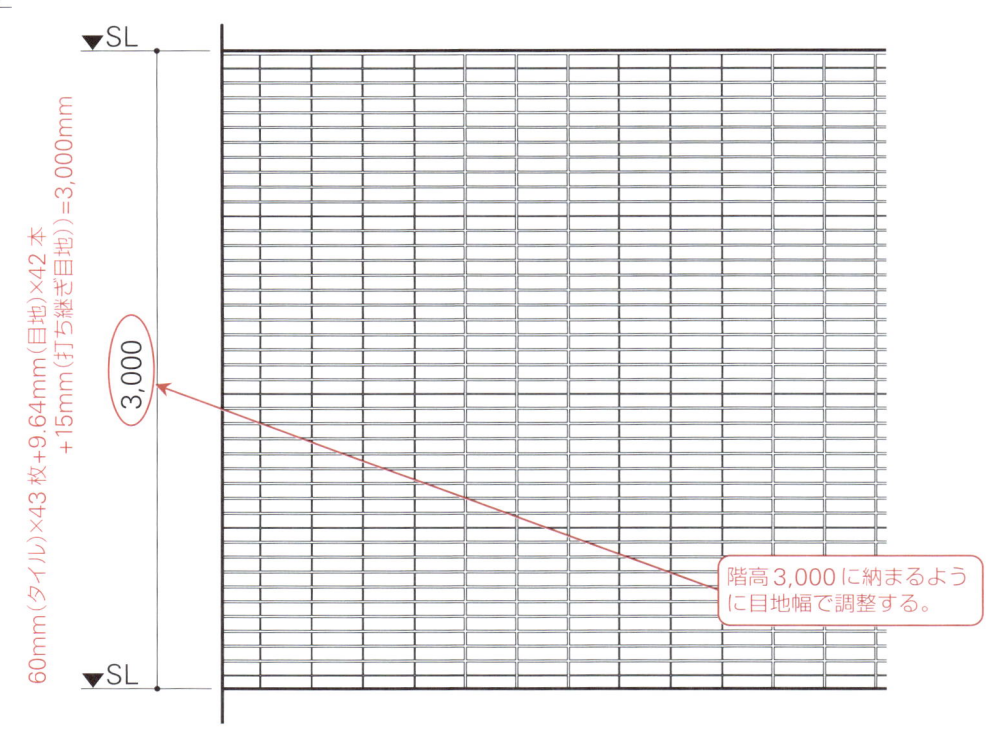

60mm(タイル)×43枚+9.64mm(目地)×42本+15mm(打ち継ぎ目地)=3,000mm

3,000

階高3,000に納まるように目地幅で調整する。

<u>45二丁掛けタイル</u>

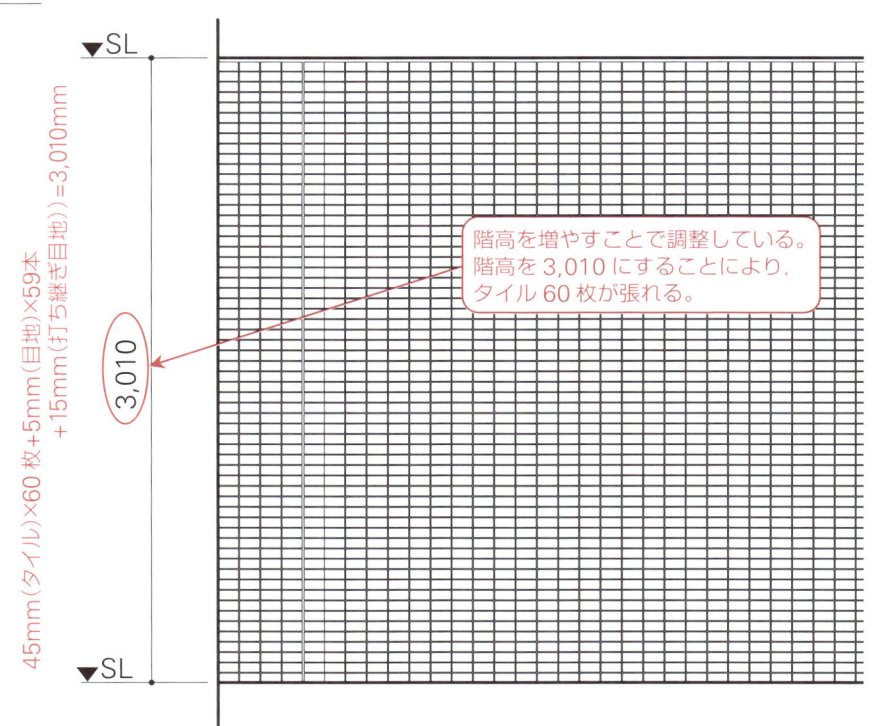

45mm(タイル)×60枚+5mm(目地)×59本+15mm(打ち継ぎ目地)=3,010mm

3,010

階高を増やすことで調整している。階高を3,010にすることにより，タイル60枚が張れる。

図2・27　立面の割付け方法の例

2・3 コンクリート躯体図に影響する仕上工事

3) 窓廻りの割付け

サッシの高さ（H）を1,000 mm，幅（W）を1,800 mmとした場合の窓廻りの割付け方法を，1），2）の平面および立面の割付けに基づき示す（図2・28）。

タイルの割付けにより定まる開口幅および開口高さは，採光面積などの法的な基規準を満足する寸法としなければならない。

二丁掛けタイル

- サッシのチリ寸法
- タイルの割付けにより定まる開口幅は227mm（タイル）×8枚＋7.3mm（目地）×9本＝1,881.7mmとなるが，数字を丸めて1,880mmとする。割付けは目地幅で調整する。サッシの取付け箇所以外の目地幅はその分広がる。
- サッシの高さ（H）は，設計図で示された値より大きくなった。
- サッシの幅（W）設計図で示された値より大きくなった。
- サッシの高さ（H）の下端とタイルの上端までの寸法（メーカーやサッシの種類などにより異なるため事前に確認しておく。）
- タイルの割付けにより定まる開口高さは60mm（タイル）×16枚＋9.64mm（目地）×17本＝1,123.88mmとなるが，数字を丸めて1,120mmとする。タイル割付けの調整方法は幅の場合と同じである。

45二丁掛けタイル

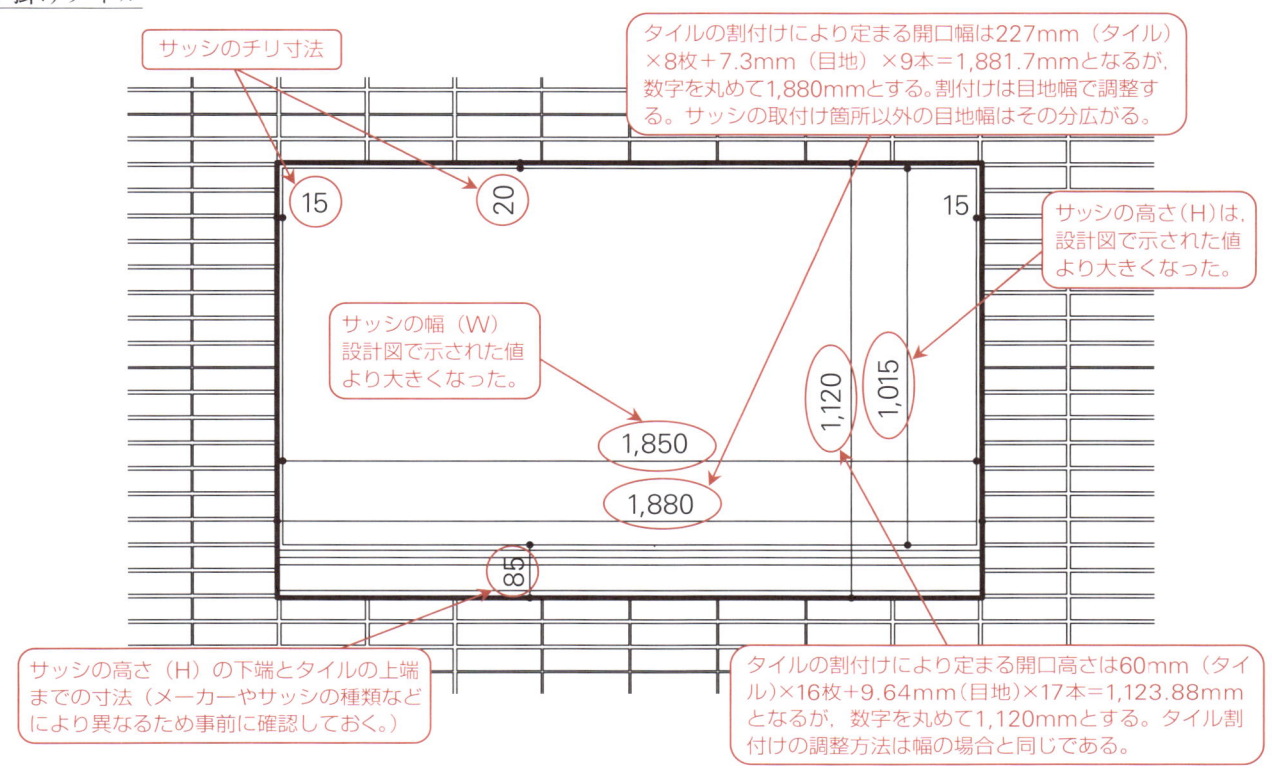

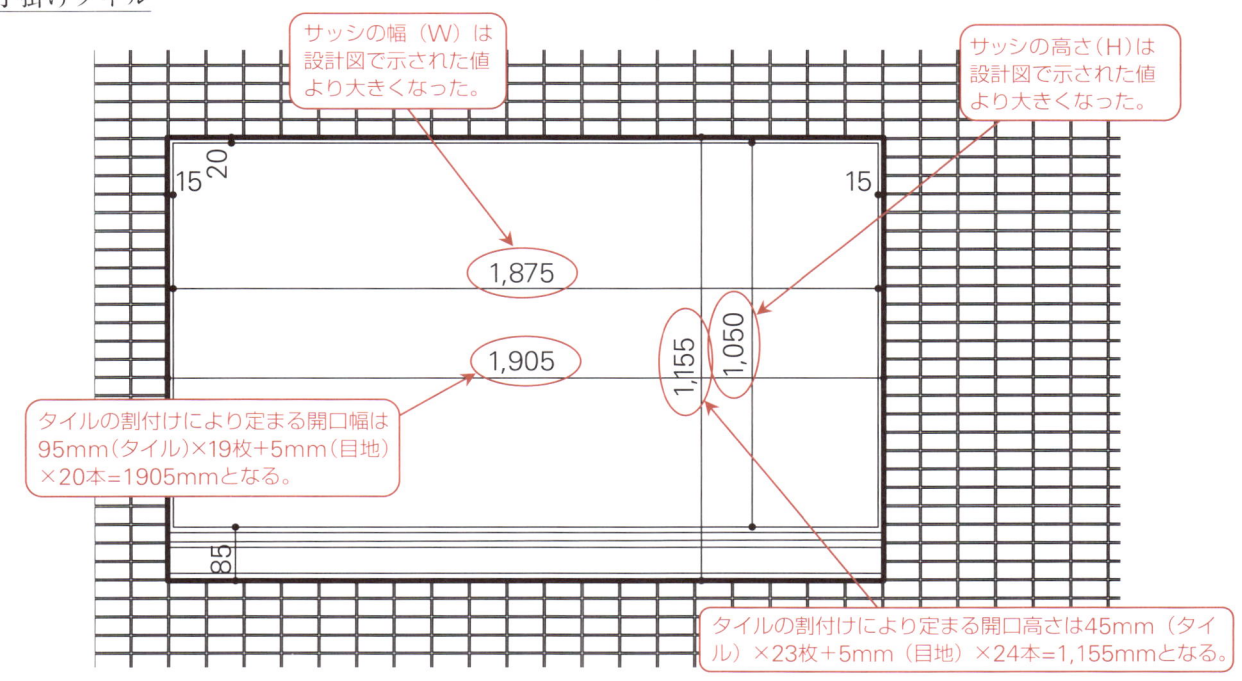

- サッシの幅（W）は設計図で示された値より大きくなった。
- サッシの高さ（H）は設計図で示された値より大きくなった。
- タイルの割付けにより定まる開口幅は95mm（タイル）×19枚＋5mm（目地）×20本＝1905mmとなる。
- タイルの割付けにより定まる開口高さは45mm（タイル）×23枚＋5mm（目地）×24本＝1,155mmとなる。

図2・28 窓回りの割付け方法の例

2・3・2 建具工事

(1) 建具開口の表示方法

建具開口は，図2・29に示すように，平面図には通り心からの寄り寸法とコンクリート躯体の開口寸法を，立面図には基準高さから開口下端までの寸法とコンクリート躯体の開口寸法を記入する。

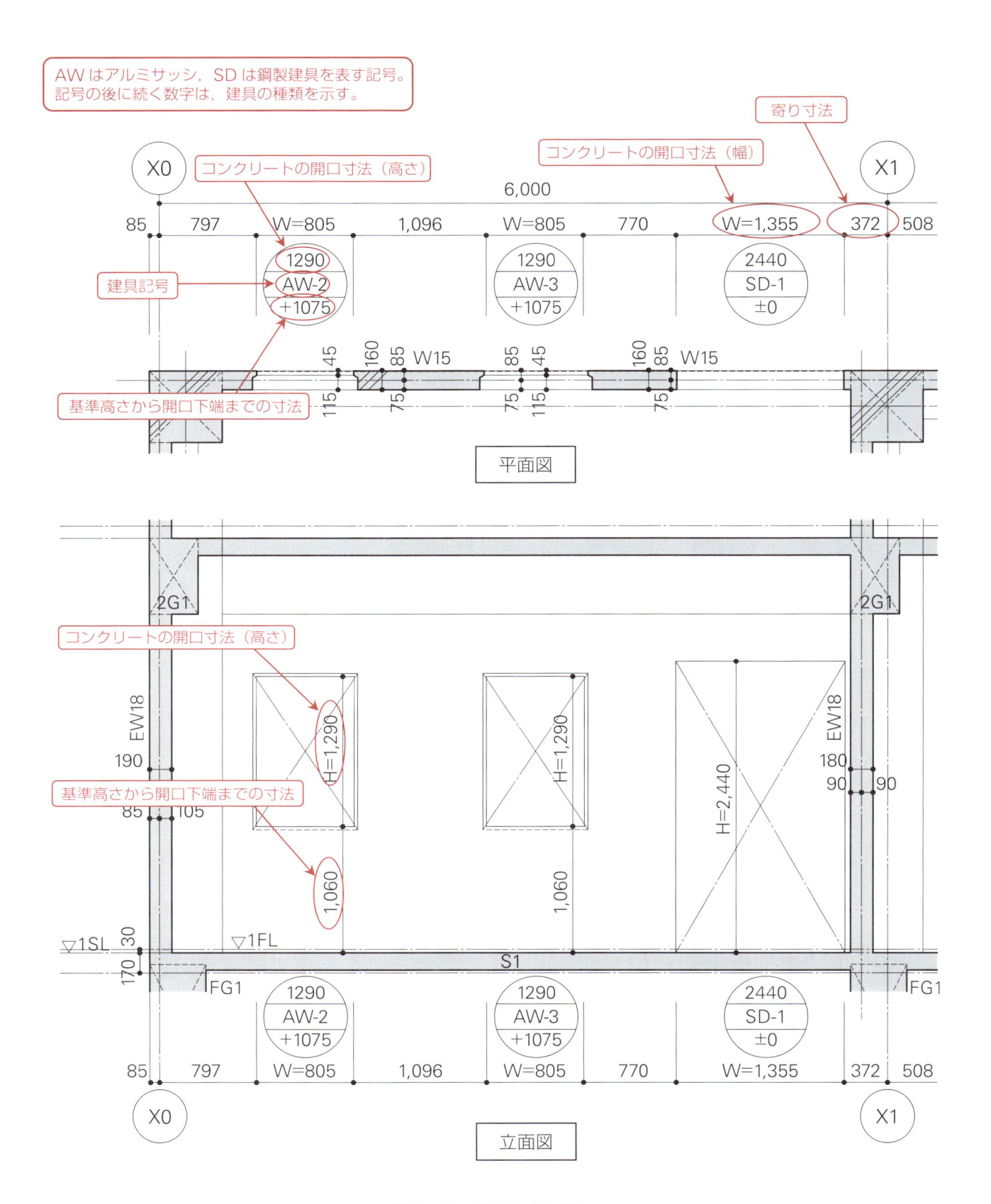

図2・29 開口部の基本表示

2・3 コンクリート躯体図に影響する仕上工事　31

(2) アルミサッシ（外壁に取り付く場合）
　1) コンクリート素地仕上げの場合
　　外壁アルミサッシについて，外壁仕上げがコンクリート素地仕上げの場合における一般的な納まりと躯体図への表現方法を，図2・30に示す。
　　設計図との整合性や仕上材との納まりなどを検討したのち，専門業者が作成したサッシ施工図を参考にしてコンクリート躯体図を作成する。サッシ記号に示されているW（サッシの幅）やH（サッシの高さ）の押さえの位置を確認し，コンクリート躯体図の開口の大きさ，寄り寸法，形状などを定める。さらに，溶接固定やモルタル充填のための作業空間を確保するためにぬすみ[注1]を設ける。

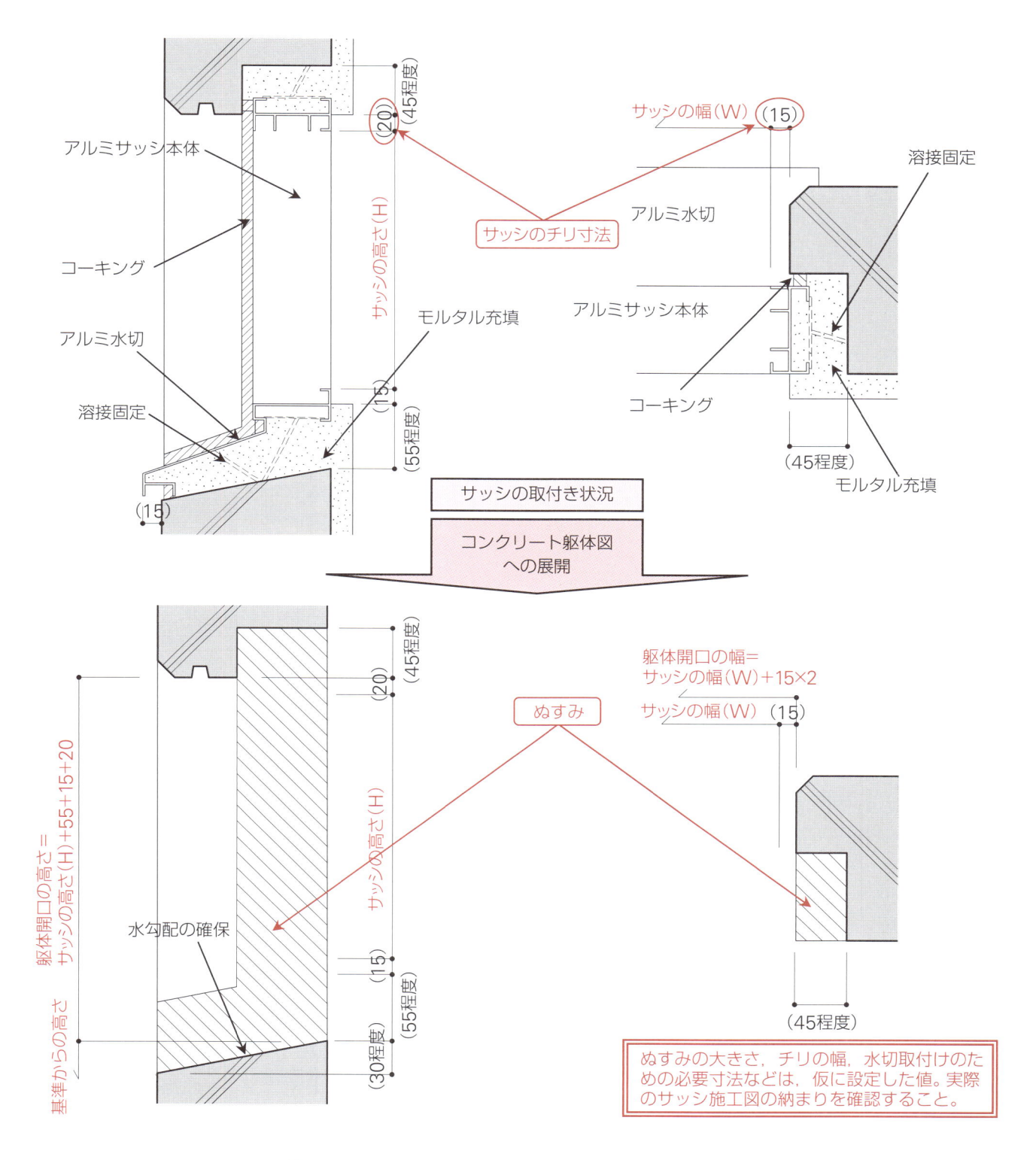

図2・30　アルミサッシの納まり（外壁コンクリート素地仕上げ）

注1) p.11 図2・2参照

2) タイル張り（45二丁掛けタイル）の場合

外壁アルミサッシについて，外壁仕上げがタイル張りの場合における一般的な納まりと，躯体図への表現方法を，図2・31に示す。

コンクリート躯体図の作成手順は，「1) コンクリート素地仕上げの場合」と同様であるが，事前に検討したタイル割付図に納まるように作成したサッシ施工図に基づき，コンクリート躯体の開口幅および開口高さを定める。

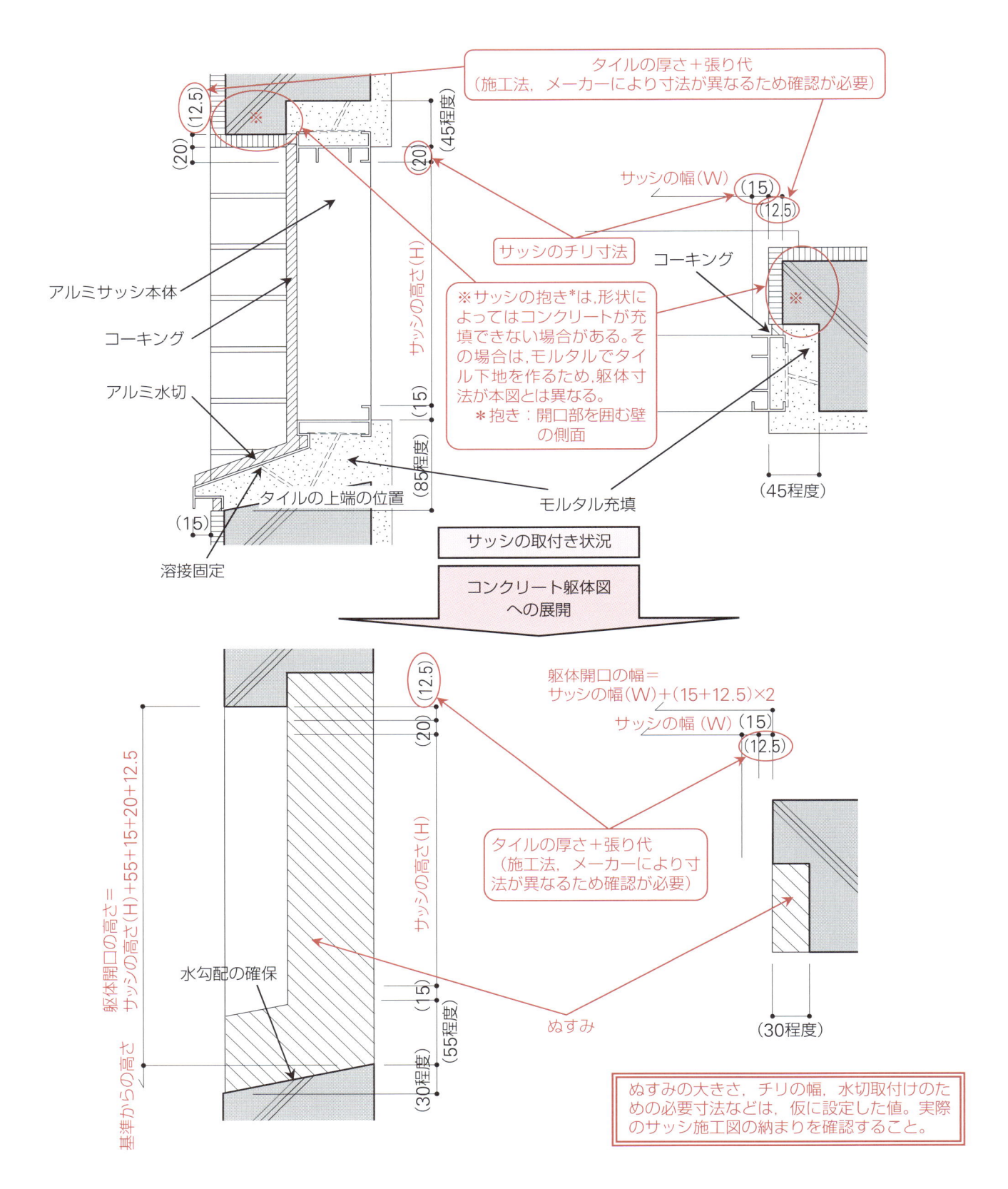

図2・31 アルミサッシの納まり（外壁タイル仕上げ：45二丁掛けタイル）

2・3 コンクリート躯体図に影響する仕上工事

(3) 鋼製建具（外壁に取り付く場合）

1) コンクリート素地仕上げの場合

コンクリート素地仕上げの外壁に取り付く鋼製建具の一般的な納まりと，コンクリート躯体図への表現方法を，図2・32に示す。

コンクリート躯体図の作成手順は，アルミサッシの場合と同様であり，専門業者が作成した鋼製建具施工図を参考にしてコンクリート躯体図を作成する。

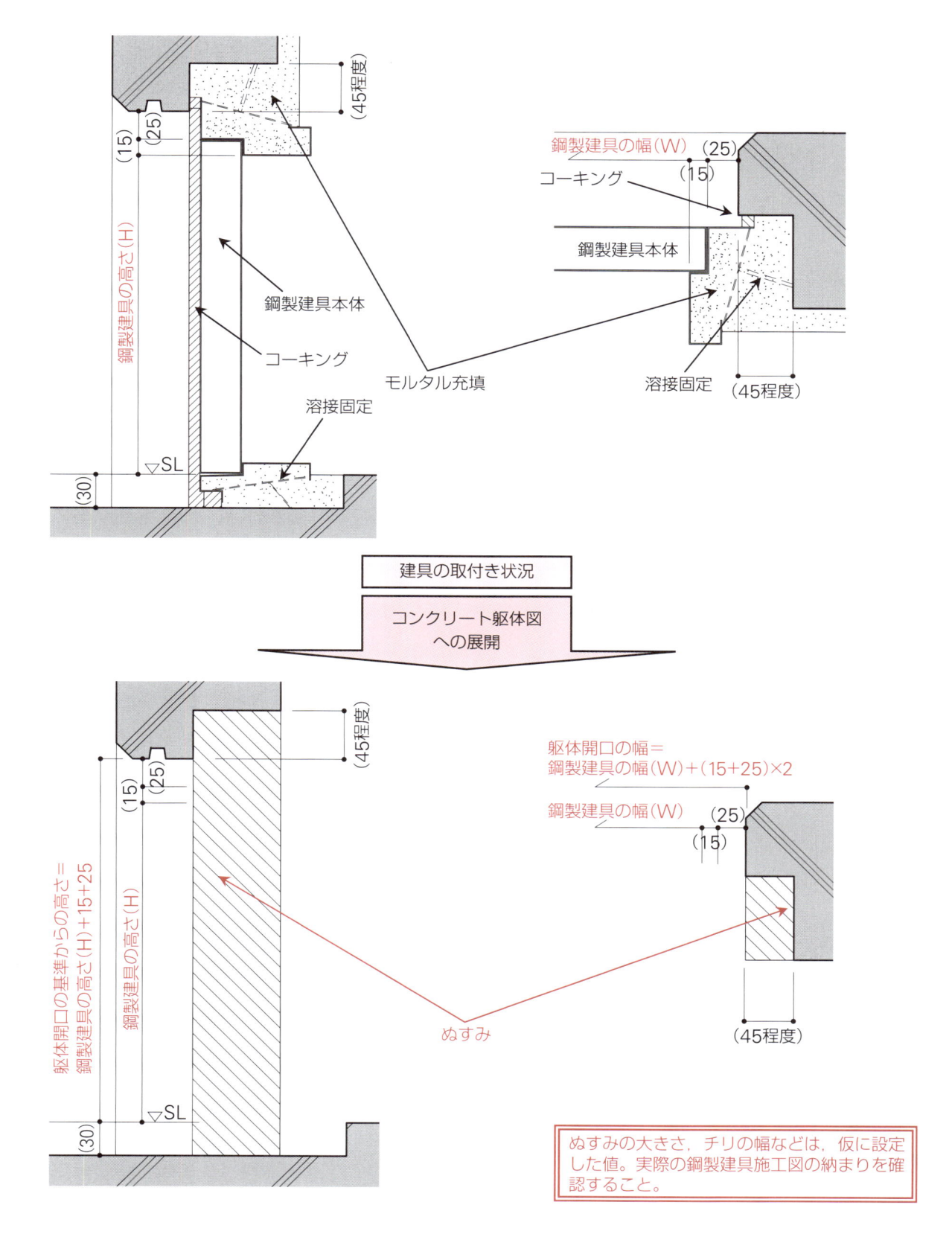

図2・32 鋼製建具の納まり（外壁コンクリート素地仕上げ）

2) タイル張り（45二丁掛けタイル）の場合

タイル張りの外壁に取り付く鋼製建具の一般的な納まりと、コンクリート躯体図への表現方法を、図2・33に示す。

コンクリート躯体図の作成手順は、アルミサッシの場合と同様である。コンクリート素地仕上げの場合は、設計図を反映した鋼製建具施工図に基づきコンクリート躯体図を作成するが、外壁がタイル張りの場合は、タイル割付けを盛り込んだ鋼製建具施工図に基づきコンクリート躯体図を作成する。

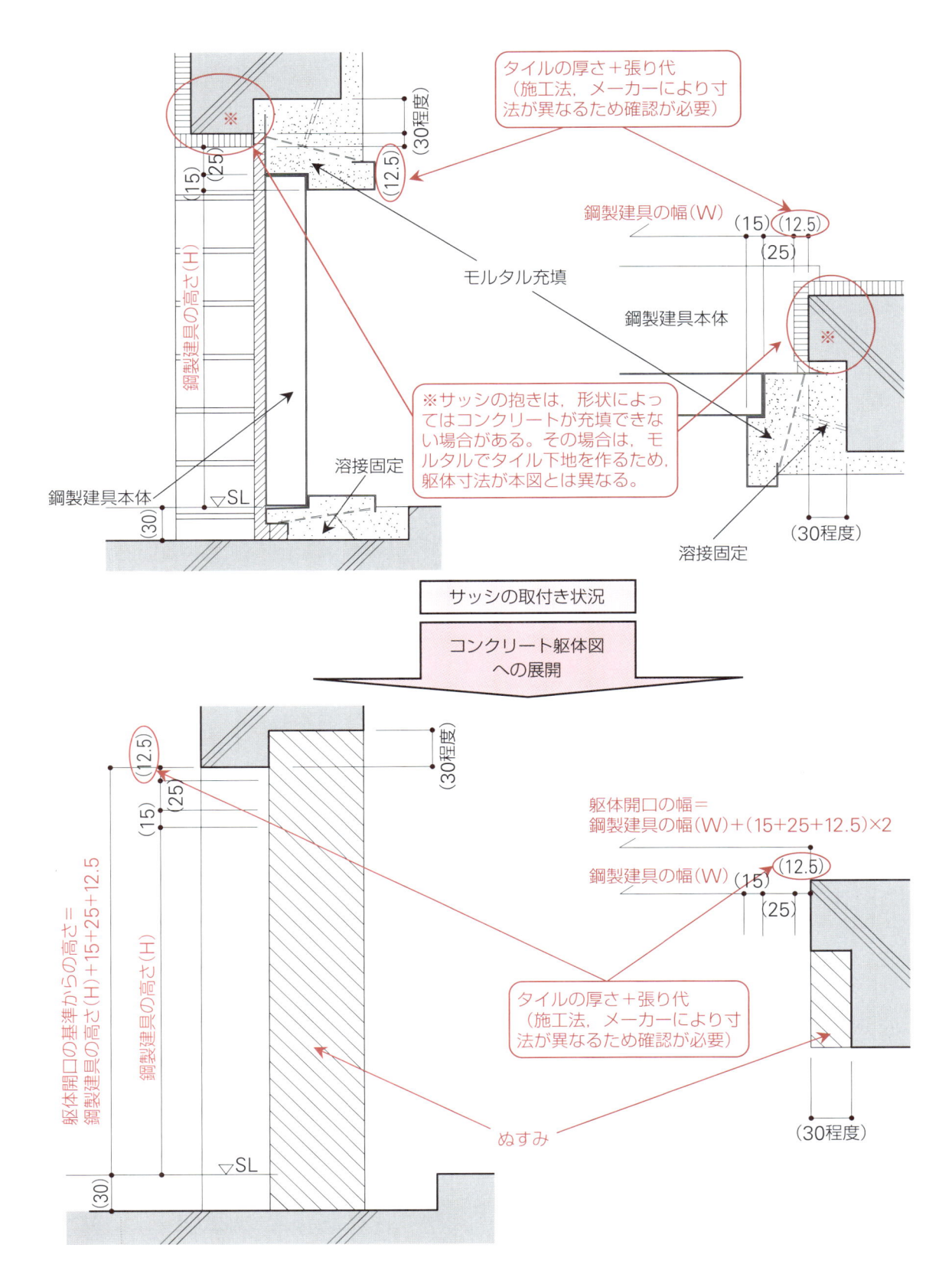

図2・33 鋼製建具の納まり（外壁タイル仕上げ：45二丁掛けタイル）

2・3 コンクリート躯体図に影響する仕上工事

(4) 鋼製建具（室内の間仕切壁に取り付く場合）

室内の間仕切壁に取り付く鋼製建具の一般的な納まりを，図2・34に示す。

コンクリート躯体図の作成手順は，外壁に取り付く場合と同様である。設計図に示された開口寸法を確認するだけでなく，床仕上げとくつずりとの高さの関係や扉の開閉時に障害物がないかなどを検討したのち，躯体の開口寸法をコンクリート躯体図に描き込む。

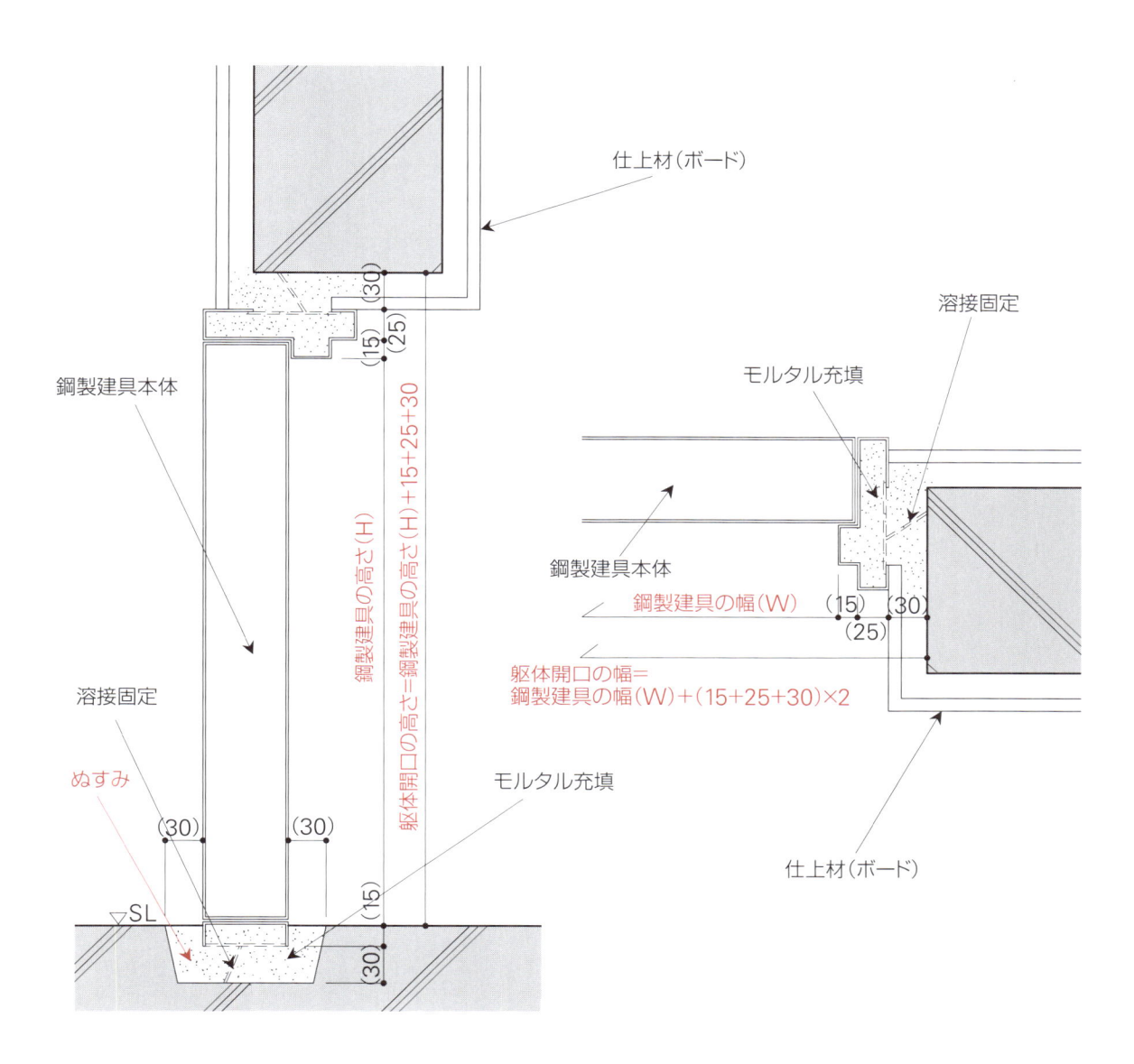

図2・34 鋼製建具の納まり（室内間仕切壁）

2・3・3 打継ぎ目地

通常の建物の場合，1階ごとにコンクリートを打ち継ぐ。打継ぎ位置は，雨水が侵入しがちであり，耐久性が損なわれないよう，目地を設けてコーキングにより止水する（図2・35）。なお，打継ぎ目地の位置は，室内側のスラブ天端より少し低くし，雨水の浸入を防ぐようにする。

さらに，打継ぎ目地は建物外周の梁天端に設けるため，梁部材の断面寸法を確保したり，美観的にも水平線を正確に出すなどの効果がある。

なお，外装タイル張りの場合は，コンクリートの動きに対してタイルが追従しやすいように，コンクリートとタイルの目地の位置を合わせる必要がある。

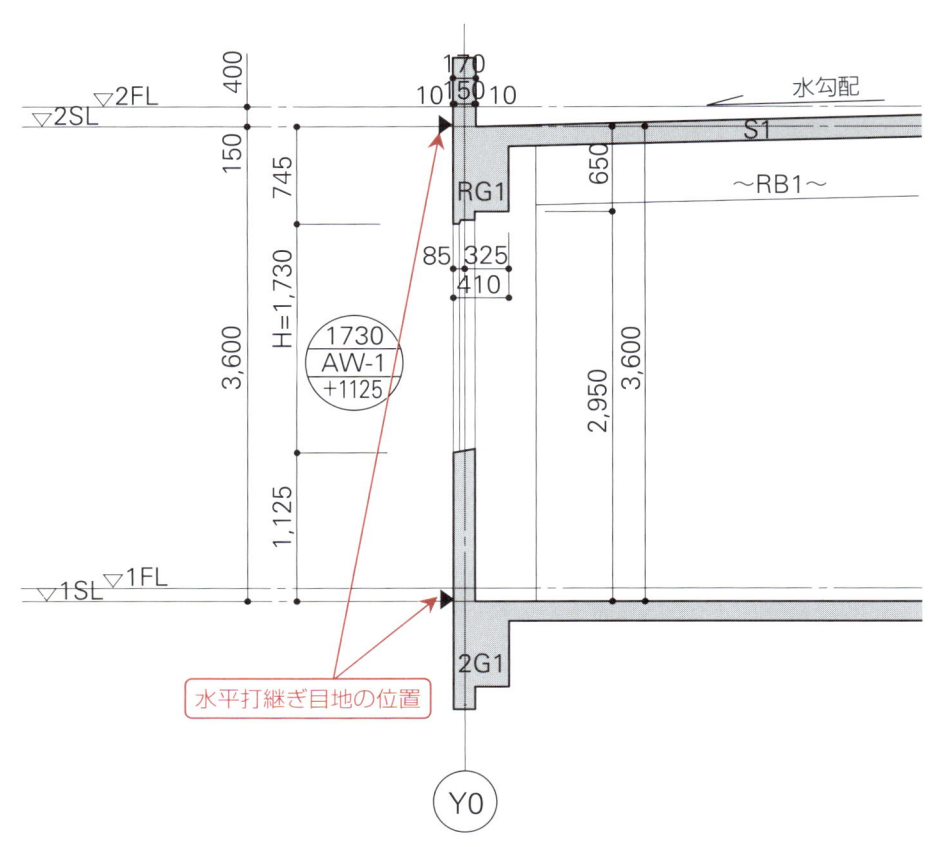

水平打継ぎ目地の取付け位置

コンクリート素地仕上げ

タイル仕上げ

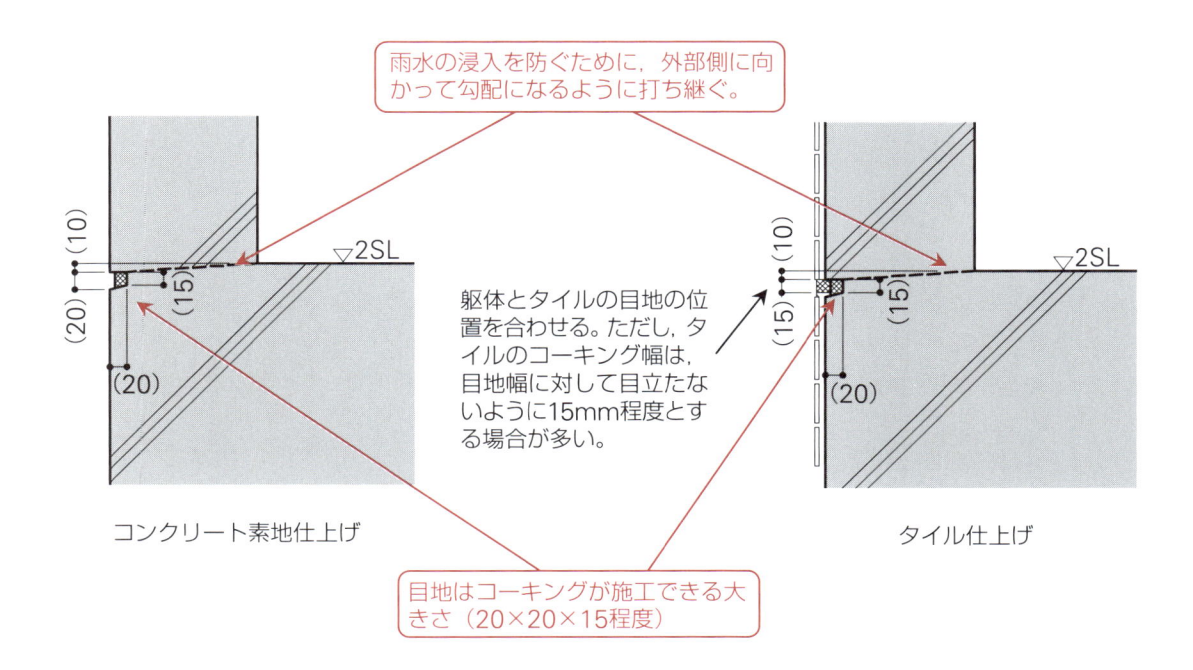

図2・35 水平打継ぎ目地

2・3・4 ひび割れ誘発目地

コンクリートの収縮ひび割れを制御するために，ひび割れ誘発目地を入れる場合がある。

スラブの場合は，鉄筋量を増やすことでひび割れを制御する傾向にあるが，ベランダ，バルコニーのように細長いスラブでは，ひび割れ誘発目地を入れる場合もある。ただし，歩行に障害となることもあるので設計者との協議が必要である。

壁の場合，効果的なひび割れ誘発目地は，目地間隔が 3 m 以下で目地の深さが壁の厚さの $\frac{1}{5}$ 以上とすることが一般的である。目地の形状は，ひび割れが集中しやすく，あと施工のコーキングが行いやすいように，20 mm×20 mm×15 mm 程度とする場合が多い。目地の深さが十分に確保できない場合は，目地の間隔を狭くして対応する。また，開口部がある場合は目地を開口部の位置に合わせる。ただし，目地の位置に関しては美観上の問題が生じる場合があるので，設計者との十分な協議が必要である（図2・36）。

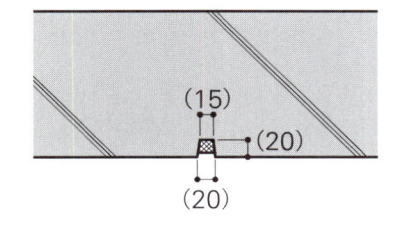

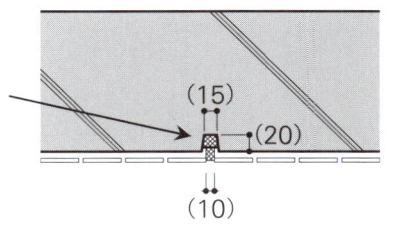

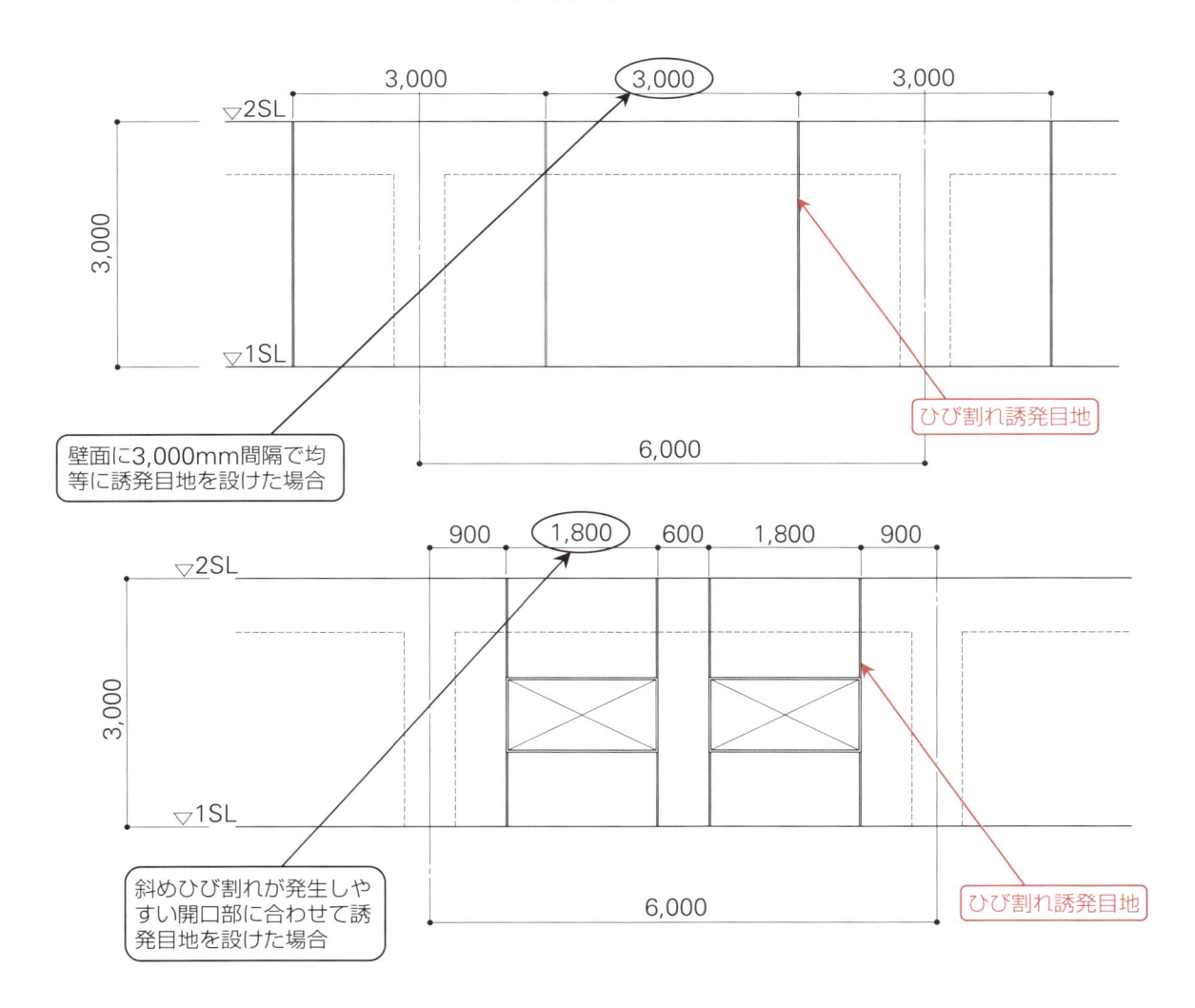

図2・36 ひび割れ誘発目地（壁）

2・3・5 防水工事

(1) 屋上防水

屋上防水のうちコンクリート躯体に影響する事柄は、水勾配，パラペットおよびドレンである。

1) 水勾配

「2・2・8 スラブ（床版）」に示すように，出寸法が短いスラブではコンクリートの厚みを変化させて水勾配を確保することが多いが，大きい面積である屋根スラブではスラブ自体で勾配を確保する。スラブで水勾配を確保するため，スラブおよび水勾配と平行な梁の断面寸法は変わらないが，水勾配と垂直方向の梁の水上部分は増打ちとなる（図2・37）。

なお，屋根の水勾配は設計図を確認する。

2) パラペット

露出防水でのパラペットの納まりを図2・38に示す。

防水層の仕舞い・納まりなどをメーカーと調整したのち，コンクリート躯体図に反映する。

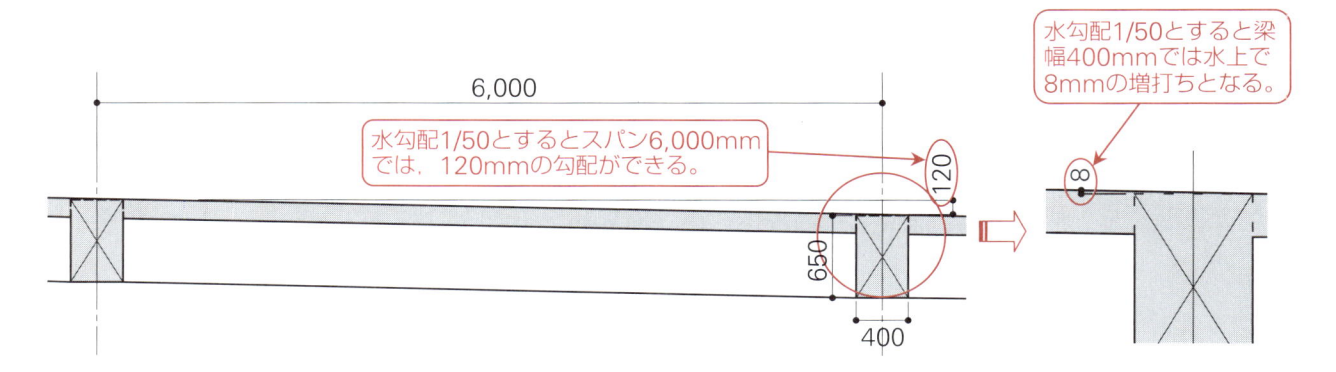

図2・37 屋根スラブの水勾配

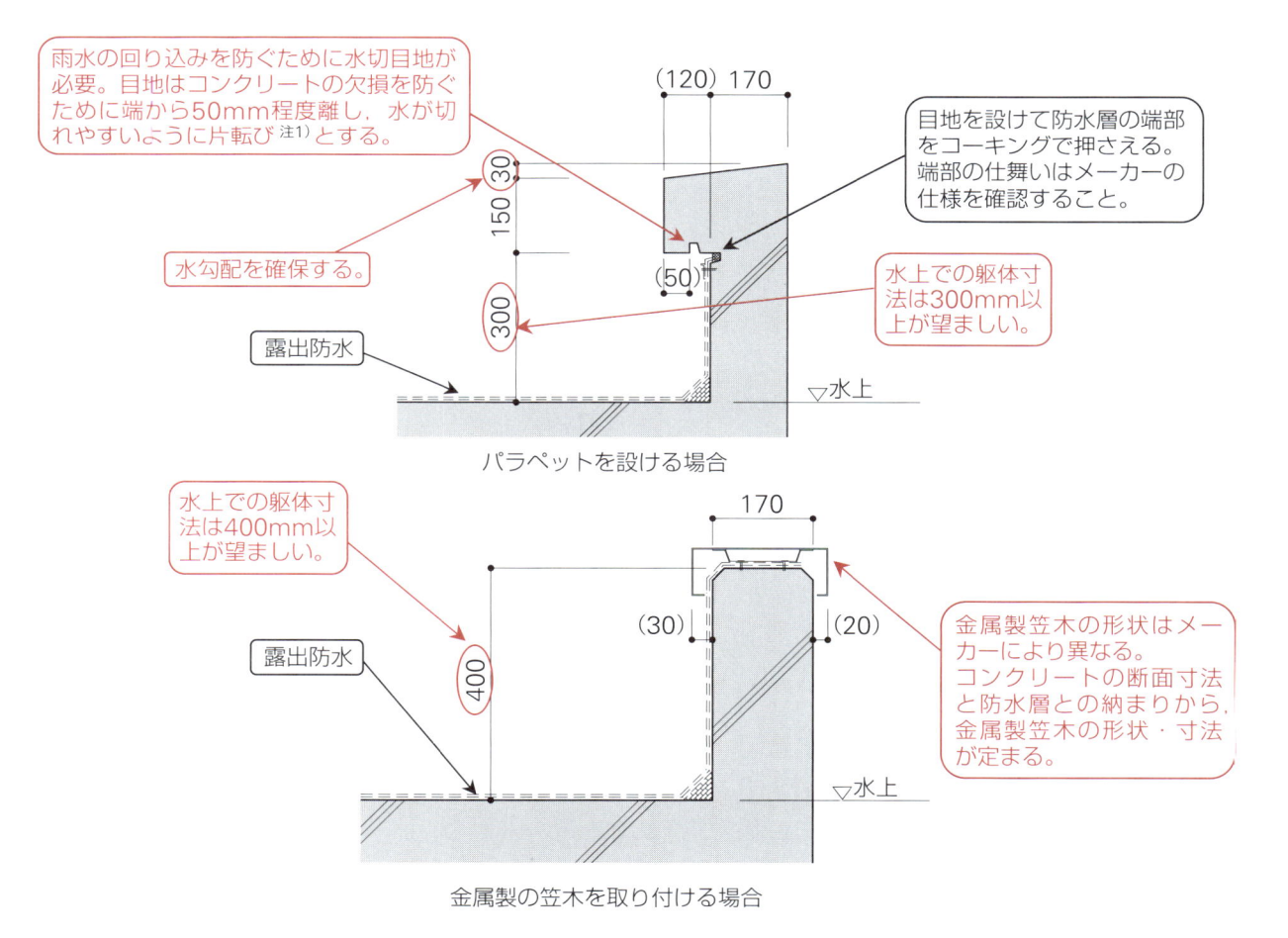

図2・38 屋上パラペットの形状（露出防水の場合）

注1) 片転び:「深さ方向に対して，一面で垂直，他面で傾斜している形のこと」

2・3 コンクリート躯体図に影響する仕上工事　39

　保護層がある防水でのパラペットの納まりを，図2・39に示す。露出防水と異なり，防水層の上に厚さ100 mm 程度の保護コンクリートを打設することが一般的であるため，パラペットのあご下の作業スペースを広くする必要がある。

　パラペットでの防水層の押えや保護の方法は，れんがブロックをモルタルで積み上げる方式やセメント成形板などを取り付ける方式などがあるが，方式によりパラペットの躯体形状が異なる場合もあるため検討を要する。

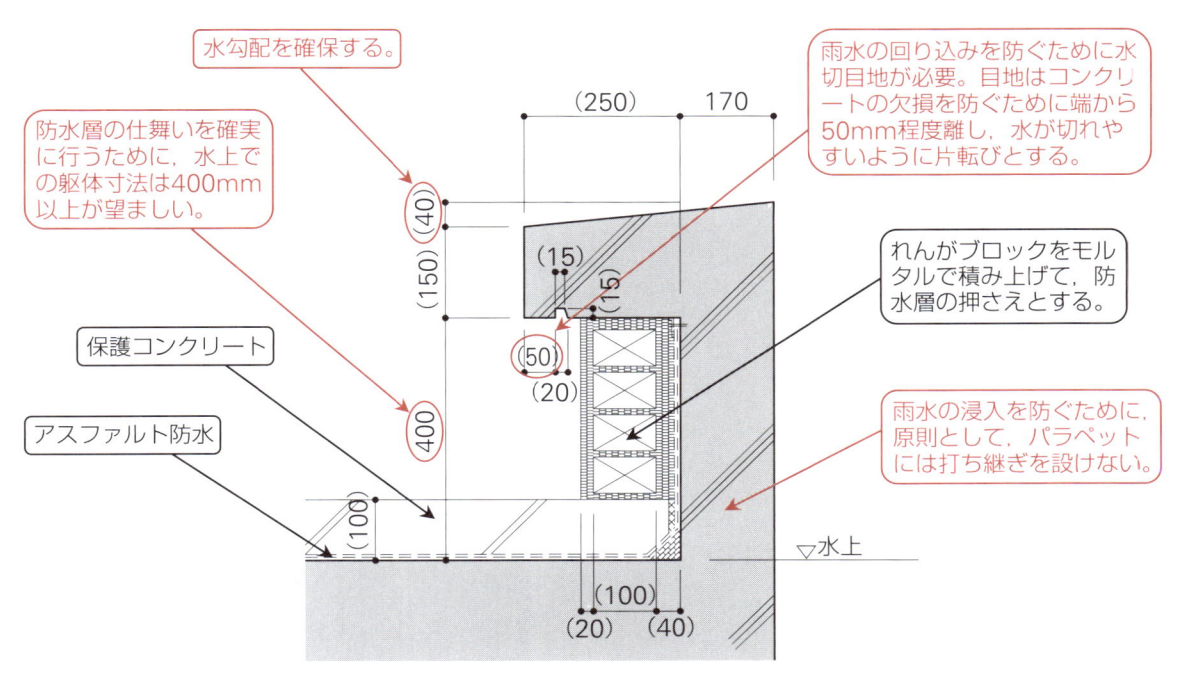

湿式の保護材で仕舞いをする場合

乾式の保護材で仕舞いをする場合

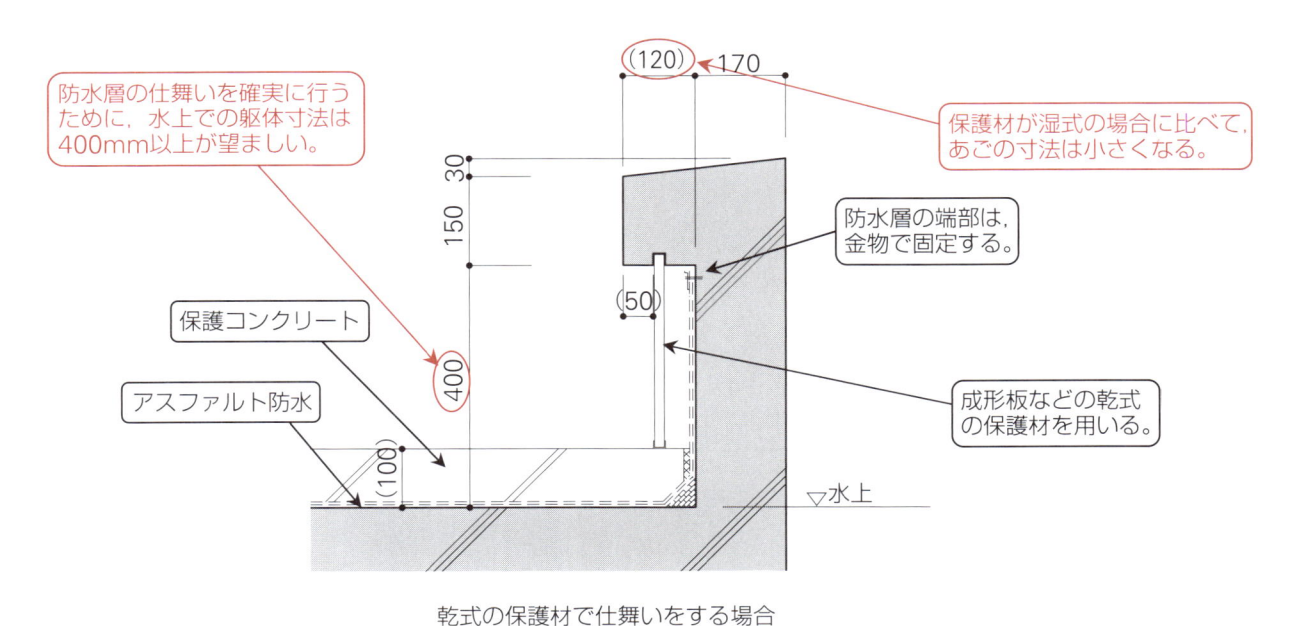

図2・39　屋上パラペットの形状（保護防水の場合）

3) ドレン

屋上やベランダ・バルコニーの雨水排水のためのドレンは，横引きドレンとたて型ドレンの2種類がある。

a) 横引きドレン

ドレンは水が溜まることなく流れるように，スラブ面より低い位置に固定する必要がある。また，配管周辺からの漏水を防ぐためにコンクリートに打ち込む。取付けの際には，納まりを検討したのち，鉄筋が障害とならないように梁を下げたり，スラブ筋が納まるようにスラブ下端を増打ちする（図2・40）。

横引きドレン 施工手順
① 下皿をコンクリートに打ち込む。
　（一体化により漏水防止）
② 防水層を下皿に密着させて施工
③ 防水層がめくれないように上皿を下皿に固定
④ 水が流れるようにコンクリートや溝モルタルの水勾配を確保

横引きドレン：
横引き管は漏水防止のため，コンクリートに打ち込む。

ドレンをコンクリートに打ち込む必要から，梁天端を下げる。ドレン設置箇所以外は，梁天端を増打ちすることになる。

スラブ筋が納まらない場合は，スラブ下端を増打ちする。

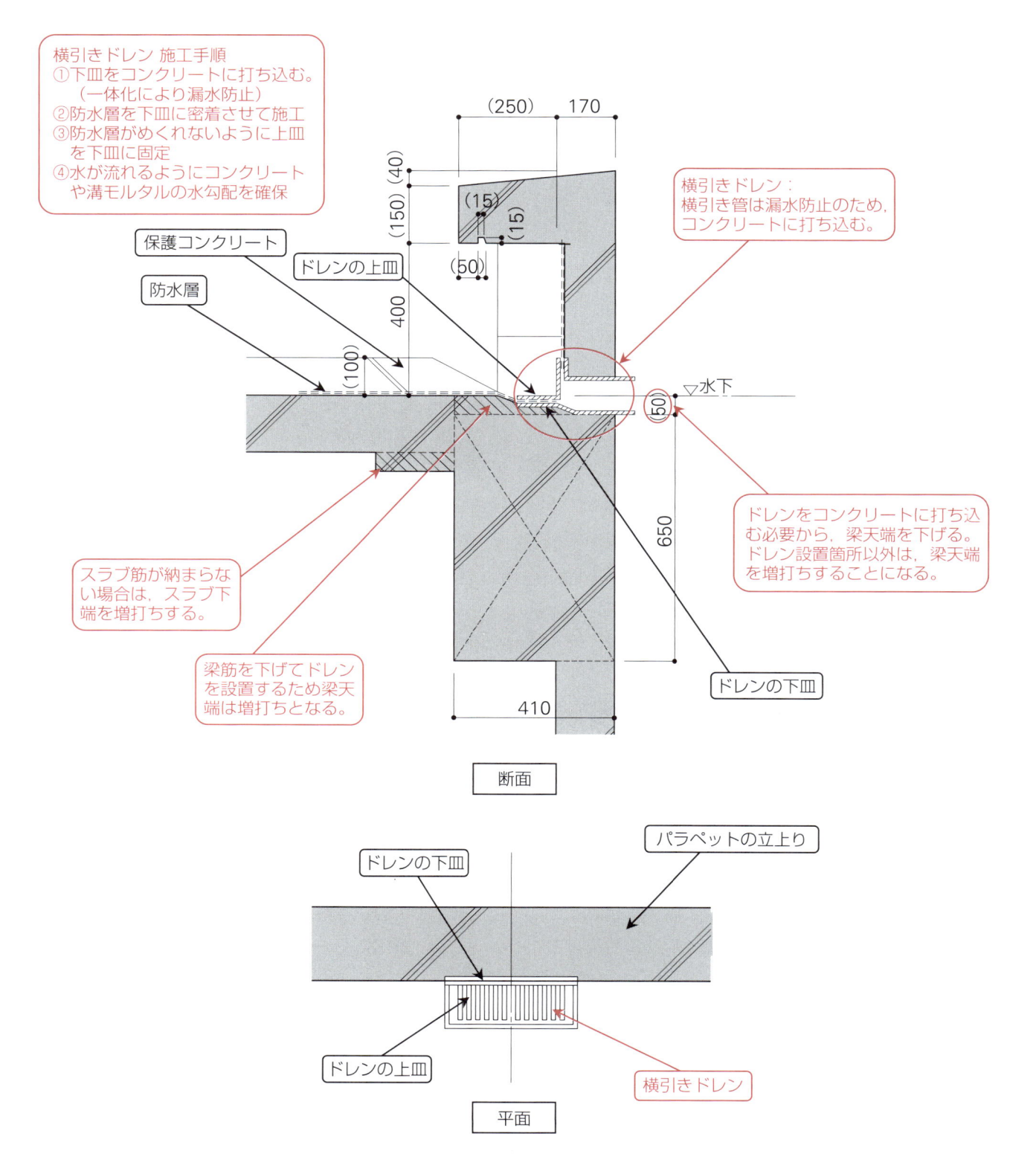

梁筋を下げてドレンを設置するため梁天端は増打ちとなる。

図2・40 横引きドレンの納まり（アスファルト防水）

b) たて型ドレン

横引きドレンと同様，ドレン周辺からの漏水防止のためにコンクリートへ打ち込む。スラブ天端より下げて取付けるため，スラブの下端が増打ちとなる。たて型ドレンは，防水工事の施工性や品質・信頼性を確保するために，配管径によりパラペットの立ち上がりからの最小寸法が定められている。メーカーにたて型ドレンの仕様を確認したのち，コンクリート躯体図に反映させる（図2・41）。

たて型ドレン 施工手順
① 下皿をコンクリートに打ち込む。
　（一体化により漏水防止）
② 防水層を下皿に密着させて施工
③ 防水層がめくれないように上皿を下皿に固定
④ 水が流れるようにコンクリートや溝モルタルの水勾配を確保

たて型ドレン：
縦管は漏水防止の点から，コンクリートに打ち込む。

保護コンクリート

防水層

ドレンの上皿

ドレンの下皿

(100)
(150)
(50)
(200) (200)

断面

ドレンをコンクリートに打ち込む必要から，スラブ筋を下げる。
そのため，ドレン設置箇所のスラブ下端はコンクリートの増打ちを行う。
増打ちの範囲は，ドレンの仕様書等を参考に定める。

パラペットの立上り

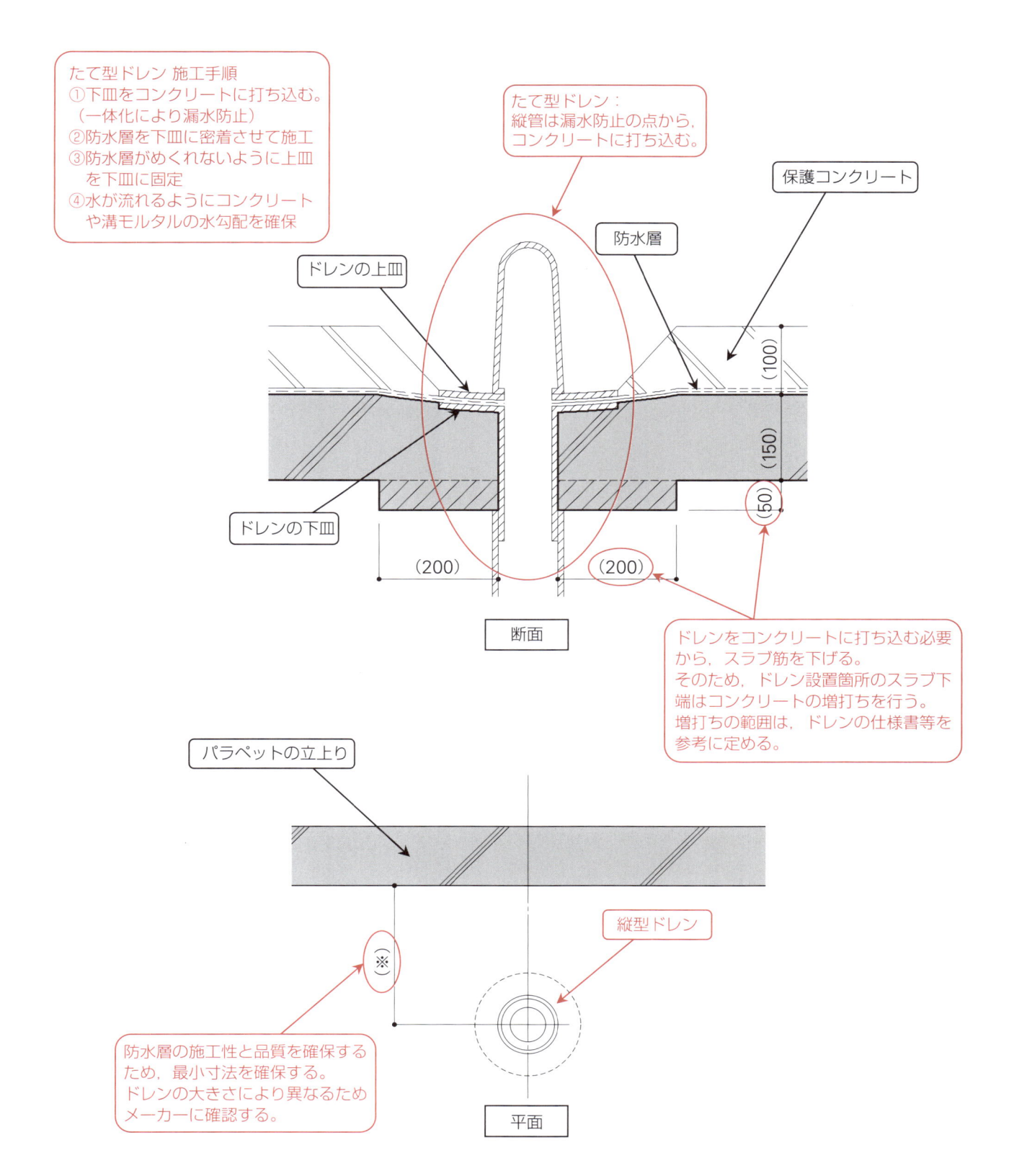

縦型ドレン

※
防水層の施工性と品質を確保するため，最小寸法を確保する。
ドレンの大きさにより異なるためメーカーに確認する。

平面

図2・41 たて型ドレンの納まり（アスファルト防水）

(2) 室内防水

室内でも，便所・湯沸室等の水回りでは防水仕様となる場合がある。アスファルト防水の場合は，防水層を納めるためにコンクリート躯体にぬすみが必要となる。ぬすみを入れた箇所でのかぶり厚さを確保するため，他の壁面は増打ちとなる（図2・42）。

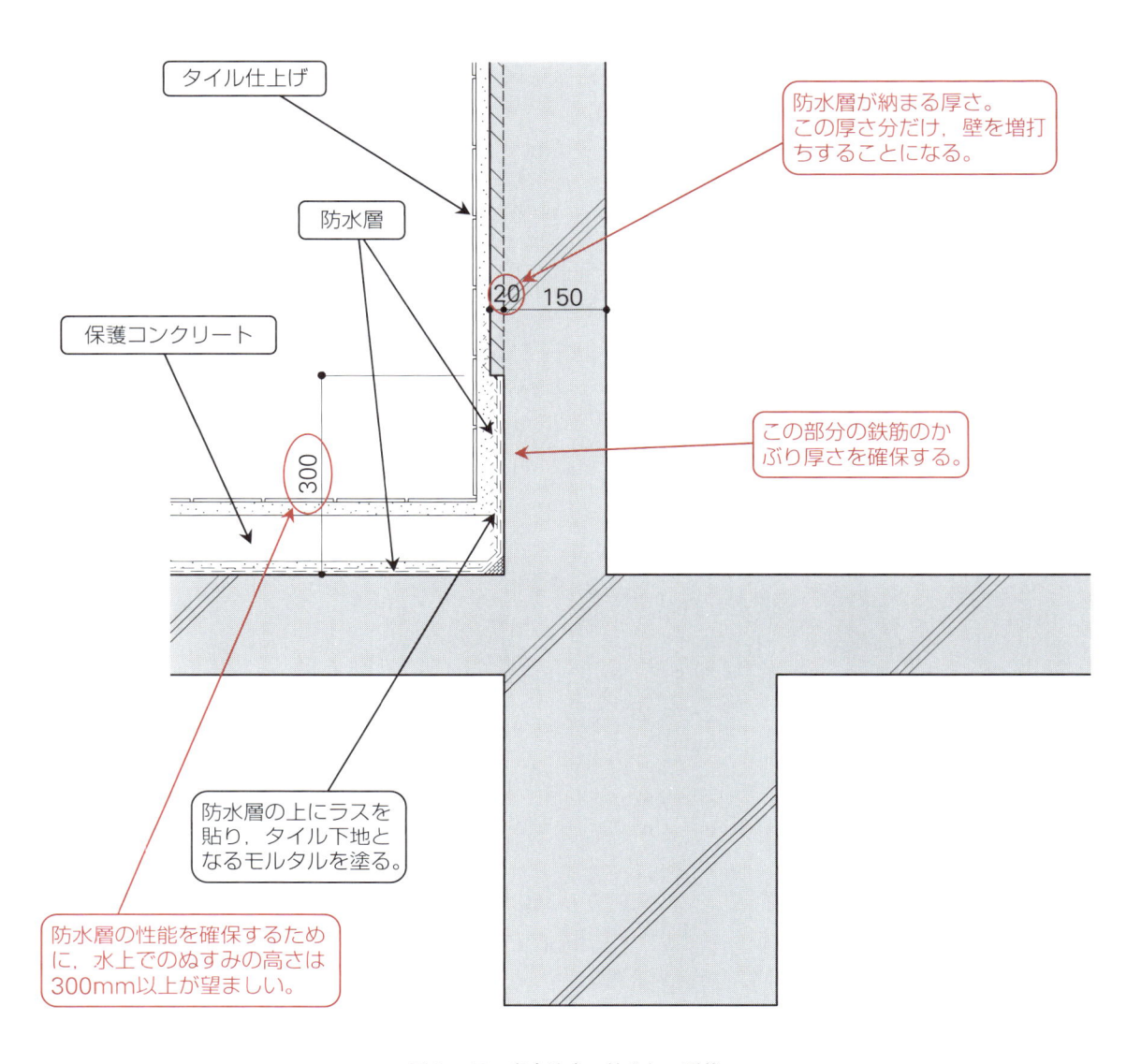

図2・42 室内防水の納まり・形状

2・3・6 耐震スリット

耐震スリットの設置位置は，構造図を確認してコンクリート躯体図に描き込む。目標性能に応じた耐震スリットをメーカーの仕様書などから選択する。図2・43に耐震スリットの一例を示す。

耐震スリットはコンクリートに打ち込むこととなるので，型枠への取付け方法を確認しておく。

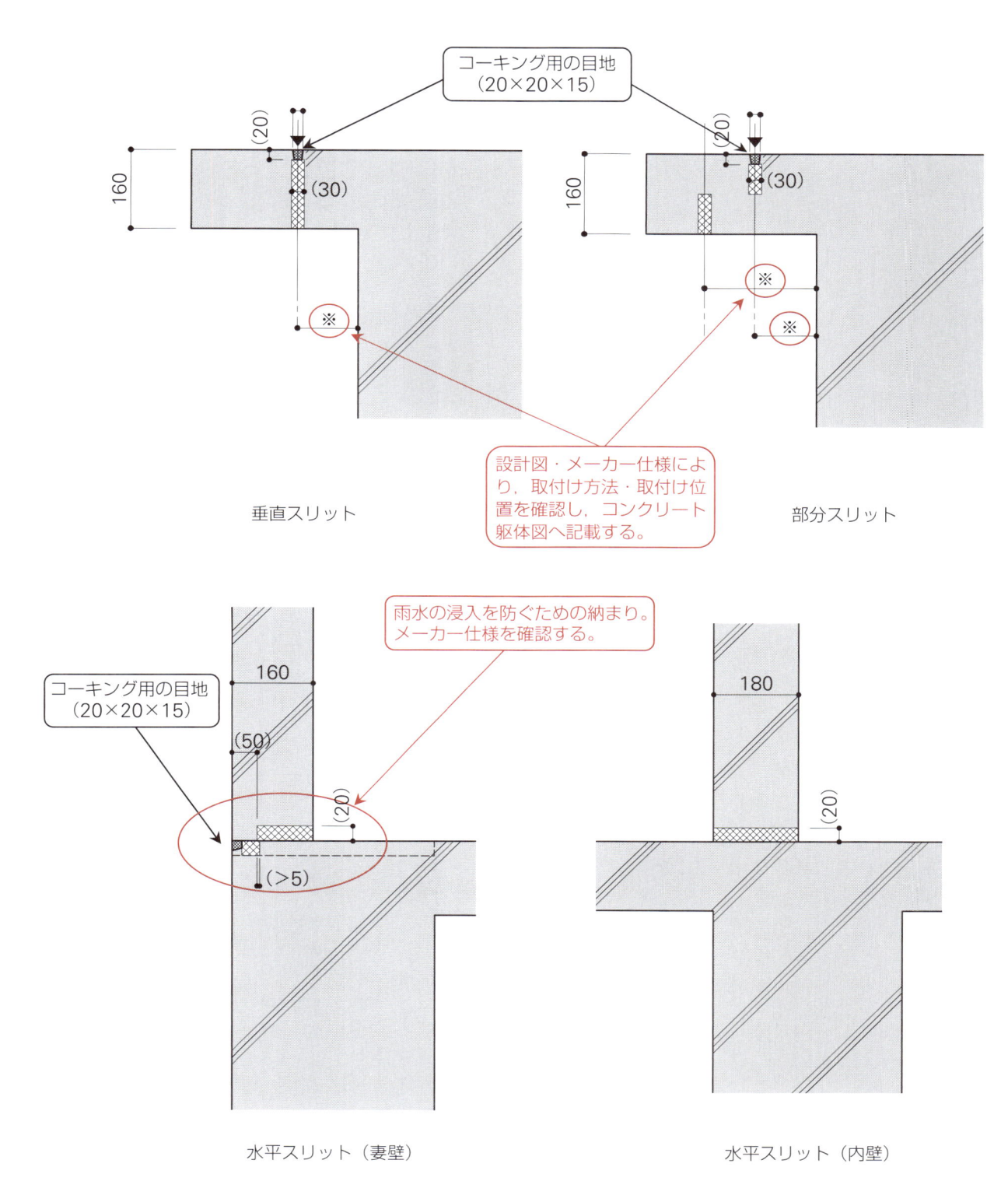

設計図・メーカー仕様により，取付け方法・取付け位置を確認し，コンクリート躯体図へ記載する。

垂直スリット　　部分スリット

雨水の浸入を防ぐための納まり。メーカー仕様を確認する。

コーキング用の目地（20×20×15）

水平スリット（妻壁）　　水平スリット（内壁）

図2・43　耐震スリットの納まり・形状

2・4 コンクリート躯体図に影響する設備工事

設備工事に関して,コンクリート工事の際に設ける開口としては,

① 設備業者がコンクリート躯体に取り付けるスリーブ[注1]や箱抜き型枠[注2]
② 型枠大工が作製する大型の貫通口および設備機器取付けのための開口や設備基礎など

に分けられる。

本節では,コンクリート躯体図に影響がある②について説明する。

2・4・1 壁の設備開口

壁には,点検口,配管・配線スペースなど様々な開口がある。

壁に設ける設備開口の例を図2・44に示す。コンクリート躯体図への表示方法は建具の開口と同じであり,平面図には通り心からの寄り寸法と開口の幅寸法を,断面図には開口の幅寸法とともに基準線からの高さと開口の高さ寸法を描き表す。設備開口は,施工時の間違いをなくすために,平面図と断面図の両方に描く方が良い。

消火栓ボックスなどのように別途製作される設備機器が取り付く場合は,機器製作図などに基づき,取付けのためのクリアランスを見込んだ開口を設ける。開口の必要寸法は設備の専門業者と調整することになるが,建築工事との取合い,美観,使い勝手などを考慮して元請業者が総合的に判断することになる。

なお,断面図では開口部を×で示し,壁を貫通していることを表す。

注1) スリーブ:躯体を貫通して配管を通すために取り付ける比較的小さな孔用の型枠(塩ビ管,鋼製管が多い)
注2) 箱抜き型枠:主に壁やスラブに開口を設けるために入れる型枠

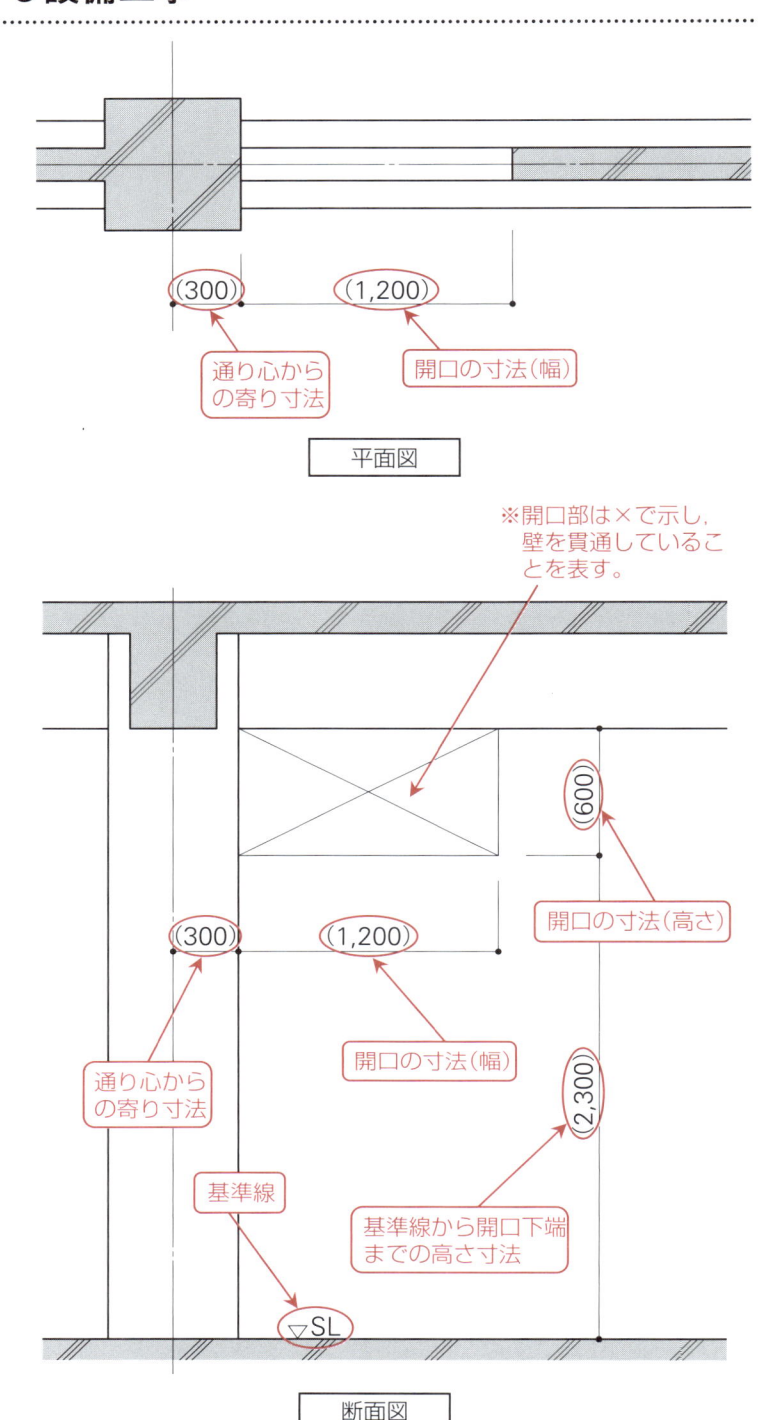

図2・44 壁の設備開口の例

2・4・2　床の設備開口

床の設備開口には，配管用パイプシャフト（PS），電気設備用配管・配線シャフト（EPS），空調用ダクトスペース（DS），マシンハッチ，点検用ハッチなどがある。

図2・45に示すように，平面図には通り心からの寄り寸法と開口寸法を描き表す。平面図と断面図で表すことが一般的で，平面図では開口部を×で示し，床を貫通していることを表す。

なお，開口部の面積が広くスラブ筋が切断される場合は，補強筋が必要である。

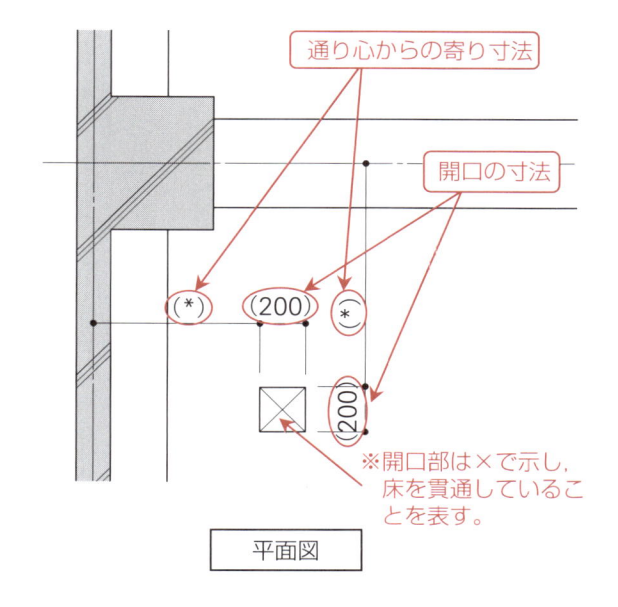

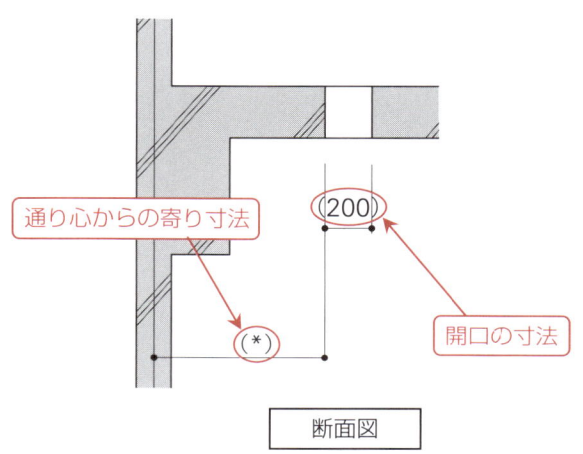

図2・45　床の設備開口の例

2・4・3　柱の設備機器

柱のように鉄筋が密に配筋されている部位には設備機器はほとんど取り付かない。取り付ける場合は，図2・46に示すように電気ボックスなどの設備機器の背面から鉄筋までのかぶり厚さを確保するために，コンクリート躯体を増打ちする。

なお，電気ボックスに接続されている配管類も鉄筋に固定してはいけない。

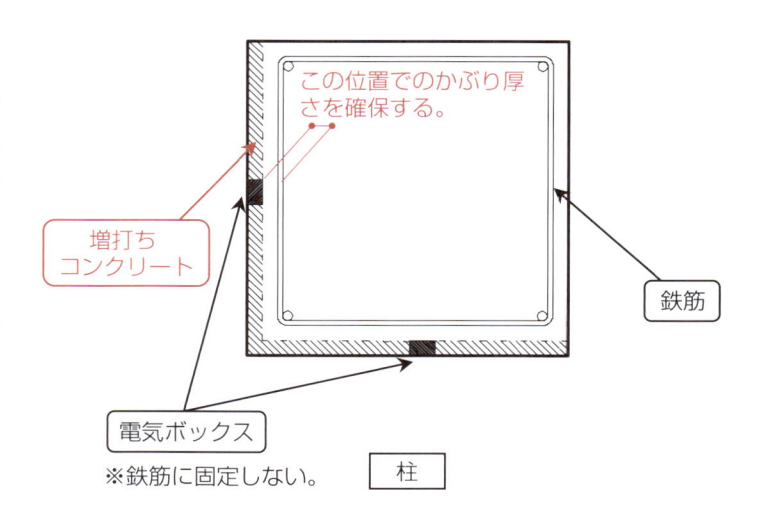

図2・46　柱の設備機器の例（電気ボックス）

2・4・4 梁の設備開口

梁は構造上重要な部材であるため，貫通孔を設ける場合には，いくつかの決まりごとがある。図2・47に共通的な決まりごとを示す。

① 貫通孔の径は梁せいの$\frac{1}{3}$以下とする。同図では，貫通孔は216 mm以下となる。
② 貫通孔の位置は，柱面から梁せい以上離す。同図では，柱面から650 mm以上離す。
③ 貫通孔が複数取り付けられる場合は，貫通孔の中心間隔は径の3倍以上とする。同図では，貫通孔径が100の場合，隣り合う貫通孔は300 mm以上離す。
④ 貫通孔は基本的には梁せいの中心に設置する。中心から外れる場合でも，梁せいの中央$\frac{1}{2}$の範囲内とする。同図では，梁の天端および下端から貫通孔まで163 mm以上離す。

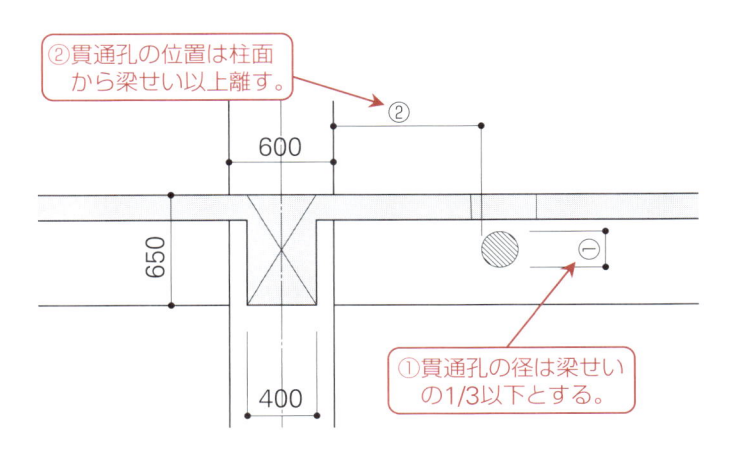

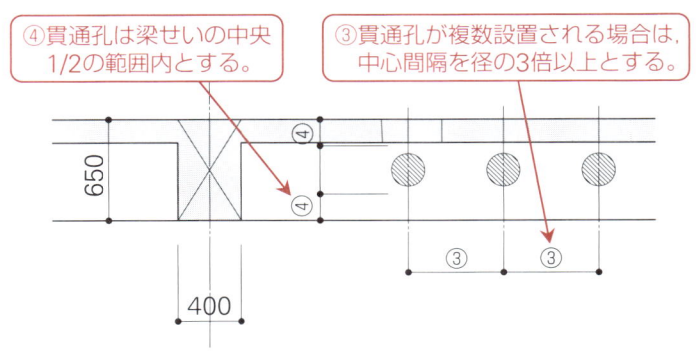

図2・47 梁の設備開口の例

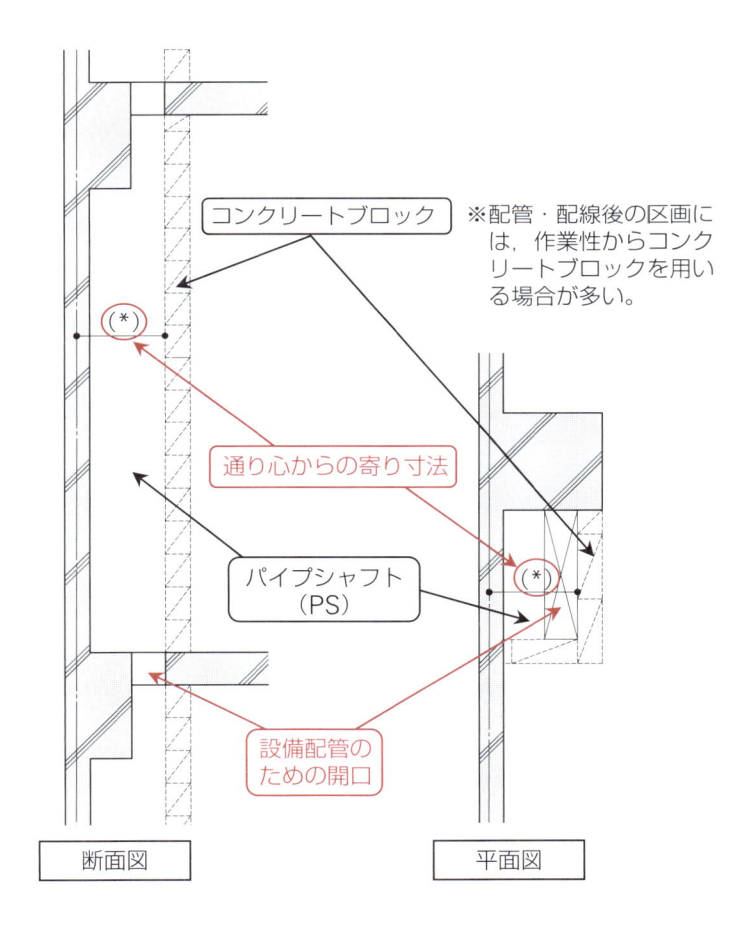

2・4・5 パイプシャフト（PS）

上下階の方向に配線・配管を通すパイプシャフトの例を，図2・48に示す。

パイプシャフトは配線・配管が密集するばかりでなく，いくつもの機器類が設置される。そのため，設備工事の配管スペース・作業スペースの確保や建築工事との取合いなどを調整するとともに，供用時の使い勝手やメンテナンスをも考慮した計画とする必要がある。それらを検討したのちに，コンクリート躯体図を作成する。

図2・48 パイプシャフト（PS）の例

2・4・6 洗面台などの給水管・排水管

湯沸室や便所には多くの配管が集まるため，設備開口が増える。防水層がある場合は，特に端部の納まりが難しくなるため，できる限り防水層を貫通しないようにする。また，メンテナンス工事を行いやすくするため，図2・49に示すようにコンクリートブロックの中を配管することが多い。

配管が貫通する床は，スリーブや箱抜きでコンクリートに開口を設けておき，仕上工事の際に実管を配管する。

小さい径の開口であれば，設備業者が自らスリーブ等を取り付ける。

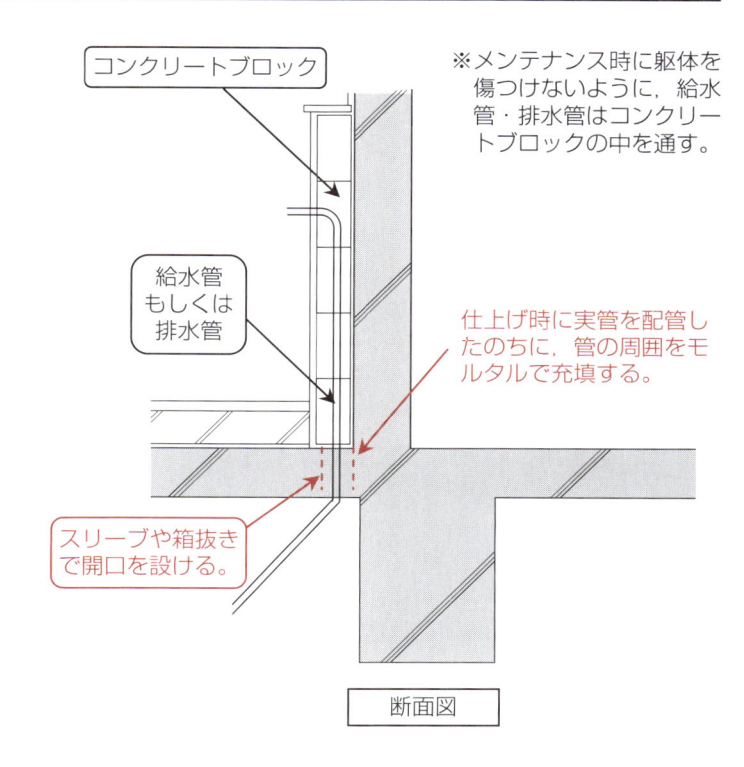

図2・49 洗面台などの給水管・排水管

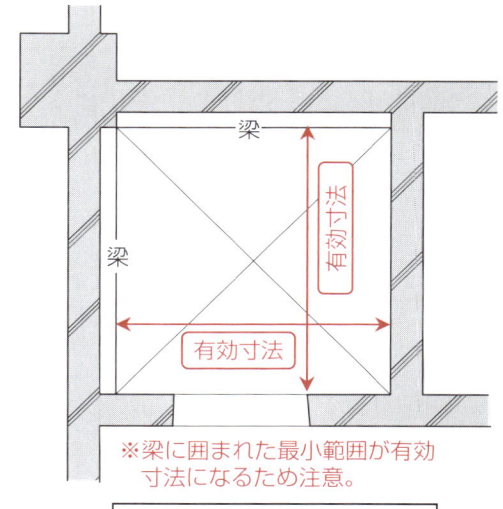

2・4・7 エレベータシャフト

エレベータの機械本体の設置は専門業者が行うが，機械を取り付けるためのコンクリート躯体は元請業者が作製する。

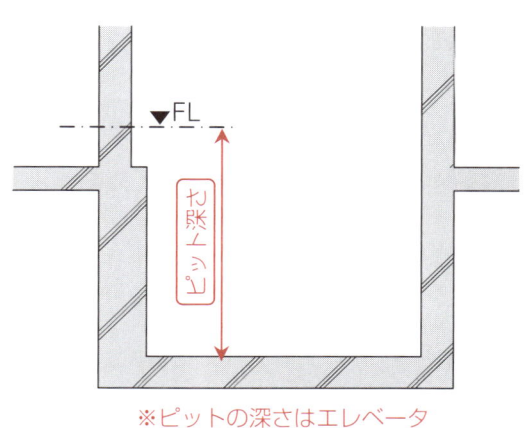

シャフトのピットの有効寸法はエレベータの仕様で決まるため，元請業者は専門業者と事前に十分な打ち合わせを行い，コンクリート躯体図に反映させる必要がある（図2・50）。

また，最上階は吊りフックなどの打込み金物もあるため注意を要する。

図2・50 エレベータシャフト

2・4・8 設備基礎

設備基礎は屋上に設けられる場合が多いが，最上階のコンクリートと同時に作製する場合と，保護コンクリートを打設した上に作製するものに分けられる（図2・51）。いずれの基礎も元請業者が作製する。

最上階のコンクリートと同時に作製する場合には，防水層の仕舞いを行う必要があるためパラペットに準じた仕様が必要である。

なお，設置する機械の形状や配管経路により基礎の位置や形状が設計図から変更になる場合があるため，元請業者は設備専門業者と十分な調整を行い躯体図を作成する必要がある。

一般的に，重量のある機械設備が機械基礎の上に設置されるため，最上階の躯体にも梁を設けて荷重を受ける。機械基礎の位置・形状が設計図から変更になる場合は，最上階の梁の位置を確認するとともに設計者の承認を得る必要がある。

また，機械を固定するためのアンカーボルトなどをコンクリートに埋め込む場合は，コンクリート躯体図に反映させる。

図2・51 機械基礎

2・4・9 ハト小屋

建物内の設備配管が屋上に設置された機械設備と接続される場合，屋上の防水層を貫通するため「ハト小屋」と称する工作物を作り，雨仕舞いを確実に行う。ハト小屋の位置，形状は，設備専門業者との調整により決定するが，配管の接続作業や配管に保温材・防露材を巻く作業が生じるため，十分なスペースが必要である（図2・52）。

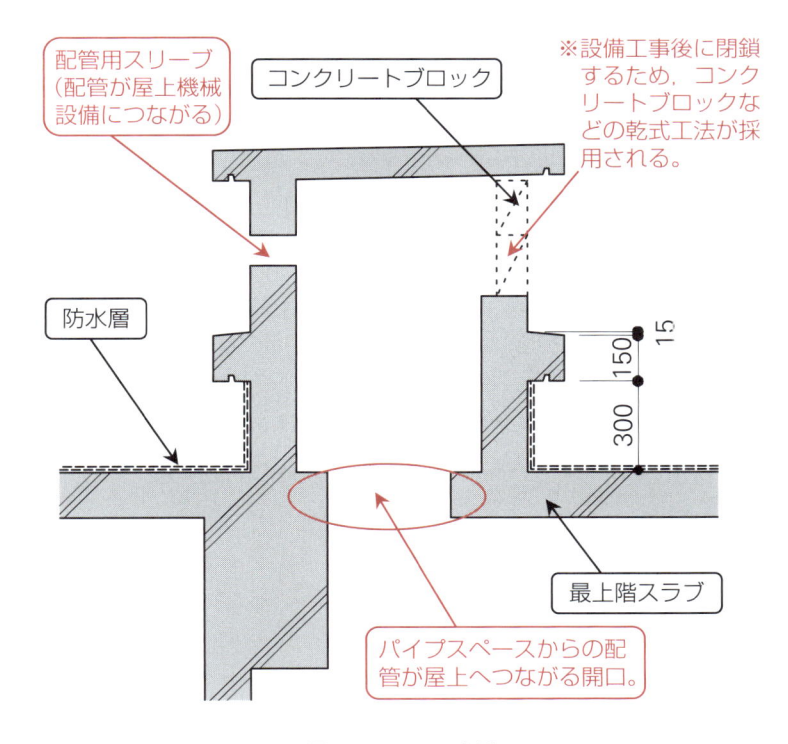

図2・52 ハト小屋

初めて学ぶ 建築実務テキスト

第3章

コンクリート躯体図の作図

3・1　モデル建物 …………… 50

3・2　作図の要点 …………… 66

　本章では，施工図のうち，建築工事で最も重要度の高いコンクリート工事を進めるために必要な「コンクリート躯体図」の作成方法を，作成手順に沿って学習する。
　施工図を描くおおまかな手順は，以下のとおりである。
　　① 設計図から，必要な情報を抽出する。
　　② 施工性を検討する。
　　③ 設計図を，施工図に展開する。
　　④ その他の関連図と照合する。

　説明のための具体例として，モデル建物を設定した。

モデル建物（参考文献）：小西敏正監修，永井孝保・村井祐二・宮下真一著
「超入門　建築製図（第四版）」市ヶ谷出版社，
pp.81～118，2012

3・1 モデル建物

3・1・1 設計概要

建物概要

建物概要							
敷地面積	510.00 ㎡	床面積	1 階	162.00 ㎡	構造・種別	鉄筋コンクリート造ラーメン構造	
建築面積	163.79 ㎡		2 階	162.00 ㎡	階 数	地上 2 階建て	軒 高 7.33 m
用 途	事務所		延床面積	324.00 ㎡			最高高さ 7.85 m

仕上の概要（外部仕上・内部仕上）

外部仕上表			
外 壁	弾性タイル吹付	屋 根	アスファルト露出防水，アルミ笠木
基礎立上り	モルタル金コテ	玄関庇・庇裏	防水モルタル・吹付
開 口 部	アルミサッシ，ステンレスカーテンウォール	アプローチ	磁器タイル張り

内部仕上表					
階	室名	床	巾木	壁	天井
1 階	エントランス	複合フローリング（セルフレベリング）	ソフト巾木	石膏ボード t=12.5 下地 ビニルクロス貼り	LGS 下地 化粧石膏ボード張り t=9.5
	事務所	複合フローリング（セルフレベリング）	ソフト巾木	石膏ボード t=12.5 下地 ビニルクロス貼り	LGS 下地 化粧石膏ボード張り t=9.5
	ホール	ビニル床シート（セルフレベリング）	ソフト巾木	石膏ボード t=12.5 下地 ビニルクロス貼り	LGS 下地 化粧石膏ボード張り t=9.5
	給湯室	ビニル床シート（セルフレベリング）	ソフト巾木	耐水ボード t=12.5 下地 ビニルクロス貼り	LGS 下地 化粧石膏ボード張り t=9.5
	女子便所	ビニル床シート（セルフレベリング）	ソフト巾木	耐水ボード t=12.5 下地 ビニルクロス貼り	LGS 下地 化粧石膏ボード張り t=9.5
	倉庫	ビニル床シート（セルフレベリング）	ソフト巾木	ケイ酸カルシウム板・EP	LGS 下地 化粧石膏ボード張り t=9.5
2 階	事務所	OA フロア タイルカーペット張り	ソフト巾木	石膏ボード t=12.5 下地 ビニルクロス貼り	LGS 下地 化粧石膏ボード張り t=9.5
	ホール	モルタル下地 ビニル床シート	ソフト巾木	石膏ボード t=12.5 下地 ビニルクロス貼り	LGS 下地 化粧石膏ボード張り t=9.5
	給湯室	モルタル下地 ビニル床シート	ソフト巾木	耐水ボード t=12.5 下地 ビニルクロス貼り	LGS 下地 化粧石膏ボード張り t=9.5
	男子便所	モルタル下地 ビニル床シート	ソフト巾木	耐水ボード t=12.5 下地 ビニルクロス貼り	LGS 下地 化粧石膏ボード張り t=9.5
	倉庫	モルタル下地 ビニル床シート		ケイ酸カルシウム板・EP	LGS 下地 化粧石膏ボード張り t=9.5
各階共通	階段	モルタル下地 ビニル床シート	ソフト巾木	石膏ボード t=12.5 下地 ビニルクロス貼り	LGS 下地 化粧石膏ボード張り t=9.5
	PS				

3・1・2 意匠設計図

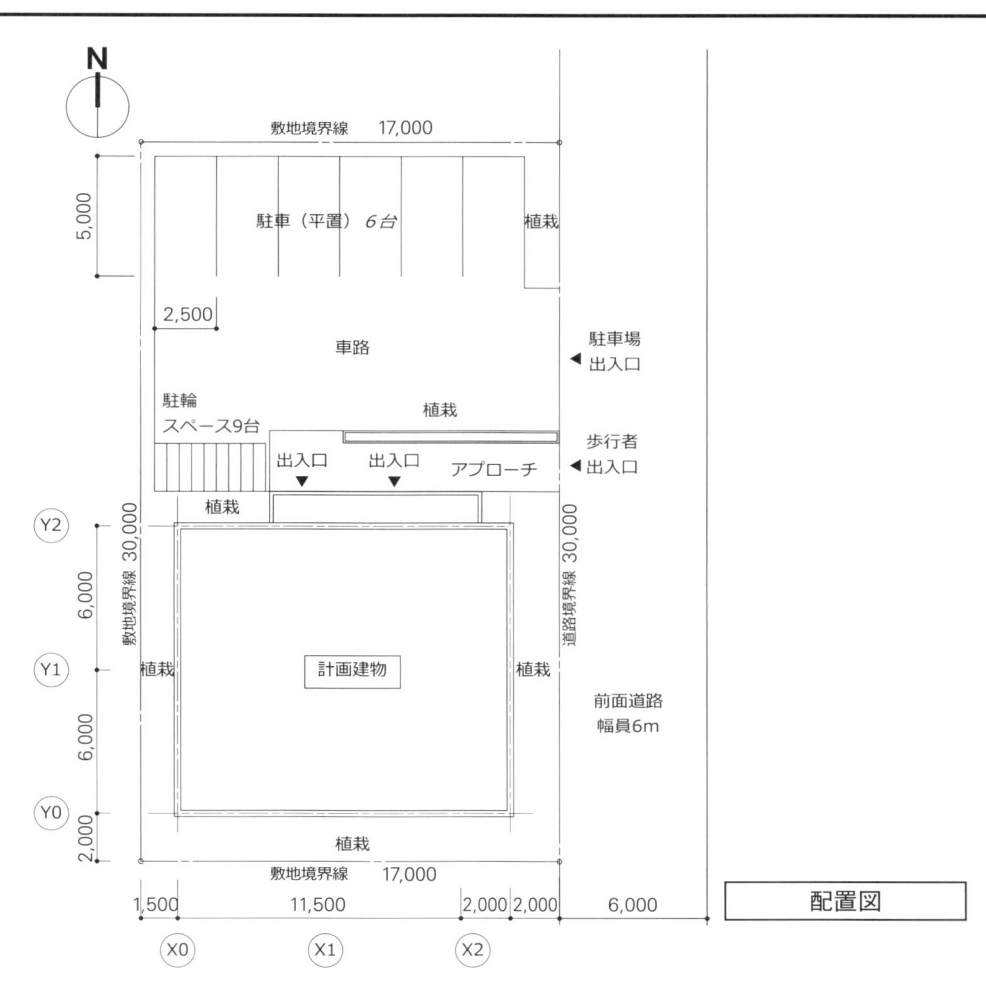

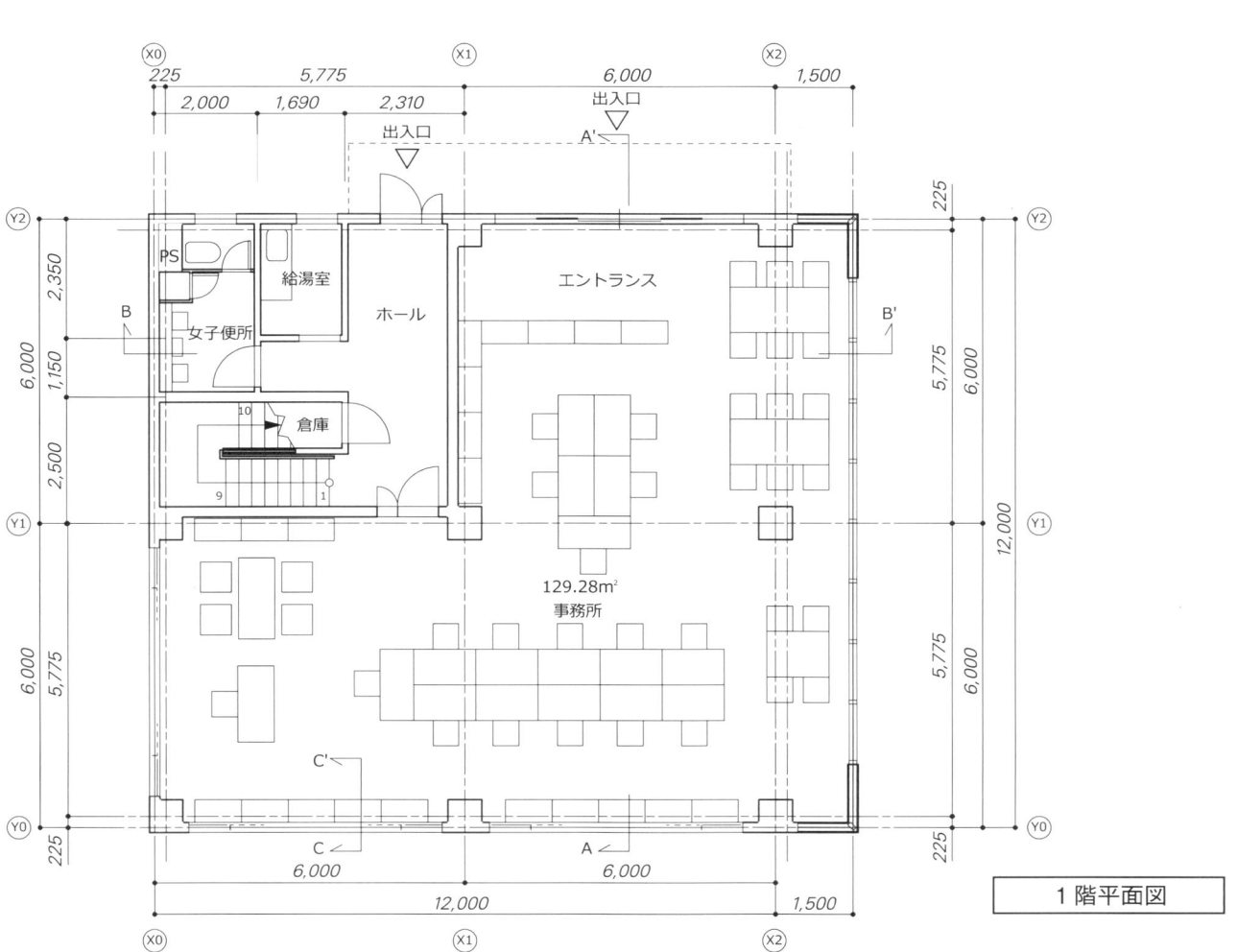

配置図

1階平面図

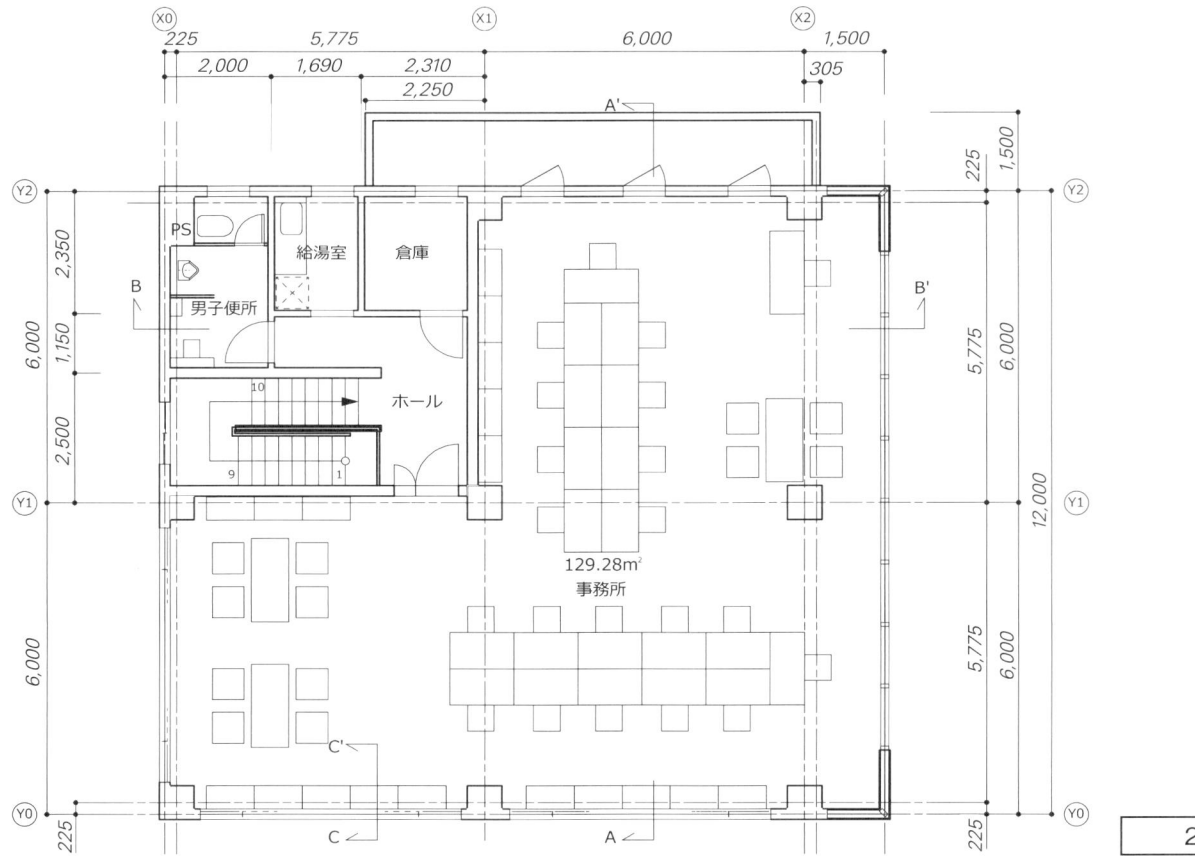

2階平面図

R階平面図

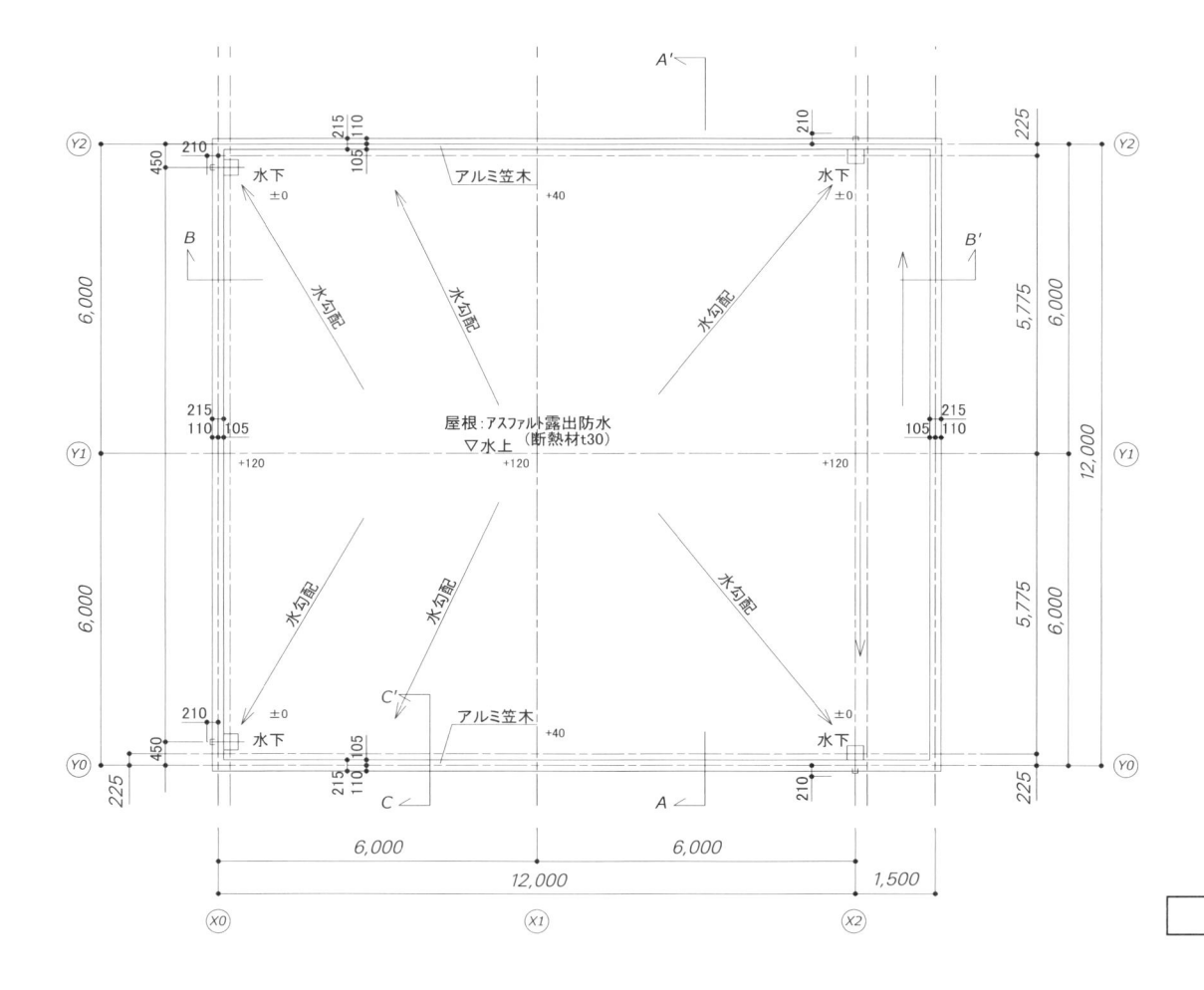

3・1 モデル建物

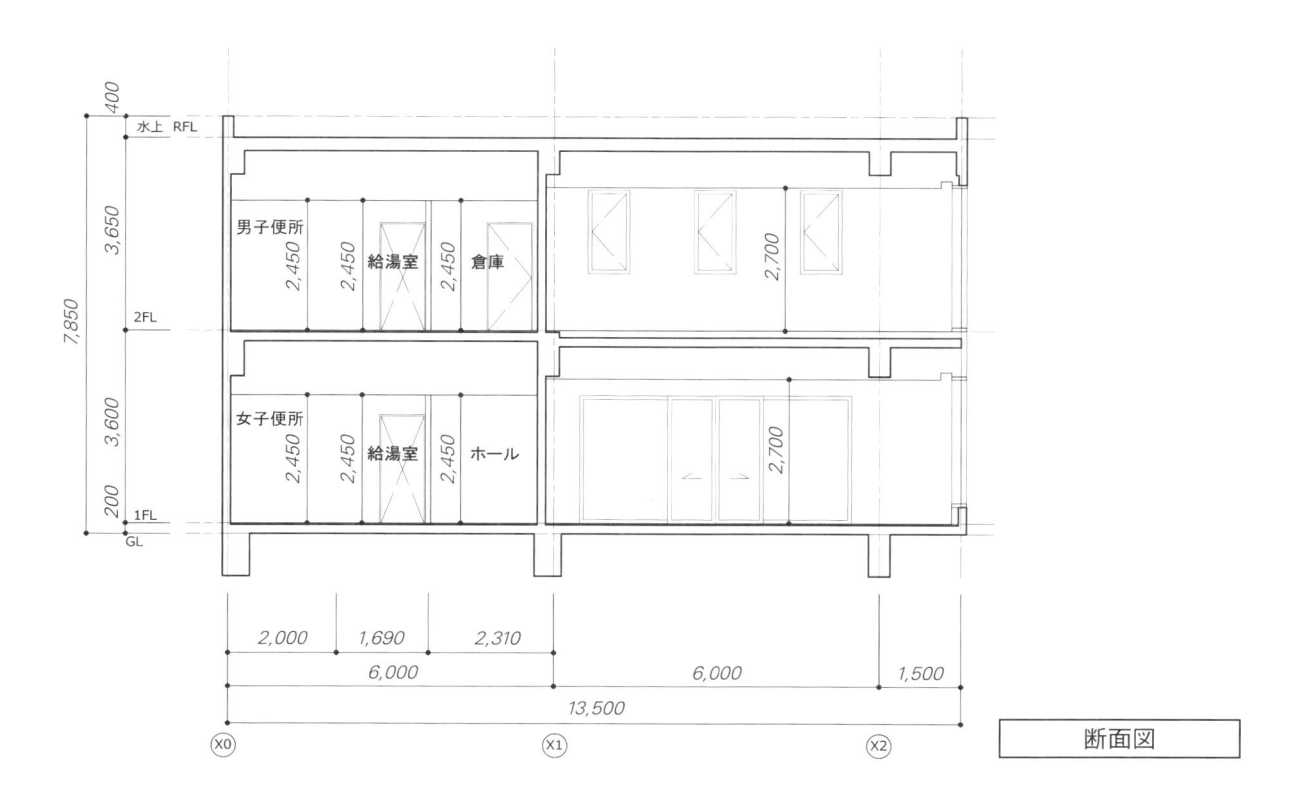

北立面図

断面図

1階平面詳細図

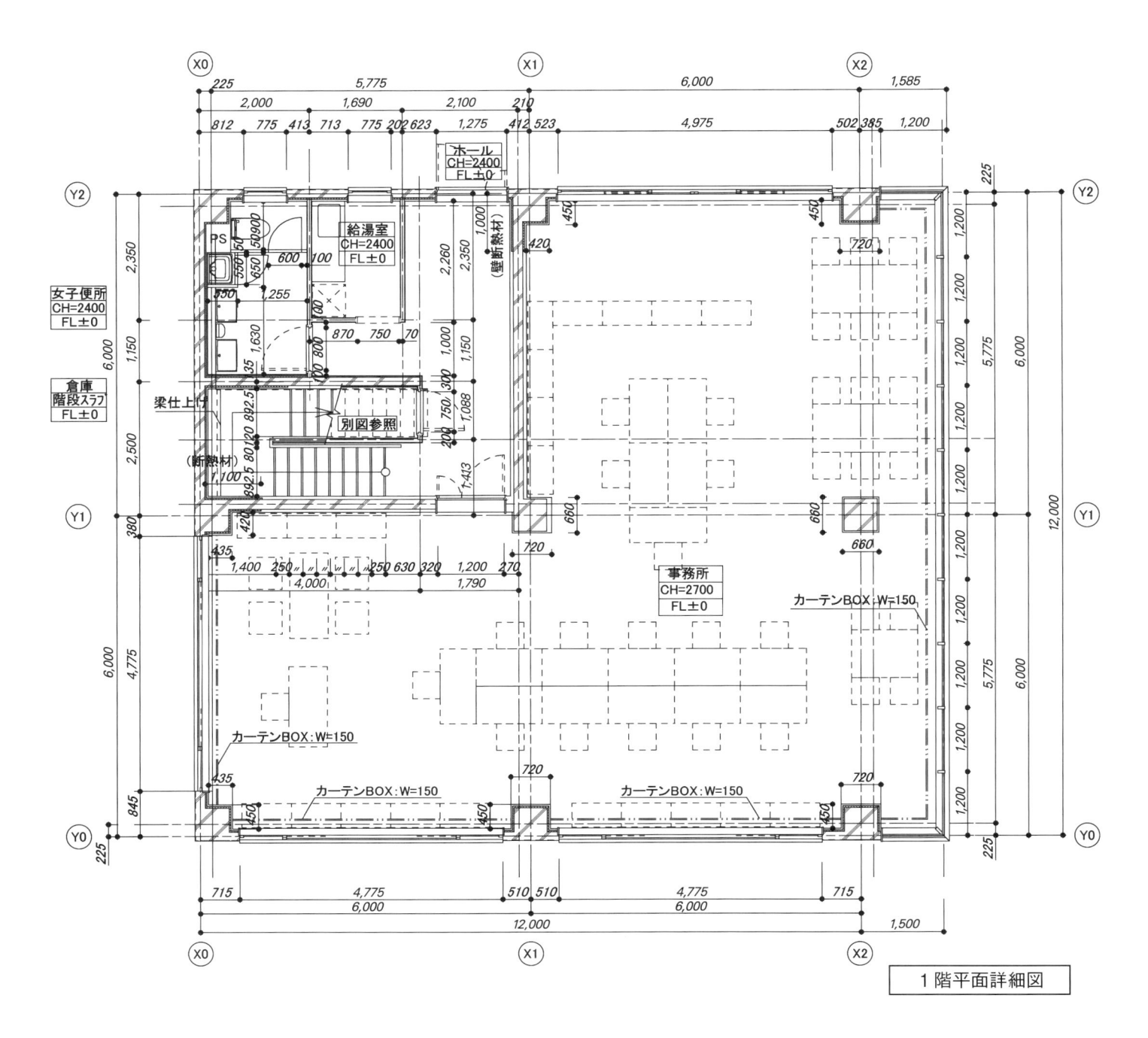

2階平面詳細図

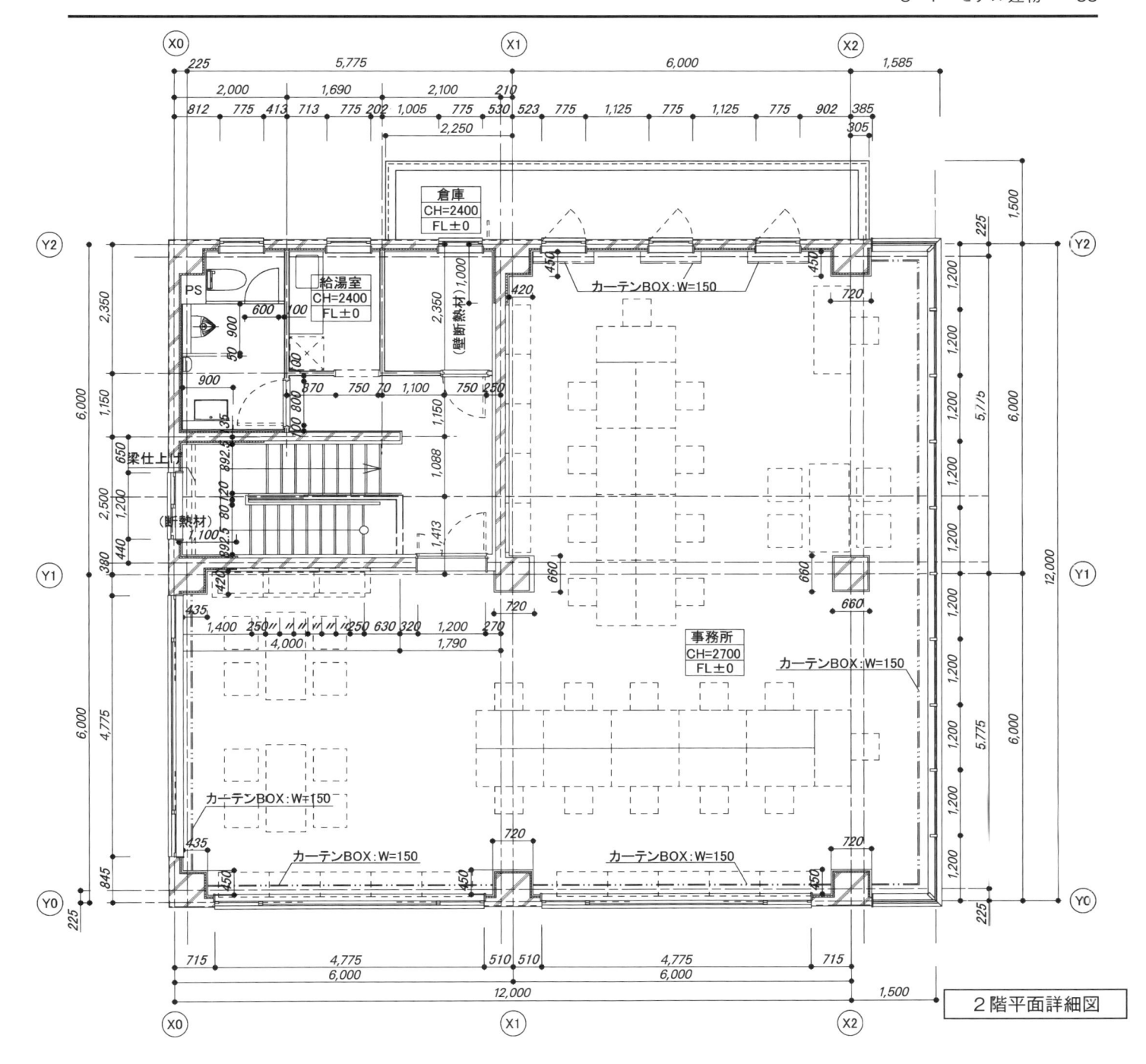

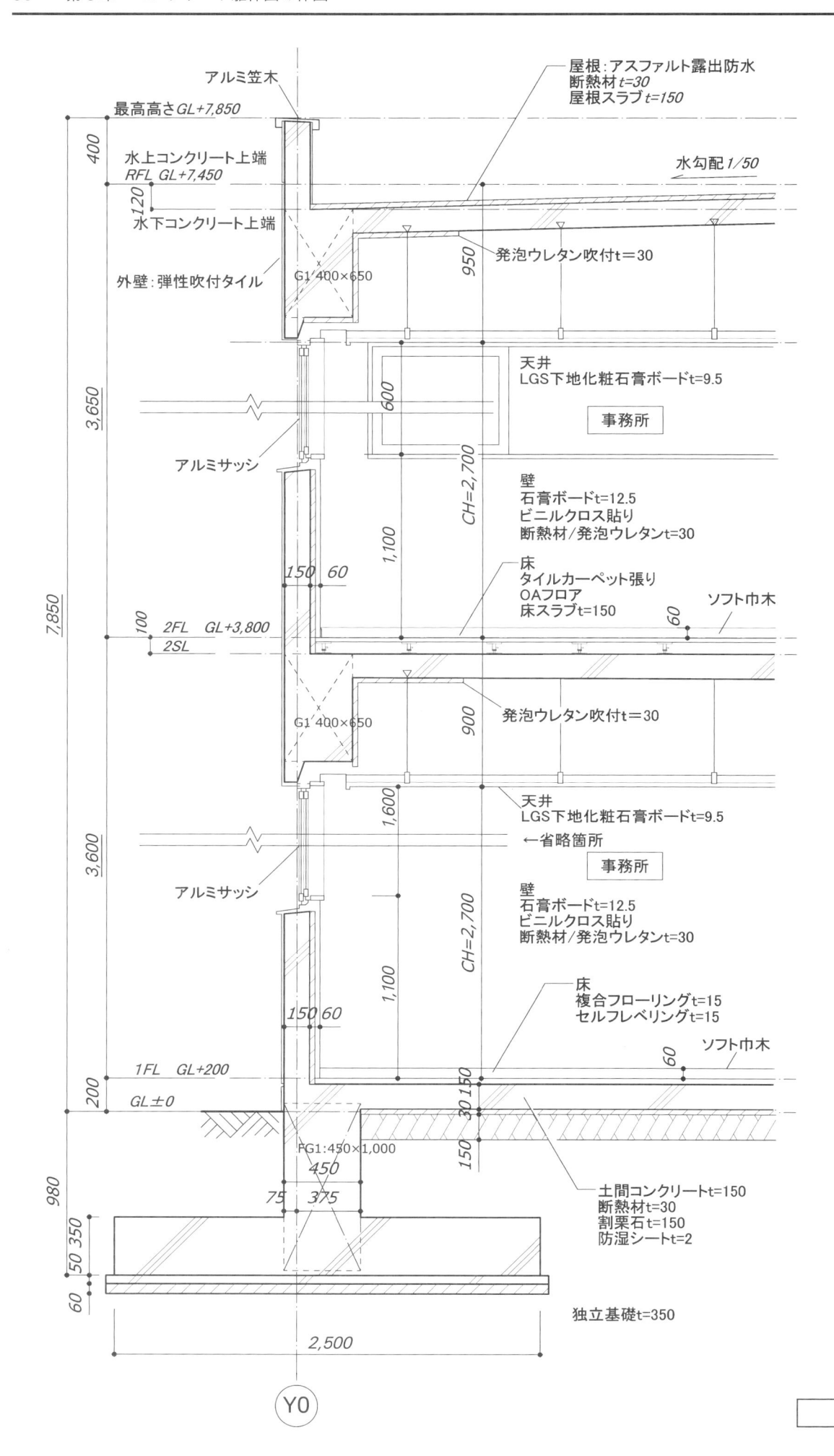

第3章 コンクリート躯体図の作図

矩計図

- アルミ笠木
- 最高高さ GL+7,850
- 400
- 水上コンクリート上端 RFL GL+7,450
- 120
- 水下コンクリート上端
- 外壁：弾性吹付タイル
- 屋根：アスファルト露出防水
- 断熱材 t=30
- 屋根スラブ t=150
- 水勾配 1/50
- G1 400×650
- 950
- 発泡ウレタン吹付 t=30
- 3,650
- 600
- 天井 LGS下地化粧石膏ボード t=9.5
- 事務所
- アルミサッシ
- CH=2,700
- 1,100
- 壁 石膏ボード t=12.5 ビニルクロス貼り 断熱材/発泡ウレタン t=30
- 150 60
- 床 タイルカーペット張り OAフロア 床スラブ t=150
- ソフト巾木
- 60
- 100 2FL GL+3,800
- 2SL
- G1 400×650
- 900
- 発泡ウレタン吹付 t=30
- 7,850
- 1,600
- 天井 LGS下地化粧石膏ボード t=9.5
- 3,600
- ←省略箇所
- 事務所
- アルミサッシ
- CH=2,700
- 1,100
- 壁 石膏ボード t=12.5 ビニルクロス貼り 断熱材/発泡ウレタン t=30
- 150 60
- 床 複合フローリング t=15 セルフレベリング t=15
- ソフト巾木
- 60
- 1FL GL+200
- 200 GL±0
- 30 150
- 150
- FG1：450×1,000
- 450
- 75 375
- 土間コンクリート t=150
- 断熱材 t=30
- 割栗石 t=150
- 防湿シート t=2
- 980
- 50 350
- 60
- 独立基礎 t=350
- 2,500
- Y0

階段詳細図

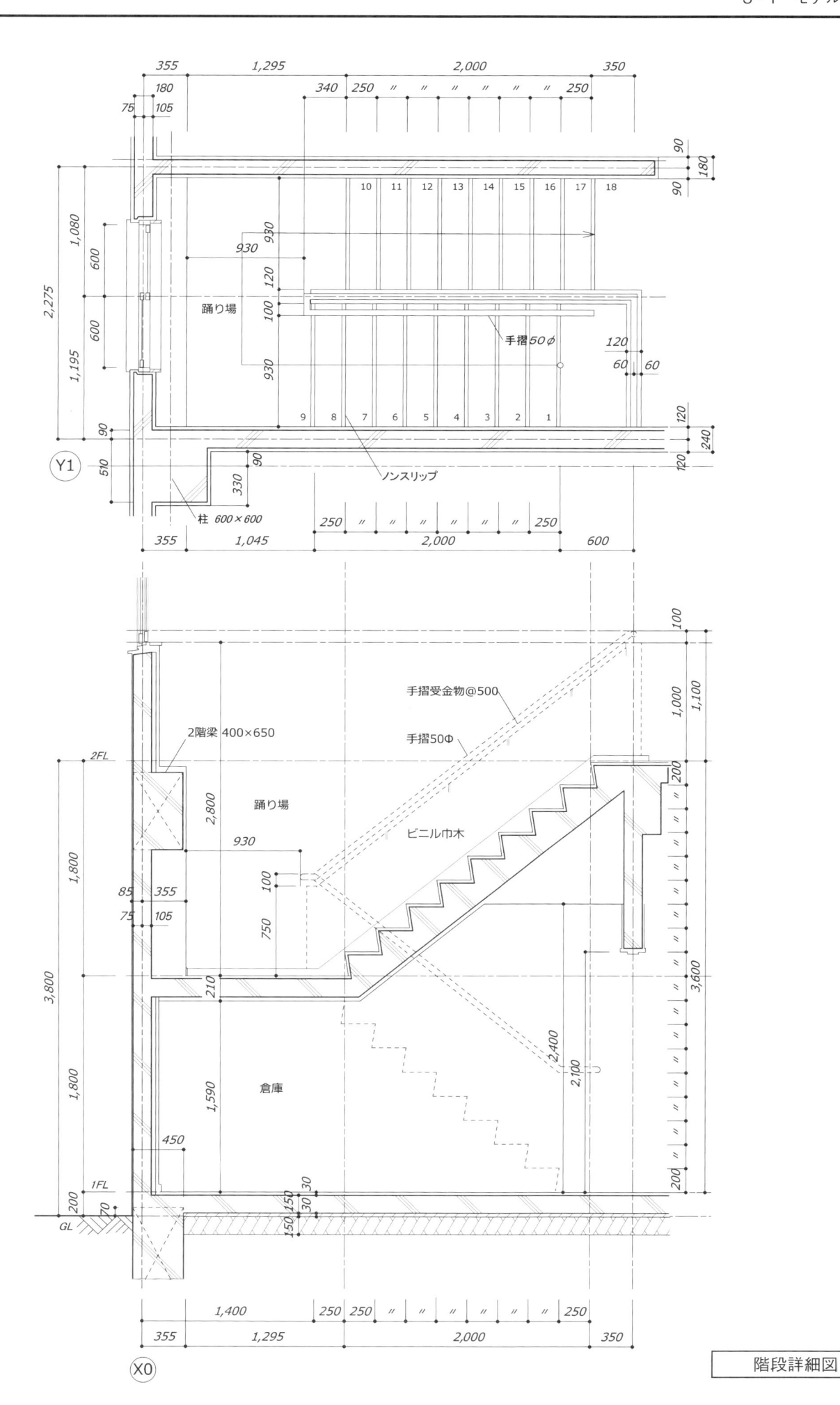

1階建具表

① SSW			
使用場所	事務所		

寸法: 1,175 / 12,000 / 1,175、高さ 5,900、90.00°
建具姿図: FIX×多数（上下2段＋下段片開き）

数量	1	防火設備	
開閉方式	片開き＋FIX＋ランマ		
材種・形式	ステンレス・嵌殺	見込・仕上	100・ヘアライン
枠材種形式		枠見込仕上	
額縁	ステンレス	沓摺	
支持金物他	付属金物一式		
ガラス	透明 t6		
水切		アングルピース	3方
備考	遮音等級：T－1		

① AD		使用場所	エントランス

寸法: 4,975 × 2,400、引き分け（FIX／／／／FIX）

数量	1	防火設備	
開閉方式	引き分け		
材種・形式	アルミ・框戸	見込・仕上	標準・シルバー
枠材種形式		枠見込仕上	70・シルバー
額縁	木製 ＶＰ	沓摺	
支持金物他	付属金物一式		
ガラス	透明 t6		
水切		アングルピース	4方
備考	遮音等級：T－1		

① AW		使用場所	事務所

寸法: 4,775 × 1,600

数量	3	防火設備	
開閉方式	片引き		
材種・形式	アルミ・框戸	見込・仕上	標準・シルバー
枠材種形式		枠見込仕上	70・シルバー
額縁	木製 ＶＰ	沓摺	
支持金物他	付属金物一式		
ガラス	透明 t6		
水切		アングルピース	4方
備考	遮音等級：T－1		

② AW		使用場所	女子便所

寸法: 775 × 1,200

数量	1	防火設備	
開閉方式	縦滑り出し		
材種・形式	アルミ・框戸	見込・仕上	標準・シルバー
枠材種形式		枠見込仕上	70・シルバー
額縁	木製 ＶＰ	沓摺	
支持金物他	付属金物一式	網戸	
ガラス	型板 t6		
水切		アングルピース	4方
備考	遮音等級：T－1		

③ AW		使用場所	給湯室

寸法: 775 × 1,200

数量	1	防火設備	
開閉方式	縦滑り出し		
材種・形式	アルミ・框戸	見込・仕上	標準・シルバー
枠材種形式		枠見込仕上	70・シルバー
額縁	木製 ＶＰ	沓摺	
支持金物他		網戸	
ガラス	透明 t6		
水切		アングルピース	4方
備考	遮音等級：T－1		

① SD		使用場所	ホール

寸法: 1,275 × 2,400

数量	1	防火設備	
開閉方式	両開き＋ランマ		
材種・形式	スチール・フラッシュ	見込・仕上	標準・焼付塗装
枠材種形式	スチール・3方枠	枠見込仕上	70・SOP
額縁		沓摺	SUS
支持金物他		網戸	雨戸
ガラス			
水切		アングルピース	
備考			

② SD		使用場所	事務所

寸法: 1,200 × 2,100

数量	1	防火設備	
開閉方式	両開き		
材種・形式	スチール・フラッシュ	見込・仕上	標準・焼付塗装
枠材種形式	スチール・3方枠	枠見込仕上	70・SOP
額縁		沓摺	SUS
支持金物他		網戸	雨戸
ガラス			
水切		アングルピース	
備考			

① WD		使用場所	倉庫

寸法: 750 × 2,100

数量	1	防火設備	
開閉方式	片開き		
材種・形式	木製・フラッシュ	見込・仕上	標準・塩ビシート
枠材種形式	スチール・3方枠	枠見込仕上	70・SOP
額縁		沓摺	
網戸		雨戸	
ガラス			
水切		アングルピース	
備考			

② WD		使用場所	女子便所

寸法: 800 × 2,100

数量	1	防火設備	
開閉方式	片開き		
材種・形式	木製・フラッシュ	見込・仕上	標準・塩ビシート
枠材種形式	スチール・3方枠	枠見込仕上	70・SOP
額縁		沓摺	
網戸		雨戸	
ガラス	透明 t4		
水切		アングルピース	
備考			

1階建具表

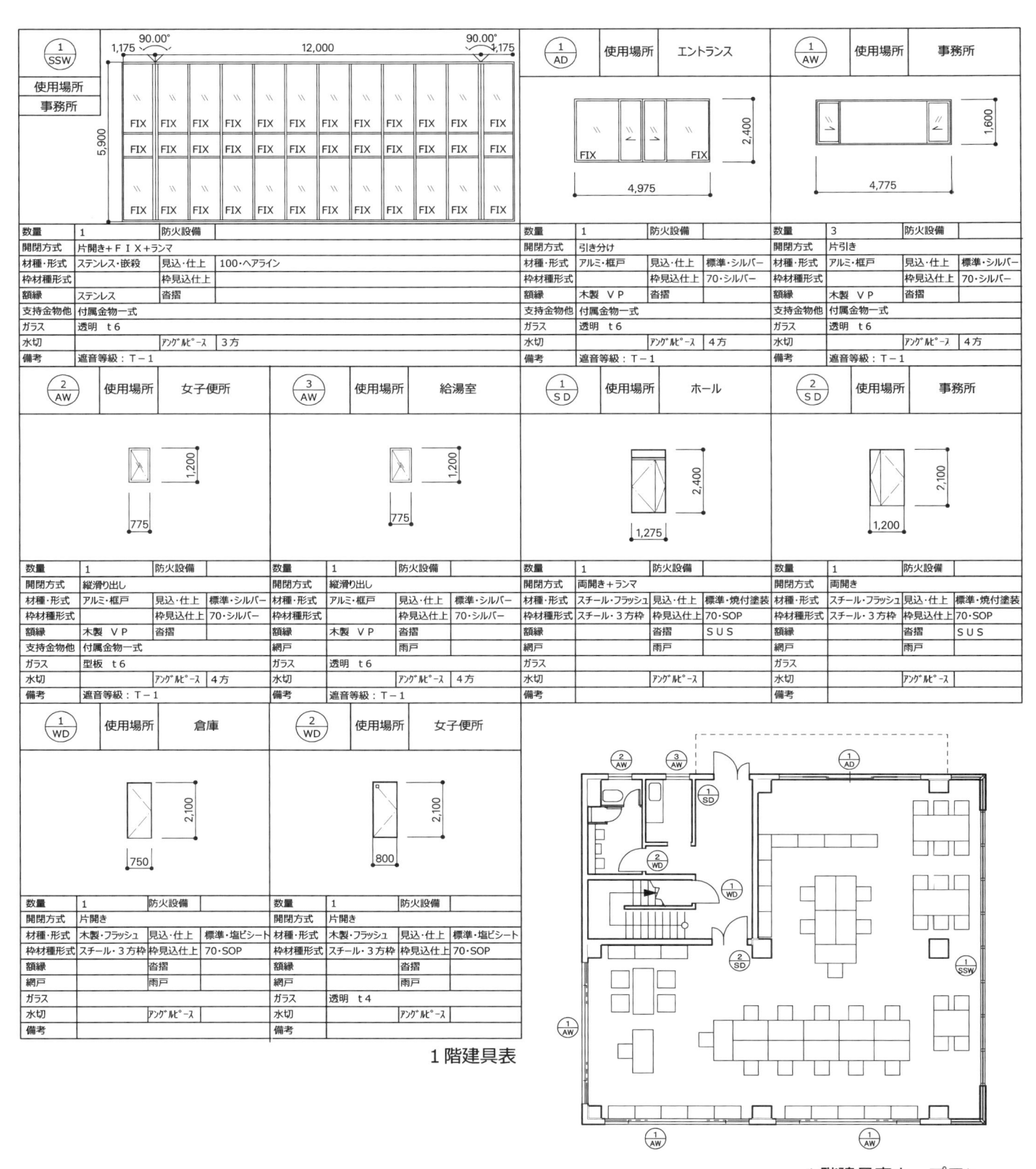

1階建具表キープラン

1階建具表

3・1 モデル建物　59

① SSW				① AW	使用場所	事務所	② AW	使用場所	男子便所
使用場所	事務所								
数量	1	防火設備		数量	3	防火設備		数量	1	防火設備	
開閉方式	片開き＋ＦＩＸ＋ランマ			開閉方式	片引き			開閉方式	縦滑り出し		
材種・形式	ステンレス・嵌殺	見込・仕上	100・ヘアライン	材種・形式	アルミ・框戸	見込・仕上	標準・シルバー	材種・形式	アルミ・框戸	見込・仕上	標準・シルバー
枠材種形式		枠見込仕上		枠材種形式		枠見込仕上	70・シルバー	枠材種形式		枠見込仕上	70・シルバー
額縁	ステンレス	沓摺		額縁	木製 ＶＰ	沓摺		額縁	木製 ＶＰ	沓摺	
支持金物他	付属金物一式			支持金物他	付属金物一式			支持金物他	付属金物一式		
ガラス	透明 t6			ガラス	透明 t6			ガラス	型板 t6		
水切		アングルピース	3方	水切		アングルピース	4方	水切		アングルピース	4方
備考	遮音等級：T−1			備考	遮音等級：T−1			備考	遮音等級：T−1		

③ AW	使用場所	給湯室、倉庫	④ AW	使用場所	階段室	⑤ AW	使用場所	事務所	② SD	使用場所	事務所
数量	2	防火設備		数量	1	防火設備		数量	3	防火設備		数量	1	防火設備	
開閉方式	縦滑り出し			開閉方式	引き違い			開閉方式	片開き			開閉方式	両開き		
材種・形式	アルミ・框戸	見込・仕上	標準・シルバー	材種・形式	アルミ・框戸	見込・仕上	標準・シルバー	材種・形式	アルミ・框戸	見込・仕上	標準・シルバー	材種・形式	スチール・フラッシュ	見込・仕上	標準・焼付塗装
枠材種形式		枠見込仕上	70・シルバー	枠材種形式		枠見込仕上	70・シルバー	枠材種形式		枠見込仕上	70・シルバー	枠材種形式	スチール・3方枠	枠見込仕上	70・SOP
額縁	木製 ＶＰ	沓摺		額縁	木製 ＶＰ	沓摺		額縁	木製 ＶＰ	沓摺		額縁		沓摺	SUS
支持金物他	付属金物一式			支持金物他	付属金物一式			支持金物他	付属金物一式			支持金物他	付属金物一式		
ガラス	型板 t6			ガラス	透明 t6			ガラス	透明 t6			ガラス			
水切		アングルピース	4方	水切		アングルピース	4方	水切		アングルピース	4方	水切		アングルピース	
備考	遮音等級：T−1			備考	遮音等級：T−1			備考	遮音等級：T−1			備考			

③ SD	使用場所	倉庫	② WD	使用場所	男子便所
数量	1	防火設備		数量	1	防火設備	
開閉方式	片開き			開閉方式	片開き		
材種・形式	スチール・フラッシュ	見込・仕上	標準・焼付塗装	材種・形式	木製・フラッシュ	見込・仕上	標準・塩ビシート
枠材種形式	スチール・3方枠	枠見込仕上	70・SOP	枠材種形式	スチール・3方枠	枠見込仕上	70・SOP
額縁		沓摺	SUS	額縁		沓摺	
支持金物他	付属金物一式			支持金物他	付属金物一式		
ガラス				ガラス	透明 t4		
水切		アングルピース		水切		アングルピース	
備考				備考			

2階建具表

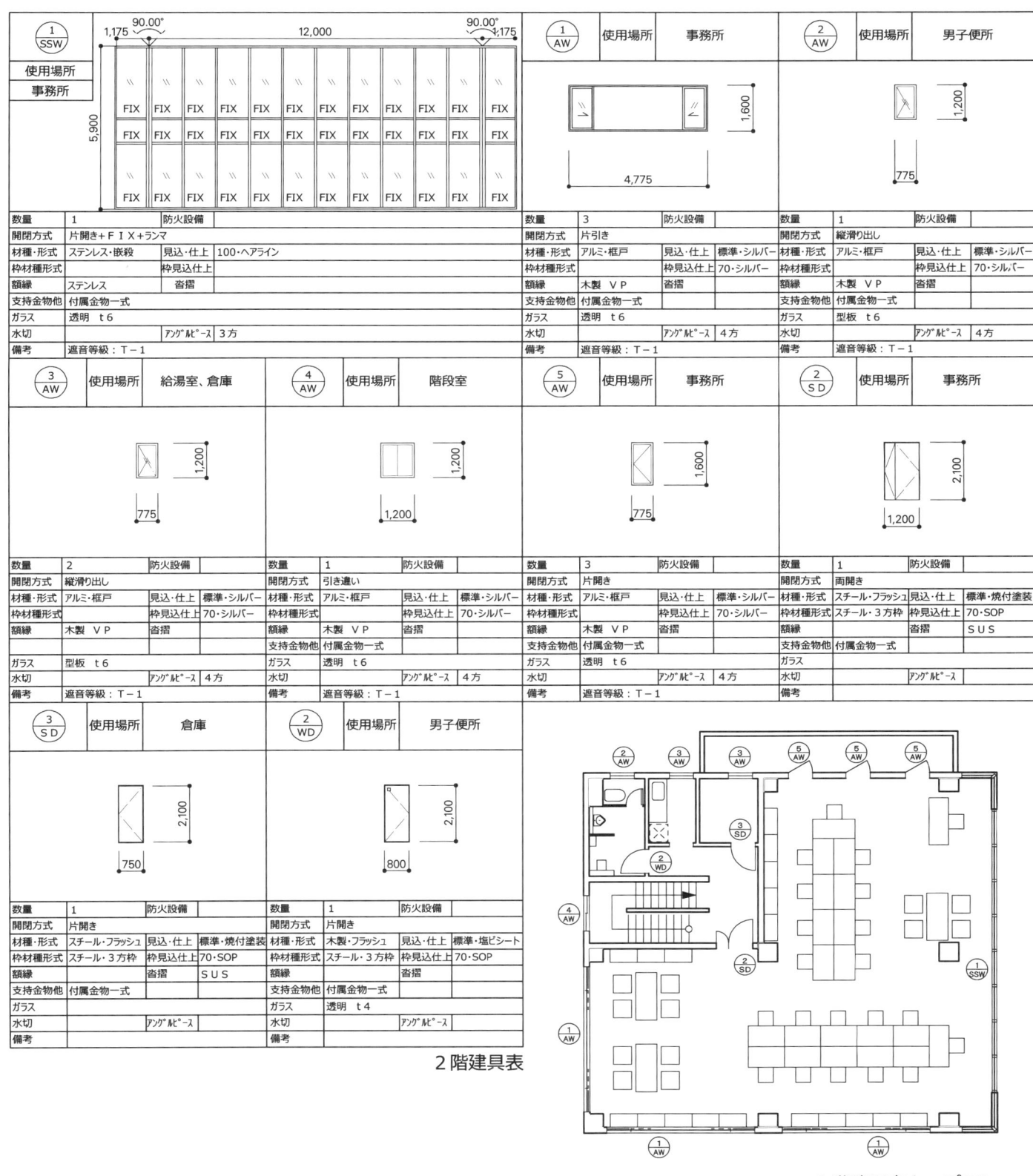

2階建具表キープラン

2階建具表

3・1・3 構造設計図

構造概要

構造概要			
構造種別	鉄筋コンクリート造（RC）	基礎・地業	独立フーチング・敷砂利地業
階　　数	地上2階	鉄筋コンクリート工事	JIS規格品を標準使用
主要用途	事務所		JASS 5*に準拠
屋上附帯建物	なし	型枠工事	JAS**規格型枠用合板を使用
			JASS 5*に準拠

* JASS 5：日本建築学会編「建築工事標準仕様書・同解説 5 鉄筋コンクリート工事」
** JAS　　：日本農林規格

使用材料

使用材料							
コンクリート				鉄筋			
適用場所	種類	設計基準強度	スランプ	種類	径	継手	
捨てコンクリート	普通	Fc=18 N/mm²	15 cm	SD295A	D10, D13	重ね継手	
基礎・基礎梁	普通	Fc=21 N/mm²	15 cm	SD345	D16, D19, D22	溶接継手	
柱・梁・壁・床	普通	Fc=21 N/mm²	18 cm				
コンクリートブロック（CB）：A種				梁貫通補強：工業製品（認定品）を使用			

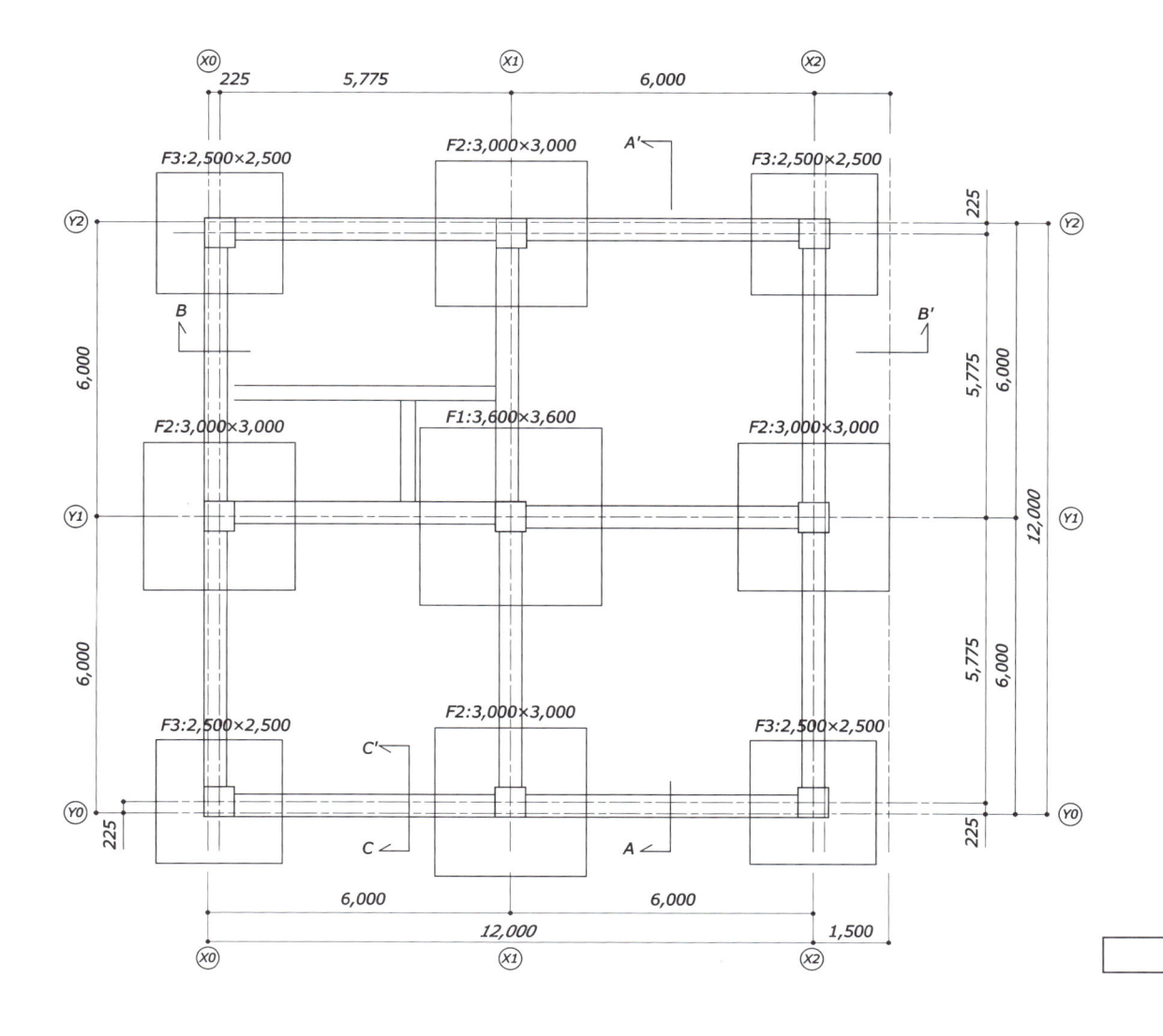

基礎伏図

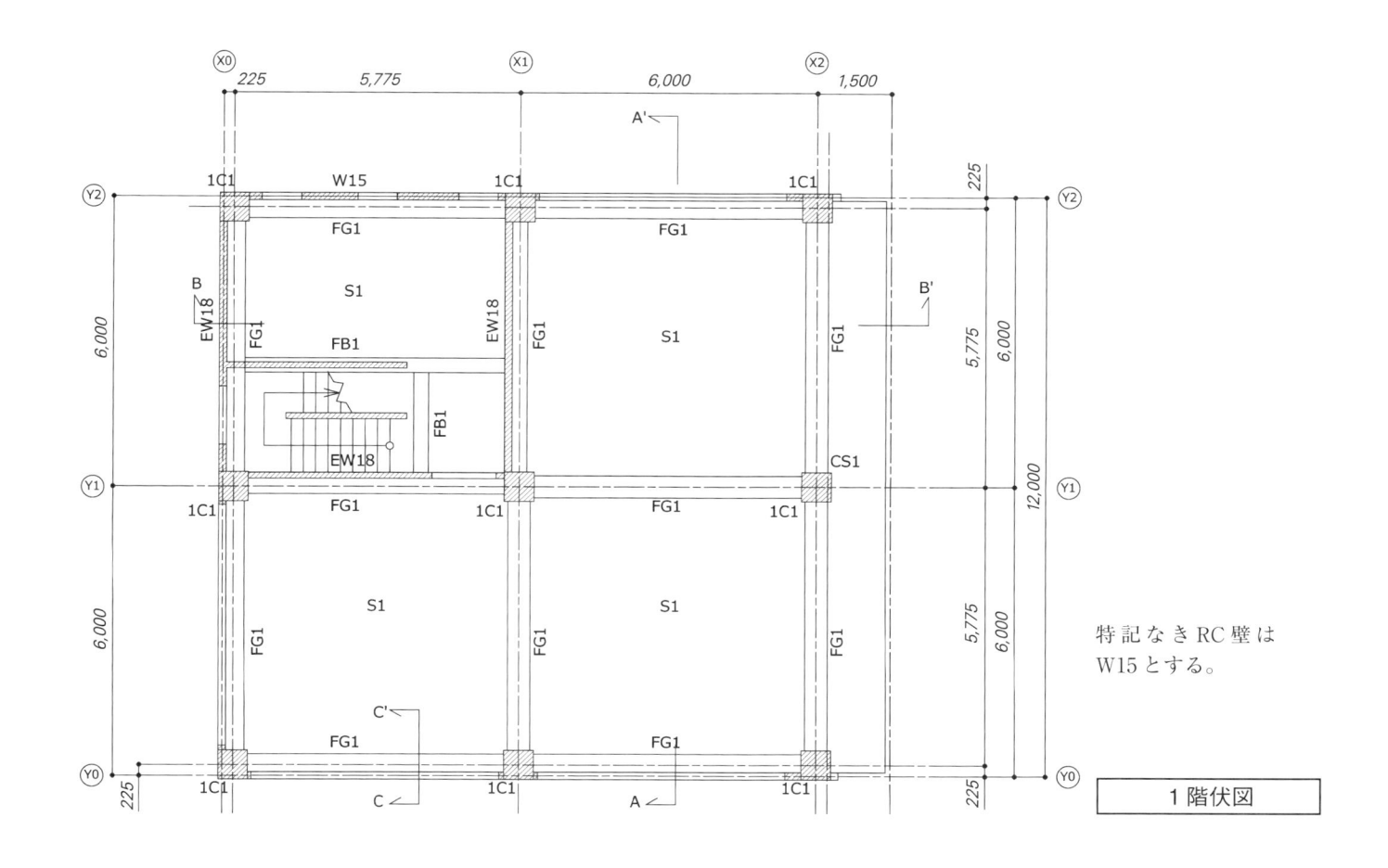

3・1 モデル建物　61

特記なきRC壁はW15とする。

1階伏図

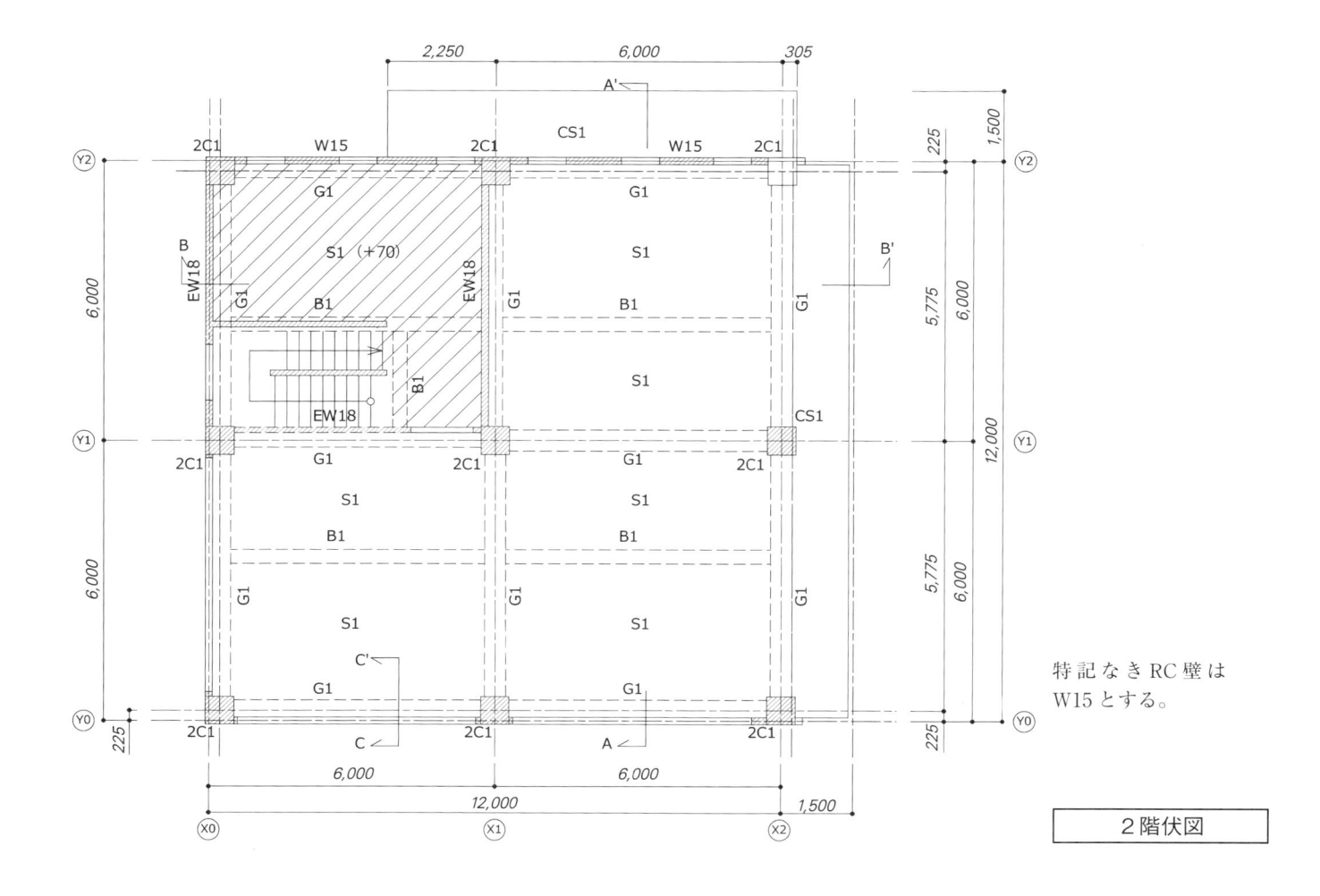

特記なきRC壁はW15とする。

2階伏図

R階伏図

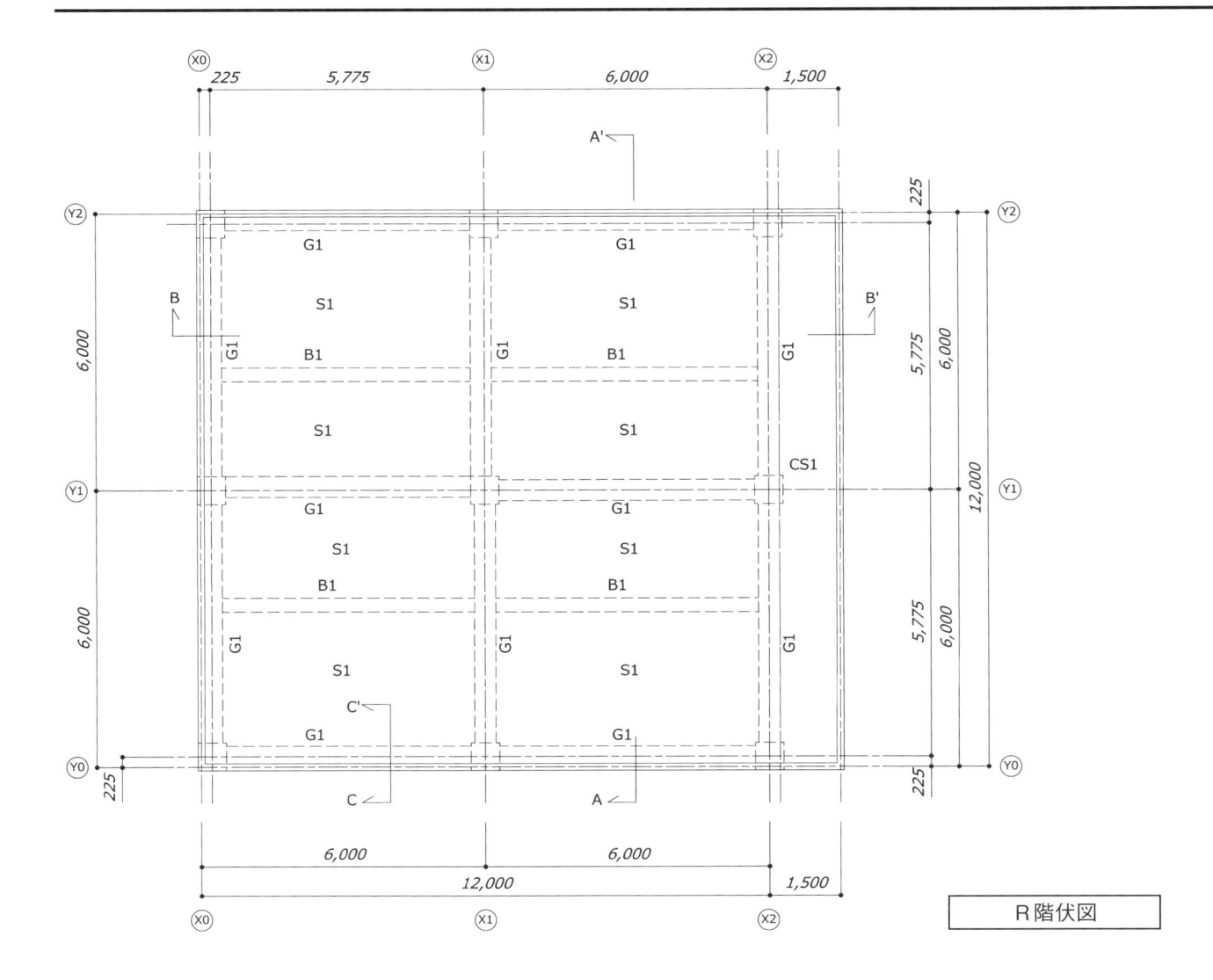

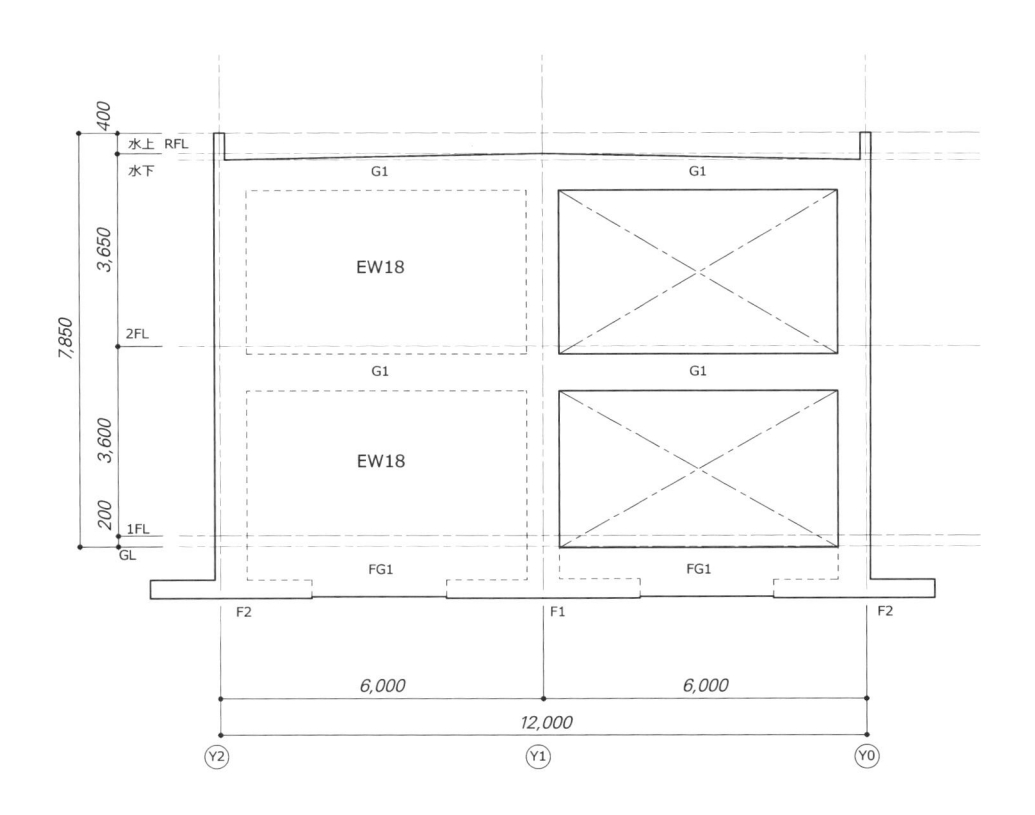

X1通り軸組図

3・1 モデル建物

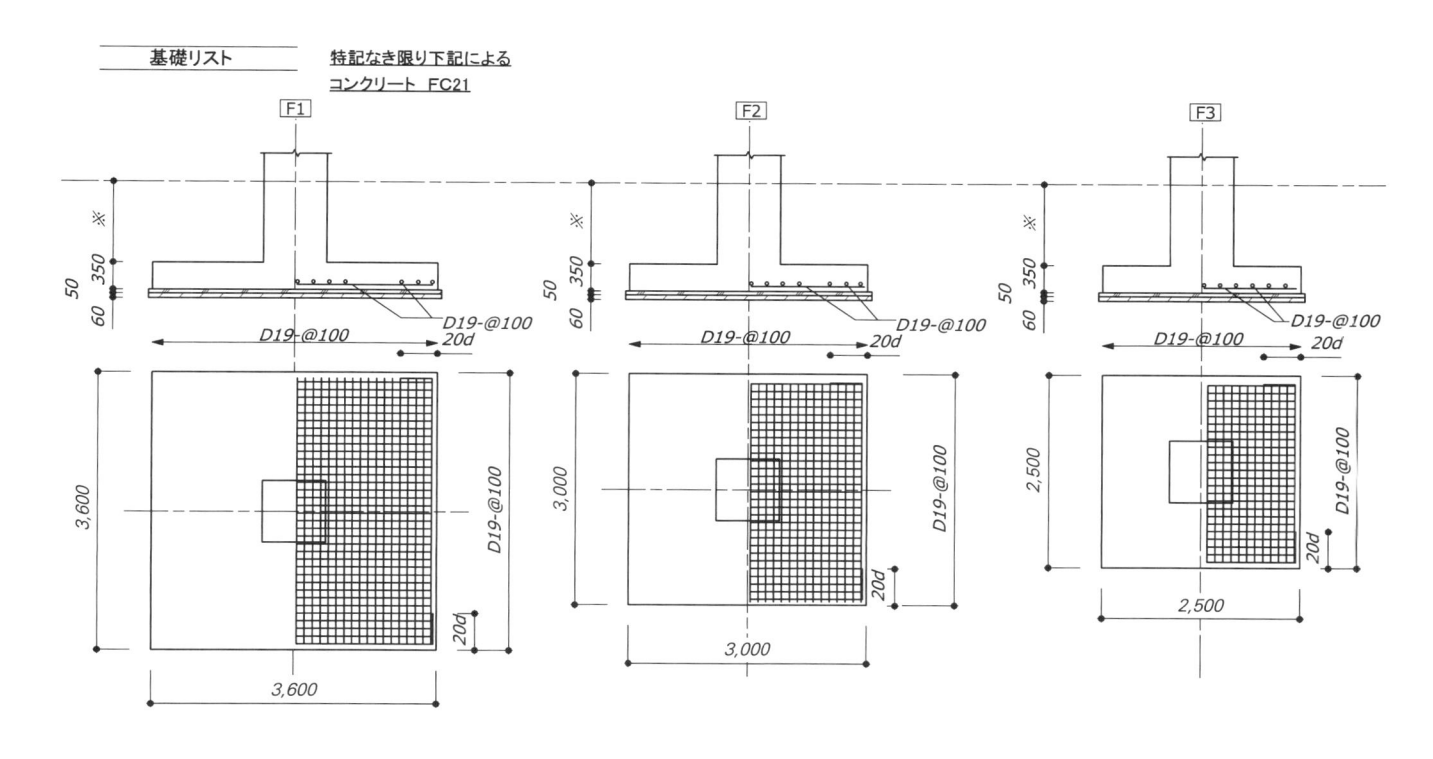

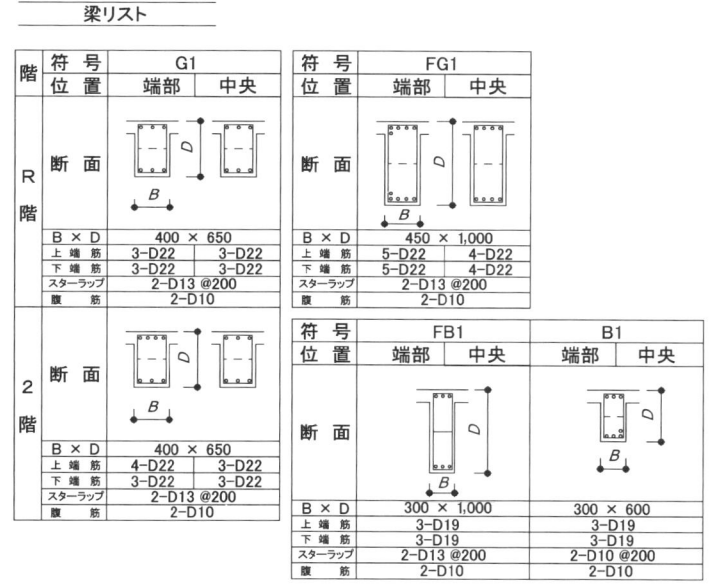

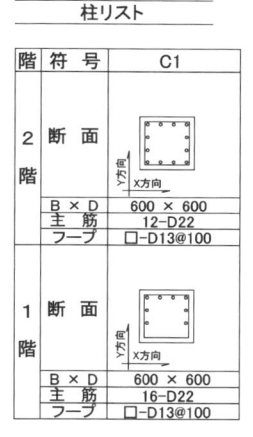

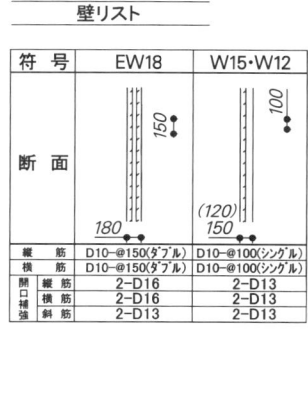

基礎リスト
特記なき限り下記による
コンクリート FC21

F1: 3,600 × 3,600、D19-@100、20d、※50/60/350

F2: 3,000 × 3,000、D19-@100、20d、※50/60/350

F3: 2,500 × 2,500、D19-@100、20d、※50/60/350

梁リスト

階	符号	G1	
	位置	端部	中央
R階	断面		
	B×D	400×650	
	上端筋	3-D22	3-D22
	下端筋	3-D22	3-D22
	スターラップ	2-D13 @200	
	腹筋	2-D10	
2階	断面		
	B×D	400×650	
	上端筋	4-D22	3-D22
	下端筋	3-D22	3-D22
	スターラップ	2-D13 @200	
	腹筋	2-D10	

符号	FG1	
位置	端部	中央
断面		
B×D	450×1,000	
上端筋	5-D22	4-D22
下端筋	5-D22	4-D22
スターラップ	2-D13 @200	
腹筋	2-D10	

符号	FB1		B1	
位置	端部	中央	端部	中央
断面				
B×D	300×1,000		300×600	
上端筋	3-D19		3-D19	
下端筋	3-D19		3-D19	
スターラップ	2-D13 @200		2-D10 @200	
腹筋	2-D10		2-D10	

柱リスト

階	符号	C1
2階	断面	
	B×D	600×600
	主筋	12-D22
	フープ	□-D13@100
1階	断面	
	B×D	600×600
	主筋	16-D22
	フープ	□-D13@100

壁リスト

符号	EW18	W15・W12
断面	150, 180	100, (120)
縦筋	D10-@150(ダブル)	D10-@100(シングル)
横筋	D10-@150(ダブル)	D10-@100(シングル)
開口補強 縦筋	2-D16	2-D13
開口補強 横筋	2-D16	2-D13
開口補強 斜筋	2-D13	2-D13

スラブリスト

符号	板厚	位置	短辺方向	長辺方向
S1	150	上端筋	D10 D13-@200	D10-@200
		下端筋	D10-@200	D10-@200

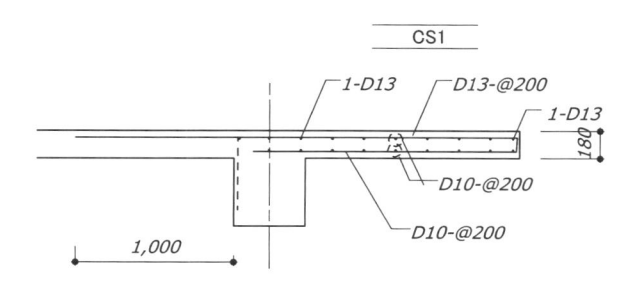

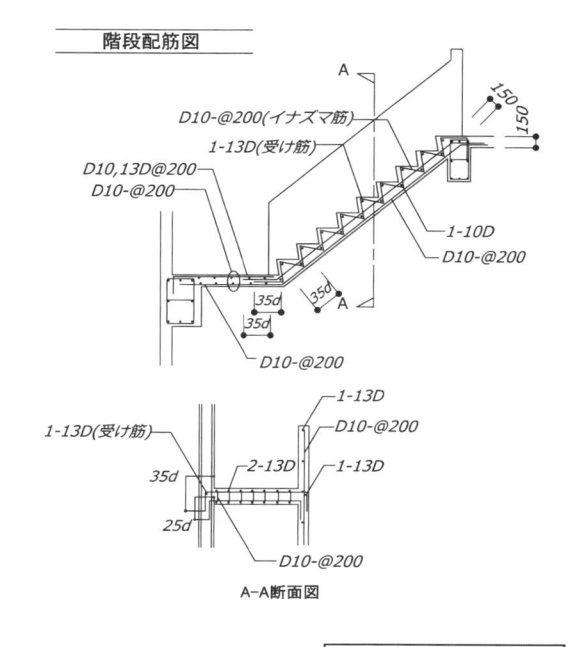

CS1: 1-D13、D13-@200、1-D13、D10-@200、D10-@200、180、1,000

階段配筋図

D10-@200(イナズマ筋)
1-13D(受け筋)
D10,13D@200
D10-@200
1-10D
D10-@200
35d、35d、35d
D10-@200
150、150

A-A断面図: 1-13D(受け筋)、1-13D、D10-@200、2-13D、1-13D、D10-@200、35d、25d

部材リスト

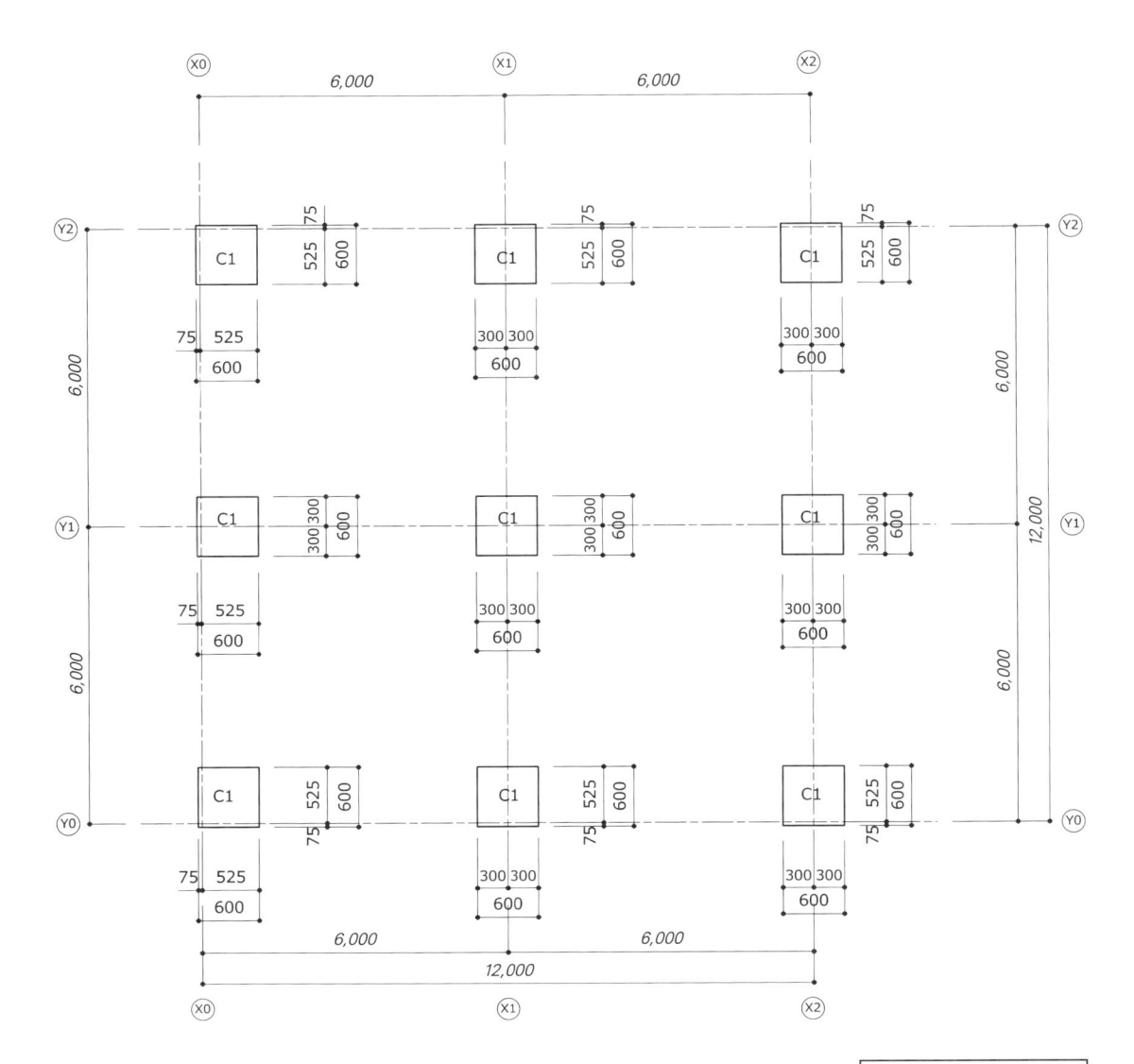

第3章 コンクリート躯体図の作図

柱寄り心図

3・1・4 躯体図に関係する建築設備

設備図は，機械設備と電気設備のそれぞれについて，設備要素の各機能別に図面が作成されている。それらの中からコンクリート躯体図に関係する主要な事柄を抽出し，設備概要イメージ図として断面図にまとめて描き表して示す。

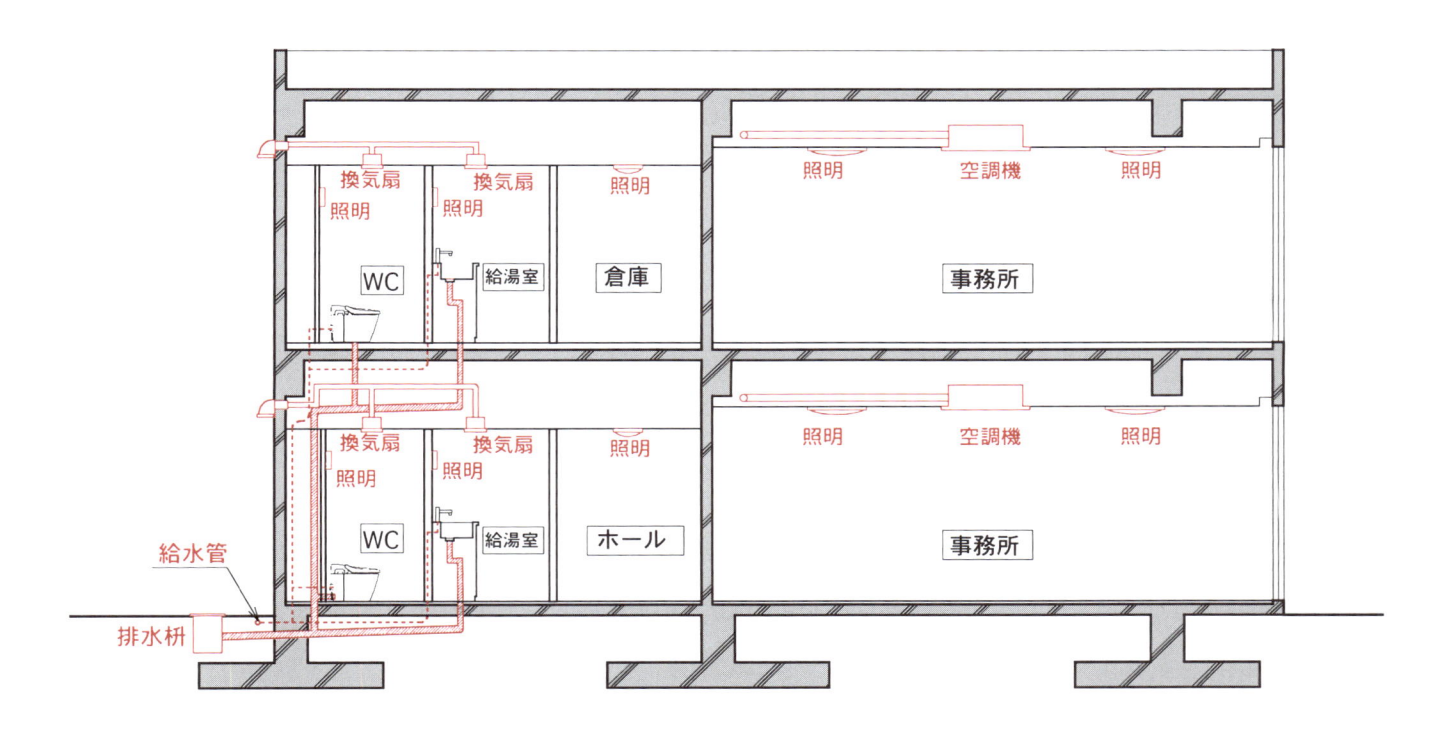

設備概要イメージ図

設備概要

階	室名	給排水	照明・コンセント	電話	換気	空調	その他・備考
1階	エントランス		○	○		○	
	事務所		○	○	○	○	
	ホール		○	○		○	
	給湯室	○	○		○		給湯器
	女子便所	○	○		○		
	倉庫		○		○		
2階	事務所		○	○	○	○	OAフロアによるLAN
	ホール		○		○		
	給湯室	○	○		○		給湯器
	男子便所	○	○		○		
	倉庫		○		○		
各階共通	階段		○		○		
	PS						

3・2 作図の要点

コンクリート躯体図は，設計図から必要な情報を選び出し，各設計図間の相互の整合性を確保したうえで，施工性を考慮して完成される。

躯体図の基本は，騒然とした現場において，型枠工や鉄筋工が見ても間違えずに分かり易いことである。そのため，長年の蓄積による決まりごとに基づき躯体図は作成されているが，分かり易く間違えにくいという前提条件を守りつつ，作成手順も含めいろいろ創意工夫されている。

基本的なコンクリート躯体図の作成手順は，基準階コンクリート躯体図に集約されるので，まず基準階コンクリート躯体図の作成手順の要点を説明したのち，基礎躯体図および最上階躯体図について説明する。

なお，作図における様々な検討は，平面図，断面図の区別なく総括的に行われるが，作図は最初に平面図を作成し，次に断面図を作成したのち詳細図，凡例などの順序で行われることが一般的であるため，本節においてもその手順に従って作図の要点を説明する。

3・2・1 基準階躯体図（1階躯体図）

(1) 平面図

1) 用紙，レイアウト，縮尺の決定

建物の規模，使用目的に応じて，作図する用紙の大きさを決める。1枚の図面には1回に打設するコンクリートの範囲を描き表すことが基本であるため，用紙の大きさに合わせて表現したい図面の種類をレイアウトする。

> **用紙**
> モデル建物の規模ならばA2判程度の用紙を用い，建物規模によりA1判，A0判などの用紙を使用する。
>
> **縮尺**
> 縮尺は，モデル建物程度であれば1/50とし，建物規模が大きくなれば1/100，1/200とする。
>
> **レイアウト**
> 1枚の図面には，平面図，断面図，詳細図，さらには共通的なぬすみ・目地棒・面木などを描き，最後に凡例などを記載する。複雑な建物になると断面図の数や詳細図の種類が増えるために，縮尺とレイアウトを工夫する。

2) 通り心，通り心記号の記入

平面図では，キープランに基づいて意匠図や構造図を確認しながら通り心を記入する。通り心は，細い一点鎖線で描き表す（図3・1）。

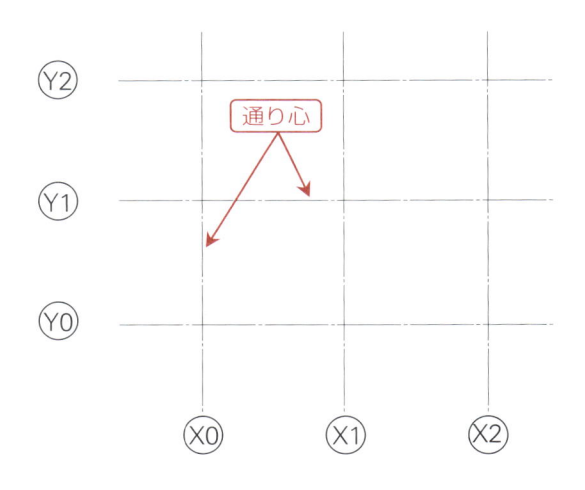

図3・1 通り心，通り心記号の記入

3) 寸法の記入

通り心に寸法を記入する。

今後の寸法の書き方の基準になるので，文字の大きさや文字の種類を慎重に定める（図3・2）。

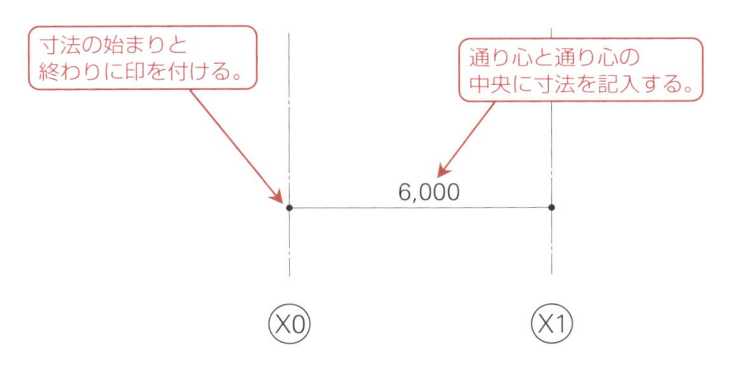

図3・2 寸法の記入

4) 柱の記入（図3・3）
   （1C1：X0，Y2）

① 構造図1階伏図（p.61）から，X0，Y2の柱記号を確認する。

② 柱リスト（p.63）から，1C1の断面寸法を確認する。

③ 構造図1階伏図（p.61），矩計図（p.56），平面詳細図（p.54）などから，通り心と柱心の差を確認する。X0，Y2の柱（1C1）に関しては，柱心と通り心が225 mmずれている。また，外壁面はかぶり厚さを確保するため，10 mmの増打ちとなるので，（p.17 図2・11（a）参照），断面寸法は610 mm×610 mmとなる。

④ コンクリート躯体図作成時の柱寸法は，X0通り，Y2通りからそれぞれ外壁側に85 mm，部屋内側に525 mmの振り分けとなる。

⑤ 必要な補助寸法線を加えて，寄り寸法，断面寸法および柱記号を記入する。

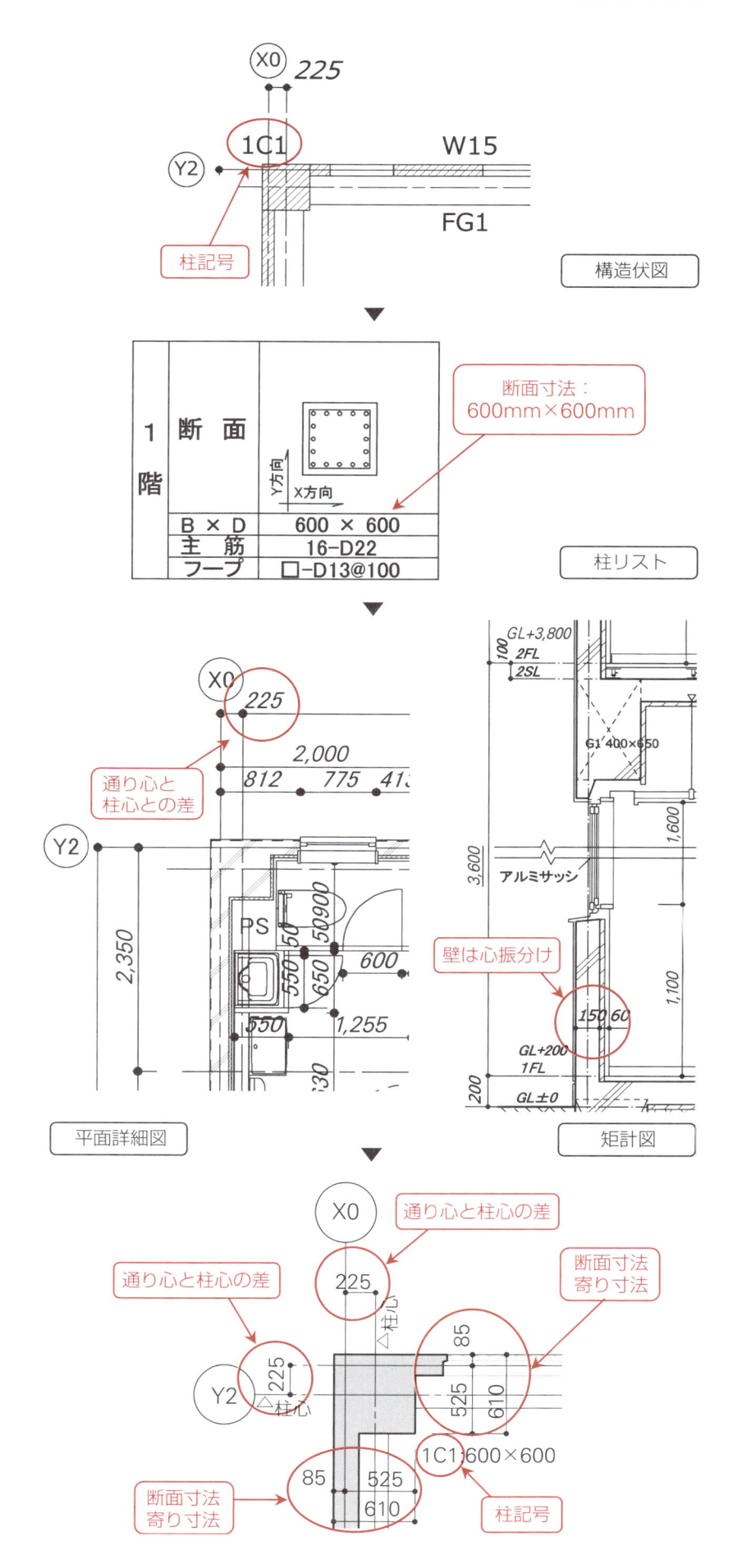

図3・3 柱の作成手順

68　第3章　コンクリート躯体図の作図

5) 梁の記入（図3・4）
　　（2G1：X0－X1，Y2）

① 構造図2階伏図（p.61）から，X0－X1，Y2の梁記号を確認する。

② 梁リスト（p.63）から，2G1の断面寸法を確認する。

③ 構造図2階伏図（p.61），矩計図（p.56），平面詳細図（p.54）から，通り心からの寄り寸法を確認する。X0－X1，Y2の梁（2G1）は，外壁面が柱，壁と同一面であることが分かる。また，外壁面は10 mmの増打ちとなるため，断面寸法は410 mm×650 mmとなる。
　なお，小梁も大梁と同様の手順で作成する。

④ コンクリート躯体図での梁寸法は，Y2通りから外壁側に85 mm，部屋内側に325 mmの振り分けとなる。

⑤ 必要な補助寸法線を加えて，寄り寸法，断面寸法および梁記号を記入する。

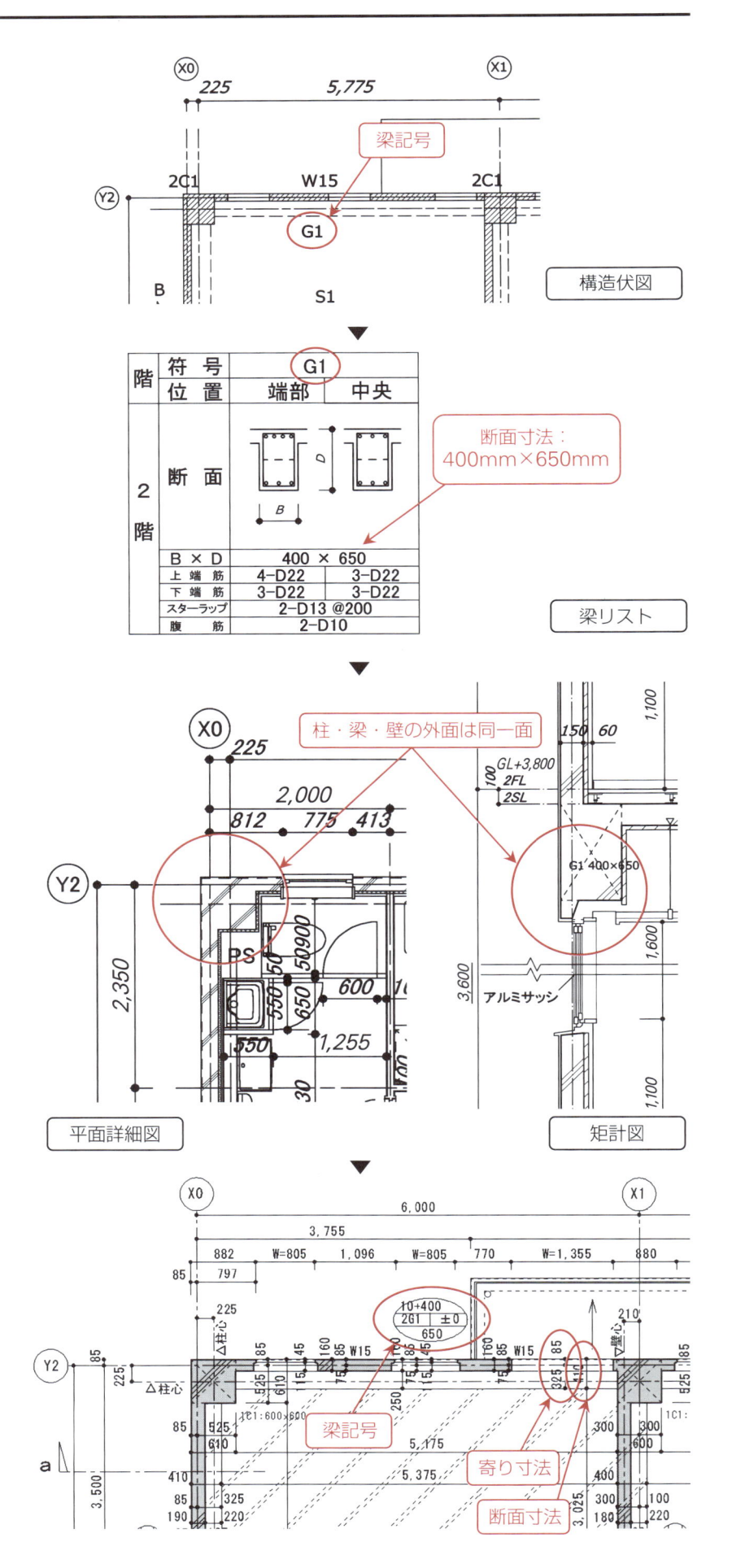

図3・4　梁の作成手順

3・2 作図の要点　69

6) 壁の記入（図3・5）
　　（W15：Ⓧ0 − Ⓧ1，Ⓨ2）
① 構造図1階伏図（p.61）から，Ⓧ0 − Ⓧ1，Ⓨ2の壁記号を確認する。

② 壁リスト（p.63）から，W15の断面寸法を確認する。

③ 構造図1階伏図（p.61），矩計図（p.56），平面詳細図（p.54）から，通り心からの寄り寸法を確認する。外壁面は10mmの増打ちとなるため，断面寸法は160mmとなる。同時に，開口部の建具記号，建具の幅（W），通り心からの寄り寸法を確認する。
　なお，間仕切壁も外壁と同様の手順で作成する。

④ コンクリート躯体図での壁寸法は，Ⓨ2通りから外壁側に85mm，部屋内側に75mmの振り分けとなる。同様に間仕切壁も補助寸法線からの振り分けを確認して記載する。
⑤ 建具施工図などから，建具寸法と躯体寸法との関係を確認して躯体図を作成する（p.30 2・3・2参照）。
⑥ 必要な補助寸法線を加えて，寄り寸法，断面寸法および壁記号を記入する。

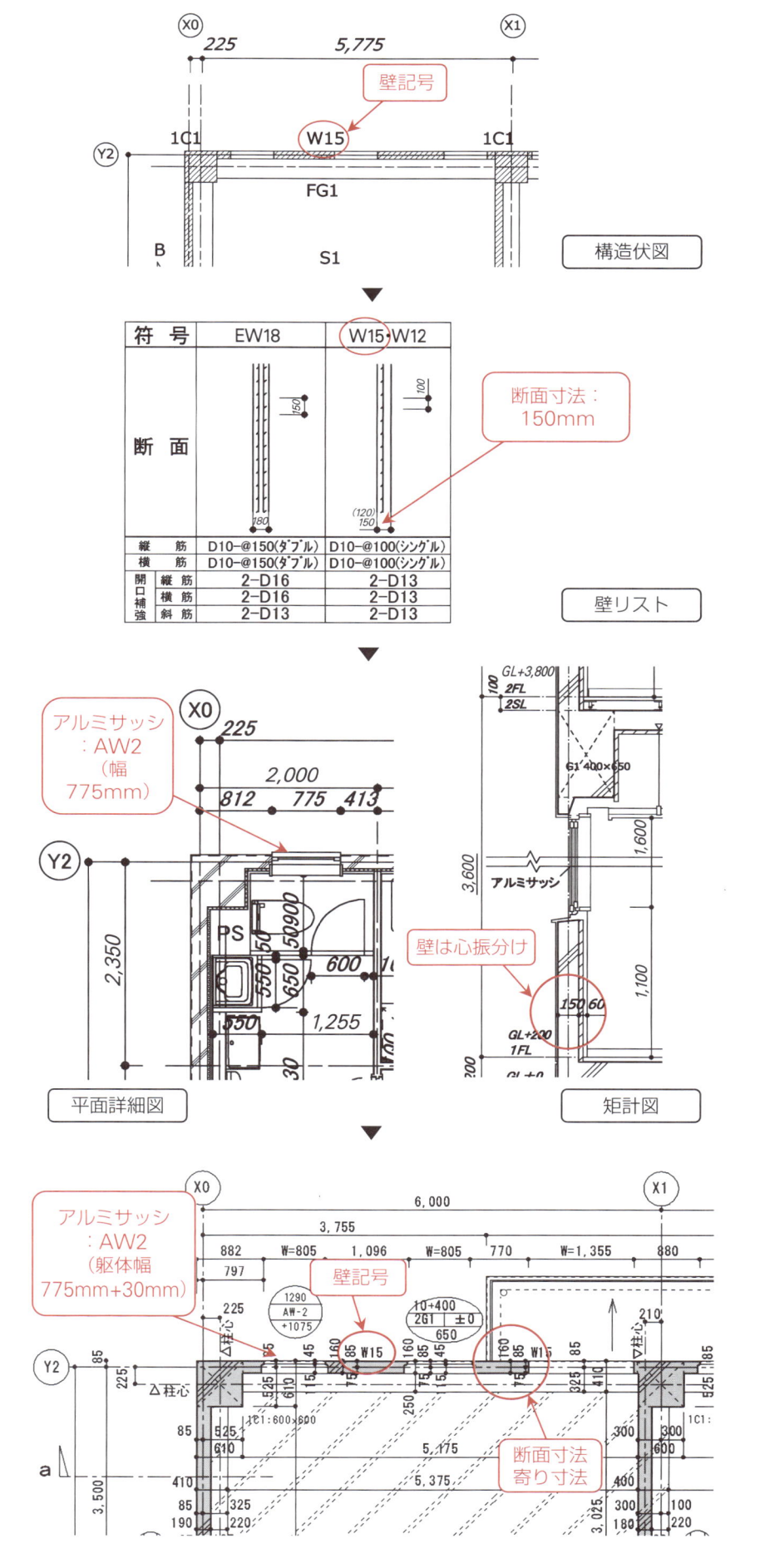

図3・5　壁の作成手順

7) スラブの記入（図3・6）
　　（S1：X0 − X1，Y1 − Y2）

① 構造図2階伏図（p.61）から，X0 − X1，Y1 − Y2のスラブ記号を確認する。Y1通り側は階段室になるため，Y2通り側のスラブについて説明する。

② スラブリスト（p.63）から，S1の断面寸法を確認する。

③ 構造図2階伏図（p.61），平面詳細図（p.55）などから，スラブの範囲，スラブの段差などを確認する。
　　段差が発生する場合の補強方法は，標準仕様書などを参考にして躯体寸法を決める。

④ X0 − X1間，Y1 − Y2間のスラブS1のコンクリート高さはSL＋70であり，スラブに段差は生じていない。

⑤ 必要な補助寸法線を加えて，寄り寸法，断面寸法およびスラブ記号を記入する。

8) 平面図の完成
　　寸法，注釈などの補足および共通事項や凡例を加えてコンクリート躯体図の平面図を完成させる（巻末袋入1階躯体図 参照）。

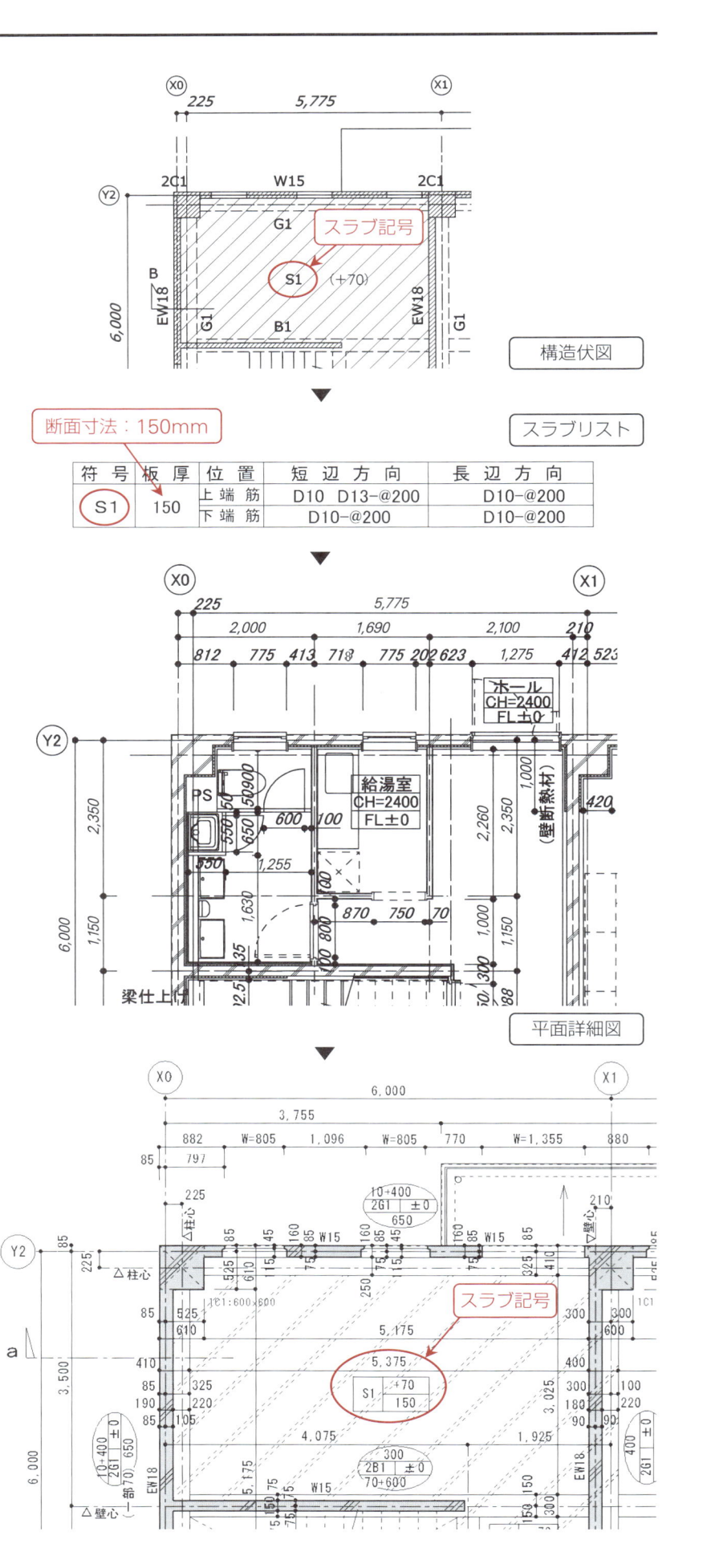

図3・6　スラブの作成手順

(2) 断面図（図 3・7）

1) 断面位置の設定

作成した平面図で断面の位置を決める。

2) 通り心，通り心記号，寸法の記入

構造図や意匠図を確認しながら，通り心および基準高さを記入する。基準線は細い一点鎖線で描き表す。

3) 柱の記入

（1C1：X0，Y2）

平面図作成時に確認した柱寸法や通り心からの寄り寸法に基づき，柱の立面図を作成する。

4) 梁の記入

（2G1：X0－X1，Y2）

平面図作成時に確認した梁寸法や梁の範囲に基づき，梁の断面図・立面図（姿図）を作成する。

5) 壁の記入

（W15：X0－X1，Y2）

壁の範囲や壁に取り付く建具記号を確認し，建具寸法と躯体寸法との関係を把握したうえで，断面図・姿図を作成する（2・3・2参照）。

6) スラブの記入

（S1：X0－X1，Y1－Y2）

平面図作成時に確認したスラブの範囲，断面寸法やコンクリート天端の高さを確認したうえで，スラブの断面図を作成する。

7) 断面図の完成

必要な補助寸法線を加えて，寄り寸法，断面寸法および部材記号を記入する。

また，寸法，注釈などの補足および共通事項や凡例を加えて，コンクリート躯体図の断面図を完成させる（巻末袋入 1階躯体図 参照）。

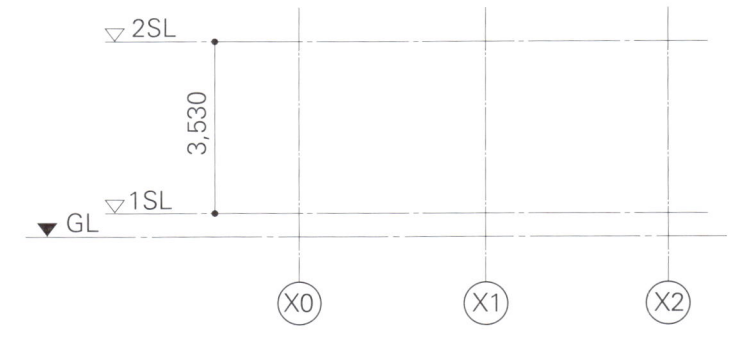

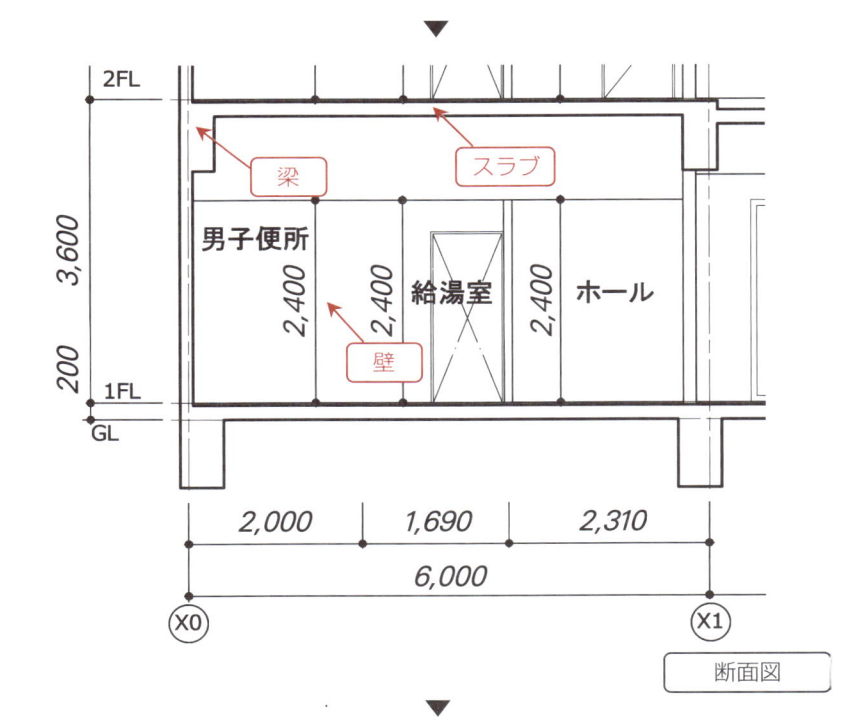

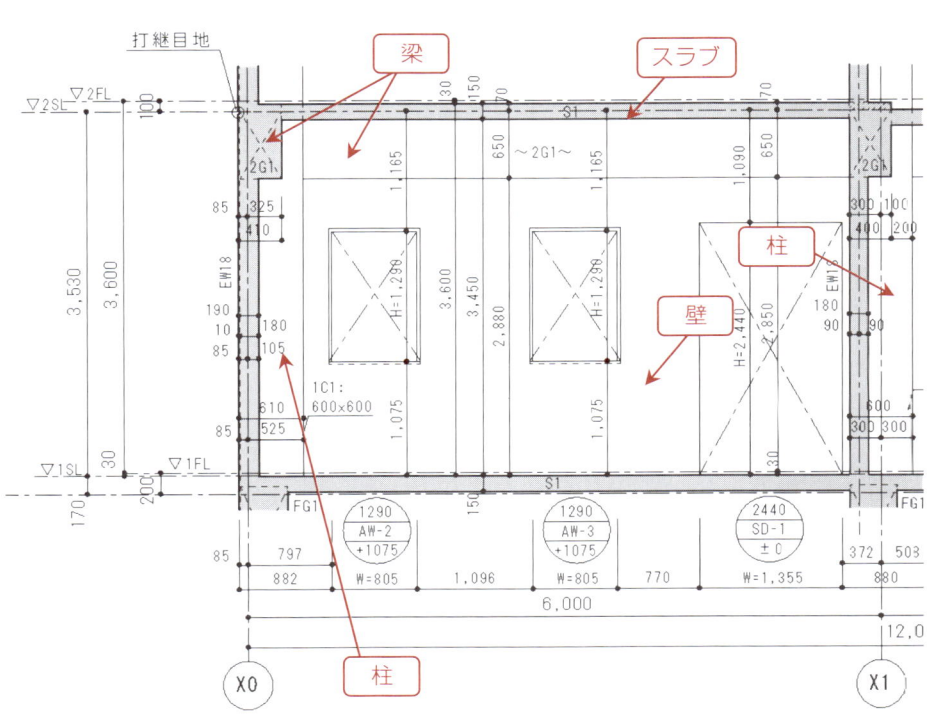

図 3・7 断面図の作成手順

3・2・2 基礎躯体図

(1) 平面図
1) 用紙，レイアウト，縮尺の決定
2) 通り心，通り心記号の記入
3) 寸法の記入

は，基準階躯体図と同じ手順である。

4) 基礎の記入（図3・8）
　（F3：X0，Y2）
① 構造図基礎伏図（p.60）から，X0，Y2の基礎記号を確認する。
② 基礎リスト（p.63）から，F3の断面寸法を確認する。

③ 構造図基礎伏図（p.60）から，通り心と基礎心との差を確認する。配置図（p.51），1階平面図（p.51）から，基礎と敷地境界との位置関係および施工法を配慮して，敷地内に基礎が納まるか検討する。
　基礎心はX0通り，Y2通りともに通り心より内側に225mmずれ，柱心と同じ位置になる。
④ 基礎を偏心させる必要がなければ，基礎寸法は，基礎心から均等に割り付ける。
⑤ 柱は「3・2・1　基準階躯体図」で検討した位置に描き表す。
⑥ 必要な補助寸法線を加えて，寄り寸法，断面寸法および基礎記号を記入する。

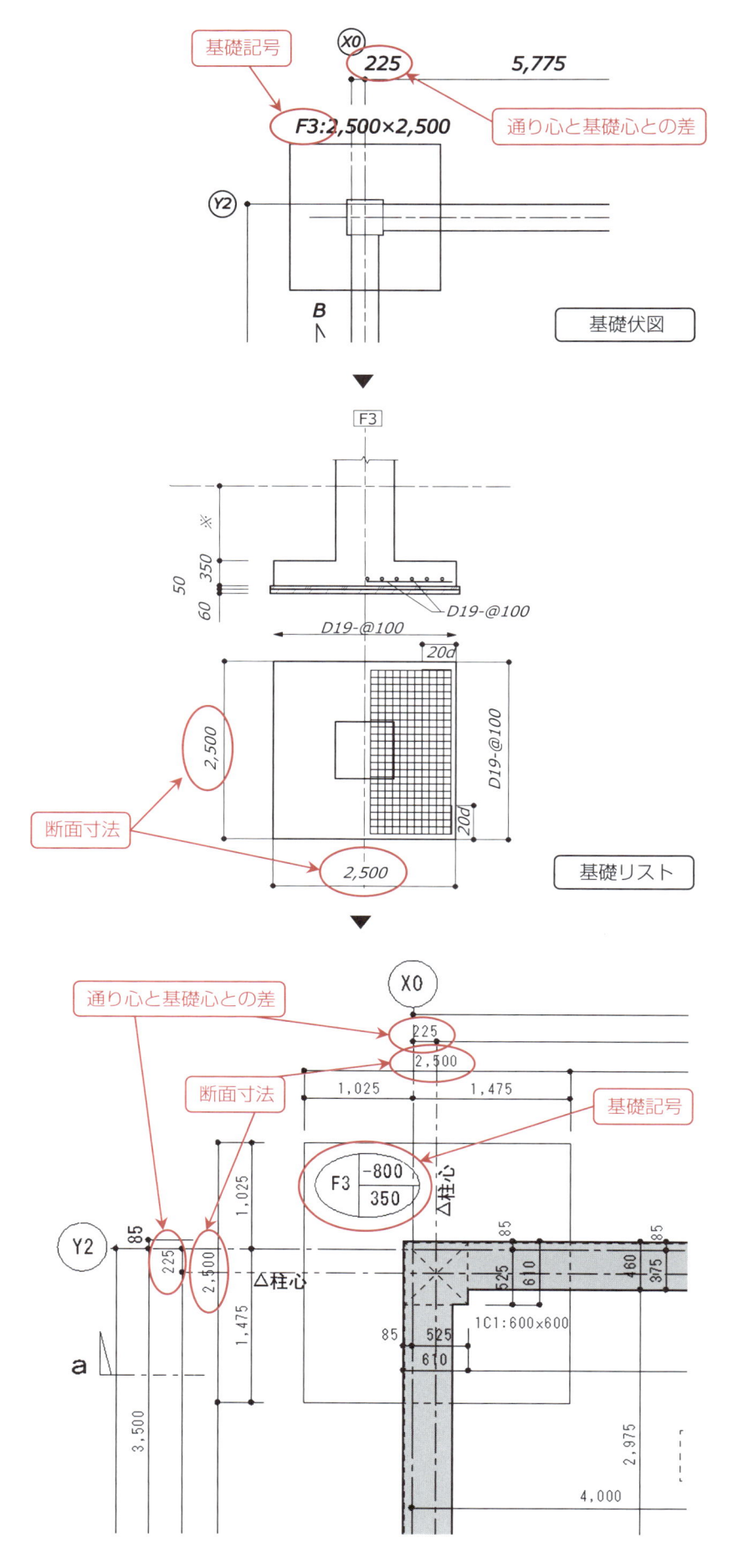

図3・8　基礎の作成手順

5) 基礎梁の記入（図3・9）
   （FG1：X0 − X1，Y2）
① 構造図1階伏図（p.61）から，X0 − X1，Y2の基礎梁記号を確認する。

② 梁リスト（p.63）から，FG1の断面寸法を確認する。
③ 1階外壁面と基礎梁外面を合わせるため，「3・2・1 基準階躯体図」を参考にし，かぶり厚さ確保のための10 mmの増打ちを加えて，断面寸法は460 mm×1,000 mmとなる。

④ 躯体図における梁寸法は，Y2通りから外壁側に85 mm，部屋内側に375 mmの振り分けとなる。
⑤ 必要な補助寸法線を加えて，寄り寸法，断面寸法および基礎梁記号を記入する。
6) スラブの記入（図3・9）
   （S1：X0 − X1，Y1 − Y2）
「3・2・1 基準階躯体図」と同様の手順で作成する。

7) 平面図の完成
寸法，注釈などの補足および共通事項や凡例を加えてコンクリート躯体図の平面図を完成させる（巻末袋入 基礎躯体図 参照）。

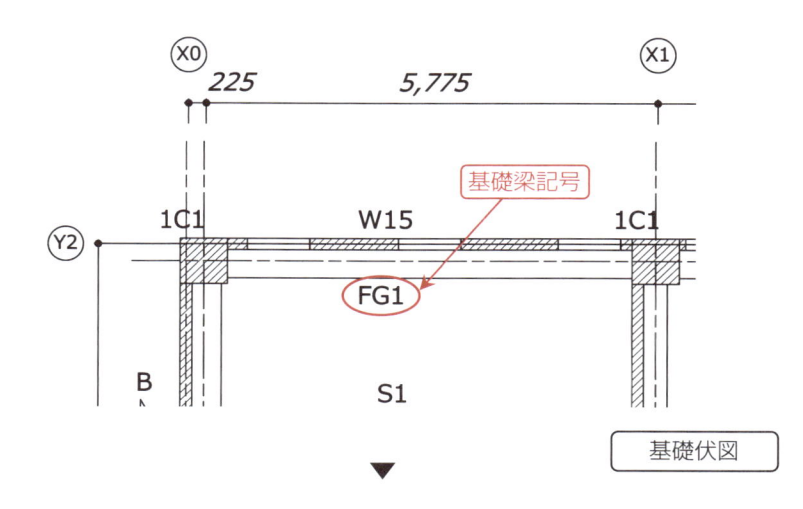

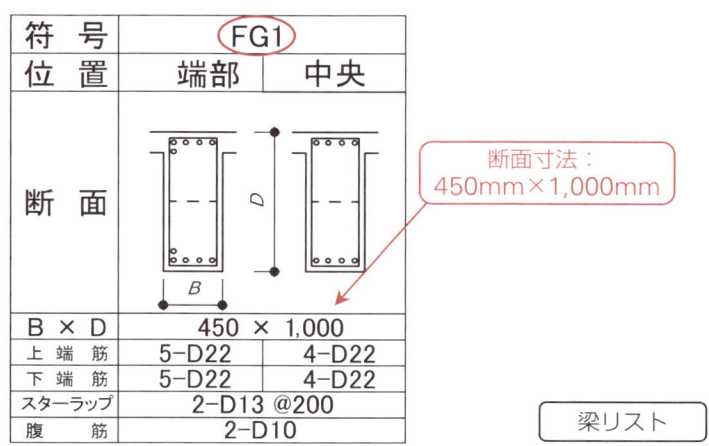

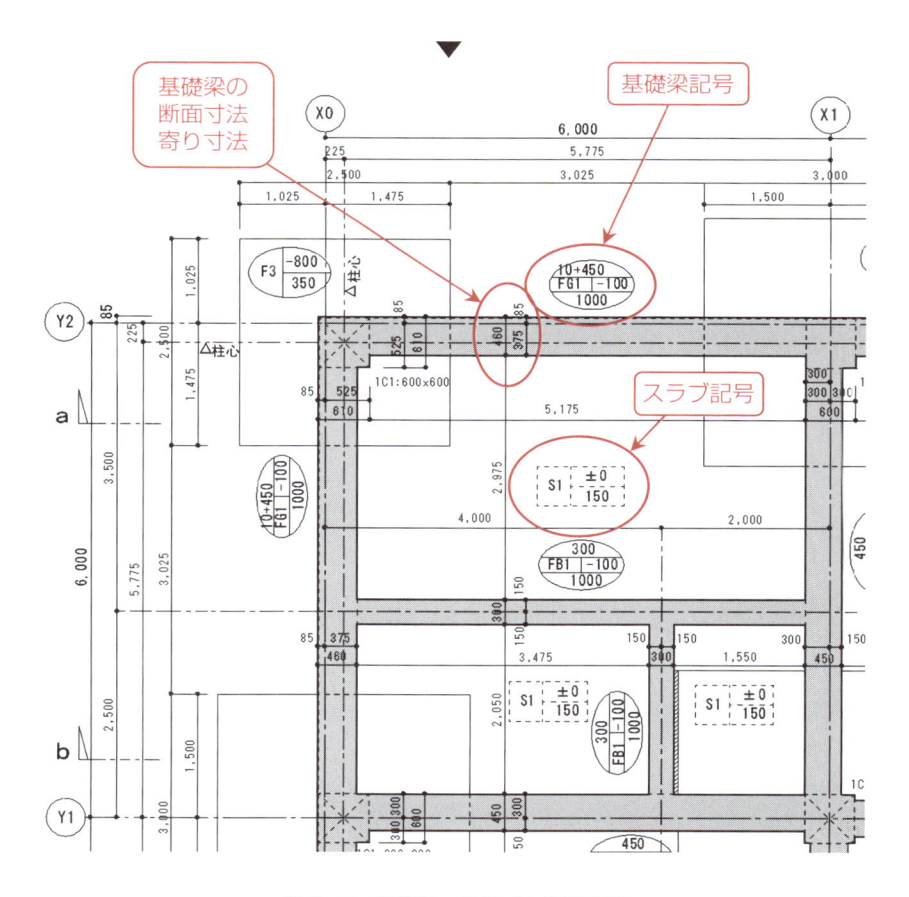

図3・9 基礎梁・スラブの作成手順

74　第3章　コンクリート躯体図の作図

(2) 断面図（図3・10）
1) 断面位置の設定，通り心，通り心記号，寸法の記入

「3・2・1　基準階躯体図」と同様の手順で作成する。

2) 基礎，基礎梁，1階スラブ高さの確認

一般的には，基礎底（＝柱最下面）と基礎梁底は，鉄筋の納まりから50mmほど差を設ける。

矩計図（p.56）から，基礎底は1FLから（200＋980）mm下がっているので，基礎梁底の深さは基礎底から50mm上で，1FLから（200＋980）－50mm＝1,130 mm下がることとなる。

ここで，1階の仕上げが30 mmであることと，基礎梁せいが1,000 mmであることから，1SL－100 mmが基礎梁の天端となる。この状態で，鉄筋や設備配管の納まりを検討し，問題がなければこの寸法を採用する。

3) 基礎の記入
　（F3：X0，Y2）
4) 基礎梁の記入
　（FG1：X0－X1，Y2）
5) スラブの記入
　（S1：X0－X1，Y1－Y2）

基準線からの高さ，通り心からの寄り寸法，断面寸法などに注意しながら，基礎，基礎梁，スラブを記入する。

6) 断面図の完成

必要な補助寸法線を加えて，寄り寸法，断面寸法および部材記号を記入する。

また，寸法，注釈などの補足および共通事項や凡例を加えてコンクリート躯体図の断面図を完成させる（巻末袋入　基礎躯体図　参照）。

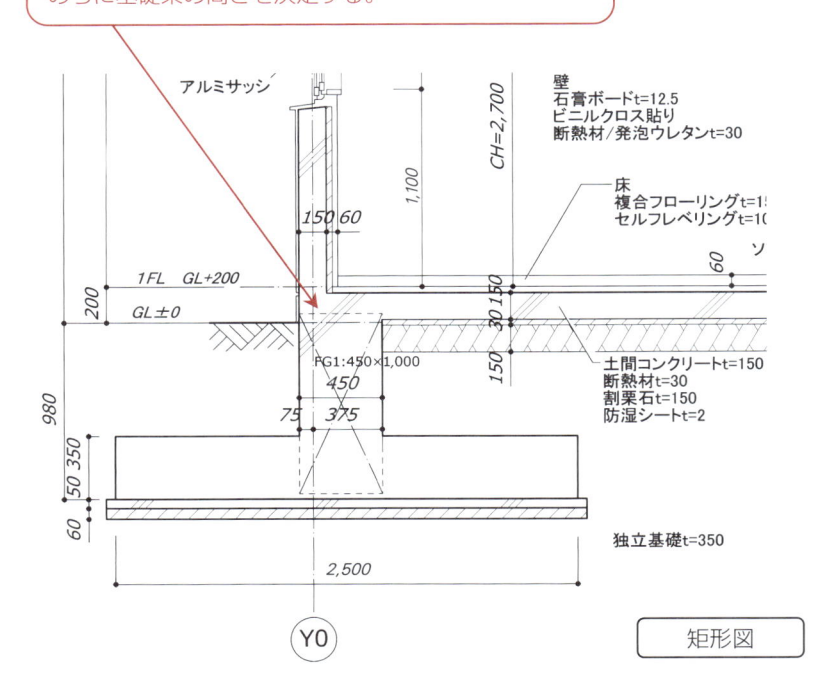

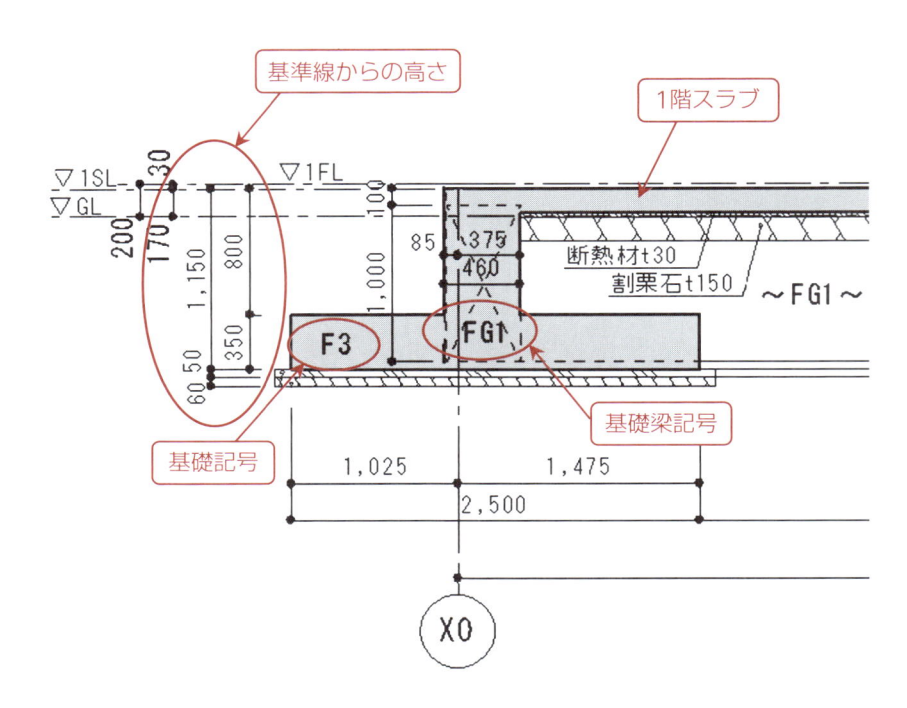

図3・10　断面図の作成手順

3・2・3 最上階躯体図

最上階躯体図は水勾配を確保するため，基準階躯体図と以下の点で大きく異なる。

① 場所により柱の長さが異なること。
② 梁，スラブが斜め材となること。
③ 柱頭部の柱筋と梁筋の納まりが複雑になるため，柱頭部に増打ちが発生する可能性があること。
④ さらに屋上には設備基礎，パラペット，ドレンなどの工作物が取り付くため，別途屋根伏図を作成する必要がある。

屋上階躯体図と屋根伏図を個別に説明する。

■屋上階躯体図（2階躯体図）

屋上階躯体図の作成手順は，基準階と同じである。ただし，屋上スラブに水勾配を設けるため，柱，梁，壁，スラブに増打ちが生じる。あるいは梁，スラブが斜めの部材になるなどするため，断面の検討を行いながら平面図を作成する。

(1) 平面図
  1) 用紙，レイアウト，縮尺の決定
  2) 通り心，通り心記号の記入
  3) 寸法の記入

基準階躯体図と同じ手順である。

  4) 柱の記入（図3・11）
     (2C1：X1，Y1)

基準階躯体図における柱の記入方法と同じである。

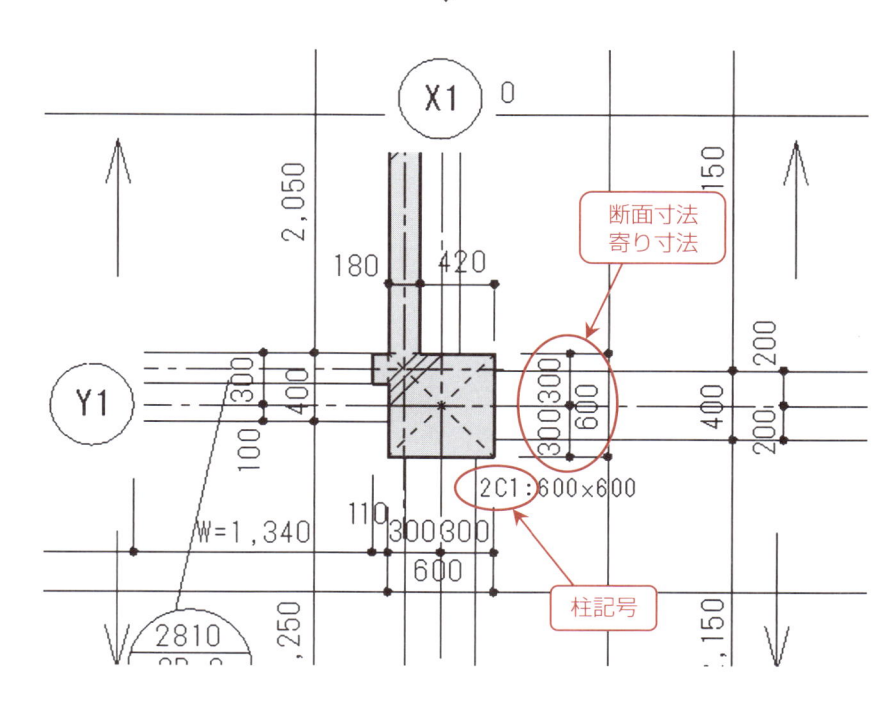

図3・11 柱の作成手順

76　第3章　コンクリート躯体図の作図

5) 梁の記入（図3・12）
　　（RG1：Ⓧ1，Ⓨ1 − Ⓨ2）

基準階躯体図における梁の記入方法と同じである。ただし，水勾配に関わる箇所に注意する。

① R階平面図（p.52）から，水勾配とドレンの位置を確認する。屋上の水勾配はⒸ1通りを水上とし，Ⓨ0通り，Ⓨ2通り方向へ勾配をとっている。そのため，RG1（Ⓧ1，Ⓨ1 − Ⓨ2）は斜めの梁となる。

なお，Ⓨ0通り，Ⓨ2通り梁には勾配が発生しない。

小梁のコンクリート天端の位置も，水勾配から計算して求める。

② RG1（Ⓧ1，Ⓨ1 − Ⓨ2）は，コンクリート天端が（RSL + 120）mm（Ⓨ1通り）から ±0 mm（Ⓨ2通り）までの勾配となる[注1]。断面寸法は 400 mm × 650 mm であり，通り心からの寄りは，2階の壁筋を定着させるために，Ⓧ0通り側の柱面と同一面となる。

③ 必要な補助寸法線を加えて，寄り寸法，断面寸法および梁記号を記入する。

梁記号には，断面寸法とともにコンクリート天端の勾配を記入する。

注1) 意匠図ではⓍ1，Ⓨ2の位置で +40 mm となっているが，勾配量が少ないのでスラブ天端コンクリートの増打ちで勾配を設けることとし，施工図では梁の天端は ±0 mm とする。
　　なお，Ⓨ1通りからⓎ2通りへは，部材で勾配を確保する。

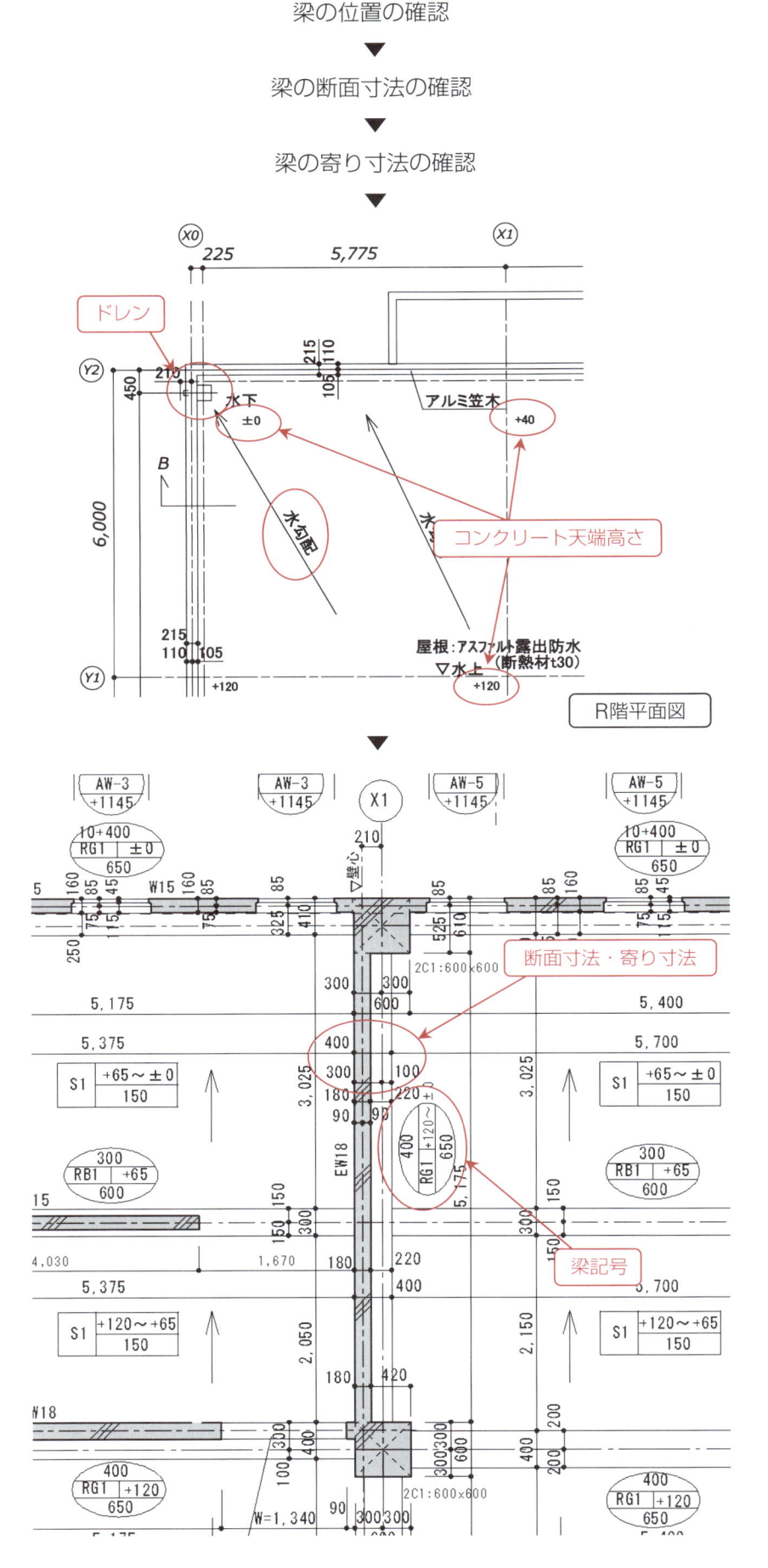

図3・12　梁の作成手順

6) 壁の記入（図3・13）
　　（EW18：X1，Y1 - Y2）
　基準階躯体図における壁の記入方法と同じである。

7) スラブの記入（図3・14）
　　（S1：X0 - X1，Y1 - Y2）
　基準階躯体図におけるスラブの記入方法と同じである。「5) 梁の記入」で検討した内容に基づき作成する。
① 屋上階のS1は，コンクリート天端がRSL＋120 mm（Y1通り）から±0 mm（Y2通り）までの勾配となる。ドレン（X0，Y2）への勾配は，コンクリート天端の増打ちで確保する。
② 必要な補助寸法線を加えて，寄り寸法，断面寸法およびスラブ記号を記入する。
　スラブ記号には，断面寸法とともにコンクリート天端の勾配を記入する。さらに，スラブに水勾配を矢印で示しておけば，勾配方向の間違いが少なくなる。

8) 平面図の完成
　寸法，注釈などの補足および共通事項や凡例を加えて，コンクリート躯体図の平面図を完成させる（巻末袋入 2階躯体図 参照）。

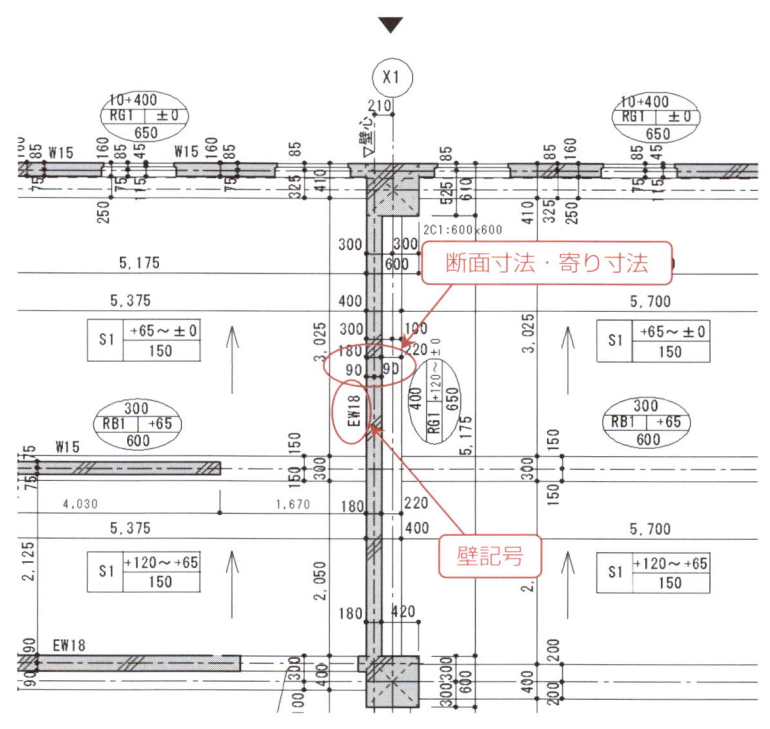

図3・13 壁の作成手順

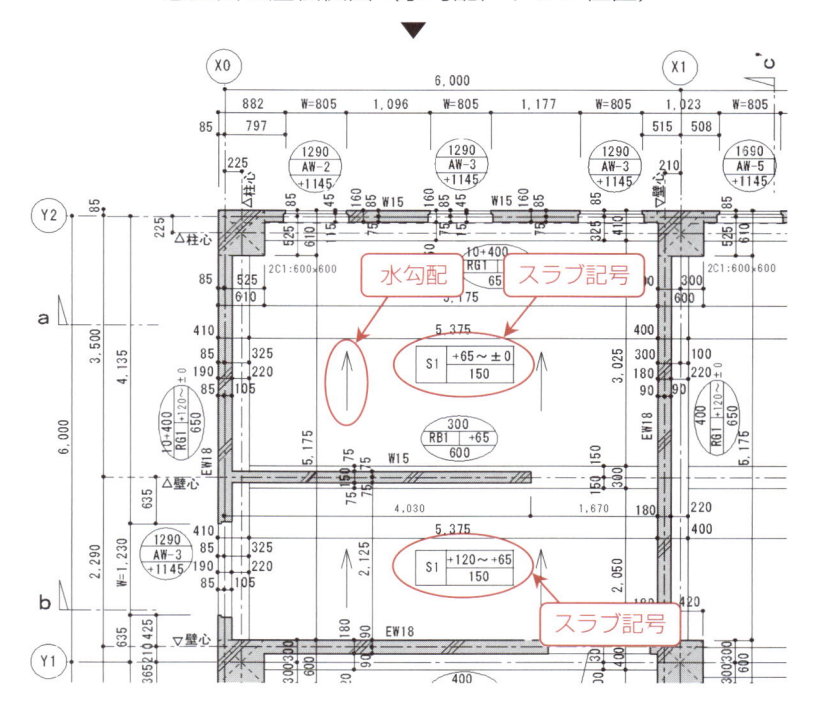

図3・14 スラブの作成手順

(2) 断面図（図3・15）

断面図の作成手順および注意事項は，基準階と同じである。また，水勾配に関する検討は，平面図作成時に行った内容を断面図に描き表す。

1) 断面位置の設定，通り心，通り心記号，寸法の記入などは，「基準階躯体図」と同様の手順で作成する。さらに，水勾配に伴う補助線を描き加える。
2) 柱の記入

   (2C1：X1，Y2)

   柱寸法や通り心からの寄り寸法を記入し，柱の立面図を作成する。

   なお，最上階は水勾配のため場所ごとに柱の長さが異なる。また，必要に応じて，柱頭部の増打ちを描き表す。
3) 梁の記入

   (RG1：X1，Y1－Y2)

   梁寸法や梁の範囲を立面図に作成する。
4) 壁の記入

   (EW18：X1，Y1－Y2)

   壁の範囲や壁に取り付く建具記号を確認し，建具寸法と躯体寸法との関係を把握して躯体図を作成する（2・3・2参照）。梁に勾配が生じる場合は，壁の天端も斜めになる。
5) スラブの記入

   (S1：X1－X2，Y1－Y2)

   スラブの範囲，断面寸法やコンクリート天端の高さ，水勾配を確認し，スラブの断面図を作成する。
6) パラペットの記入

   矩計図，構造図などからパラペットの形状を確認し，断面図に記入する。パラペットは最上階躯体と同時にコンクリートを打設するため，最上階躯体図に描き示す。
7) 断面図の完成

   必要な補助寸法線を加えて，寄り寸法，断面寸法および部材記号を記入する。また，寸法，注釈などの補足および共通事項や凡例を加えてコンクリート躯体図の断面図を完成させる（巻末袋入 2階躯体図 参照）。

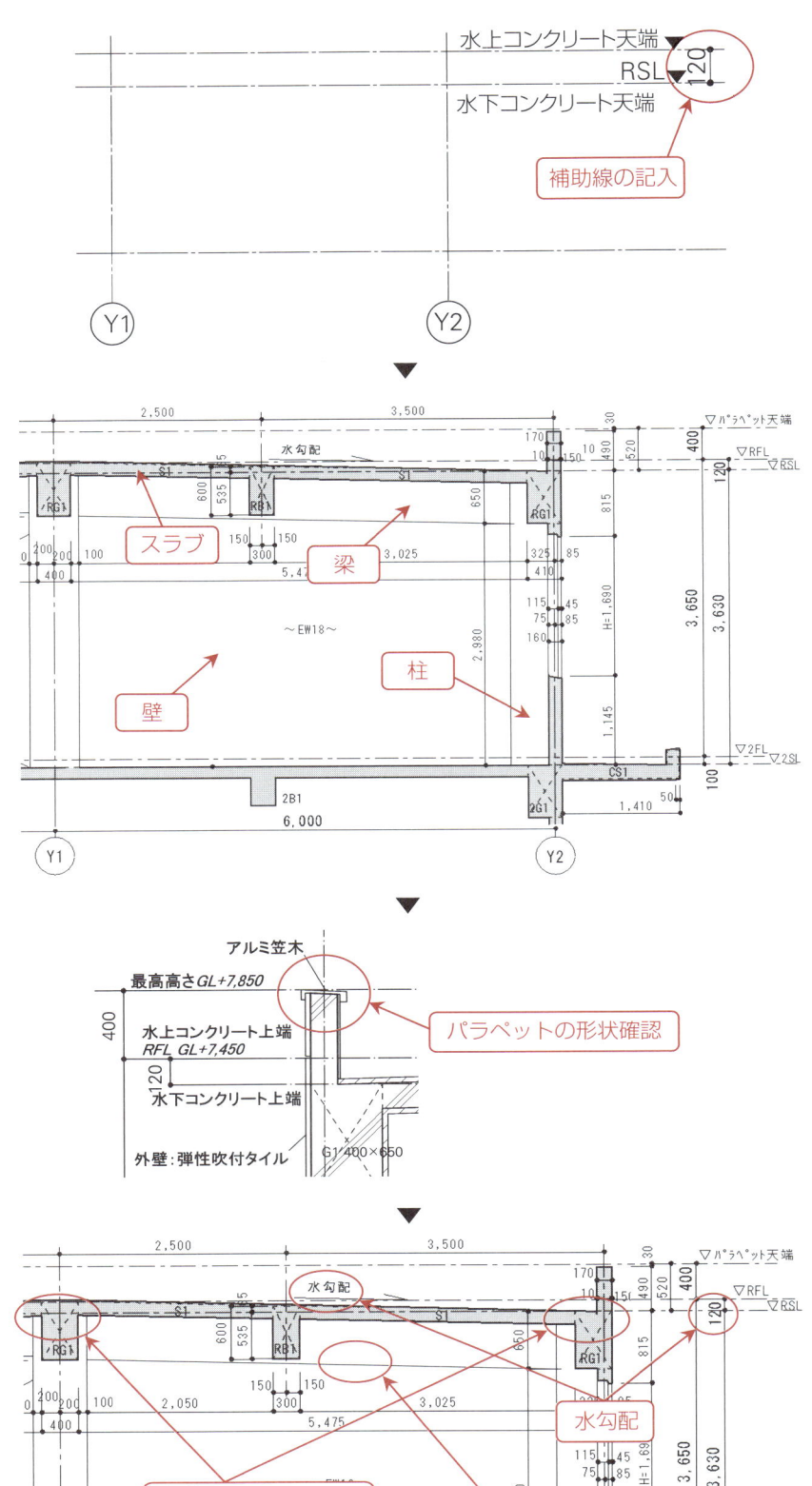

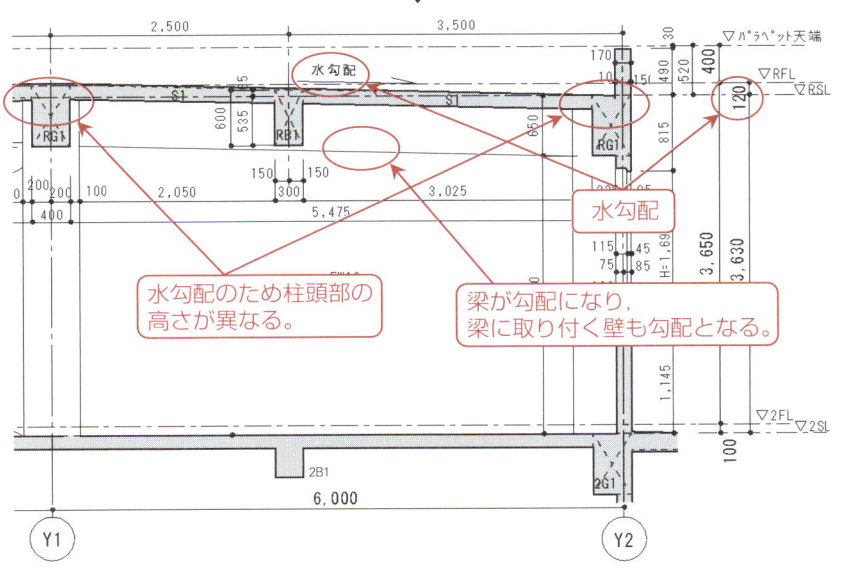

図3・15 断面図の作成

■屋根伏図（図 3・16）

(1) 平面図，断面図

屋根伏図には，パラペット，ドレン，スラブの水勾配，屋上工作物などを描く。

平面図と断面図の作成手順を合わせて説明する。

1) 通り心，通り心記号，寸法の記入

最上階の躯体図に合わせて，通り心，通り心記号，寸法などを記入する。

2) パラペットの記入

屋上階躯体図の作成時に検討した，パラペットの形状と範囲を記入する。

3) ドレンおよびスラブの高さの記入

屋上階躯体図の作成時に検討したドレンの位置を確認し，水勾配を描き込む。水の流れを確認しながら，スラブコンクリートの天端の高さを記入する。屋上階躯体図で検討したように，Y1通りからY2通りへは部材で勾配を確保し，X1からX0へはスラブ天端コンクリートの増打ちで勾配を設ける。

4) 屋上伏図の完成

必要な補助寸法線を加えて，寄り寸法，断面寸法などを記入する（巻末袋入 屋根伏図 参照）。

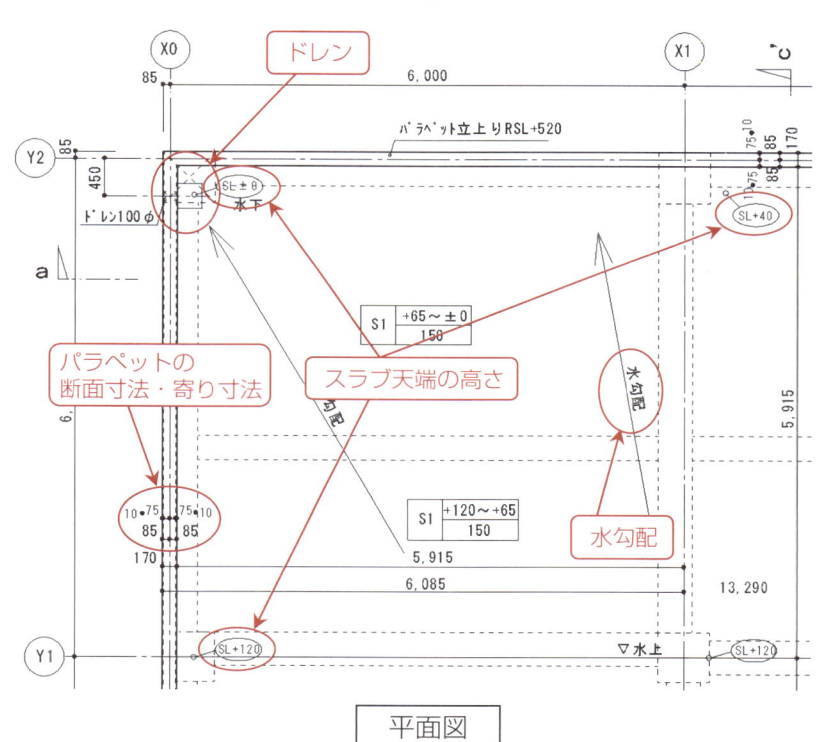

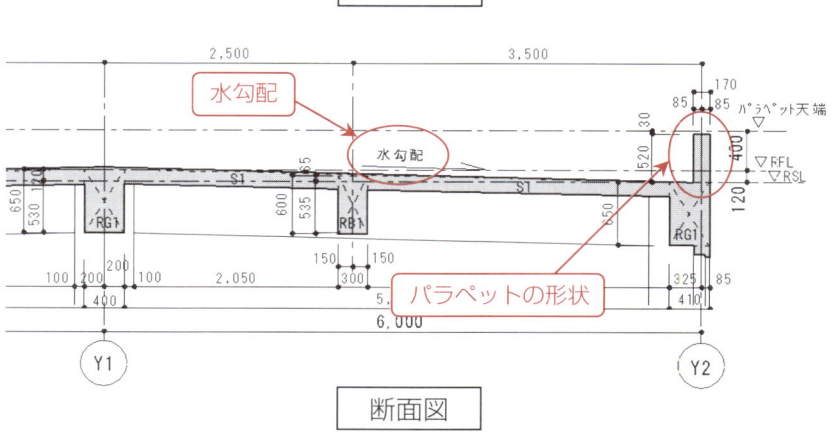

図 3・16 屋根伏図の作成手順

3・2・4 階段躯体図

(1) 階段躯体図作成時の確認事項

階段は基準階と異なり，基規準や法律などの関連，仕上材との納まりなど，躯体図作成前に検討すべき内容が多い。

階段詳細図（階段平面図，階段断面図）(p.57)，階段配筋図（p.63）など）を確認し，以下の項目を整理する。

① 踊場の幅
② 階段の幅
③ 階段の段数と踏面の幅，蹴上げの高さ
④ 手摺と階段の位置関係
⑤ 手摺取付けの施工性
⑥ 開口部と階段の位置関係
⑦ 壁，スラブなどの仕上材の厚さ
⑧ 階段スラブのコンクリート厚さ

など。

これらの事柄を検討したうえで，仕上り後の有効寸法が，基規準や法律などを満足するように躯体の寸法を定める。

なお，あと付け手摺の場合でも，ある程度，形状・寸法・納まりなどを検討しておく。

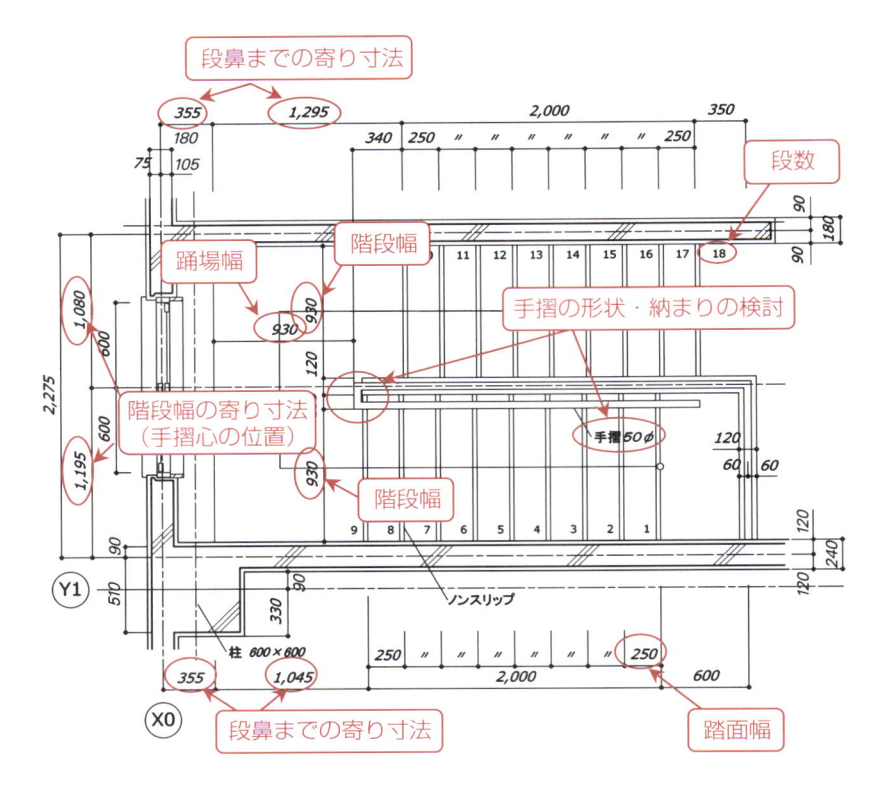

図3・17 階段平面詳細図（意匠図）

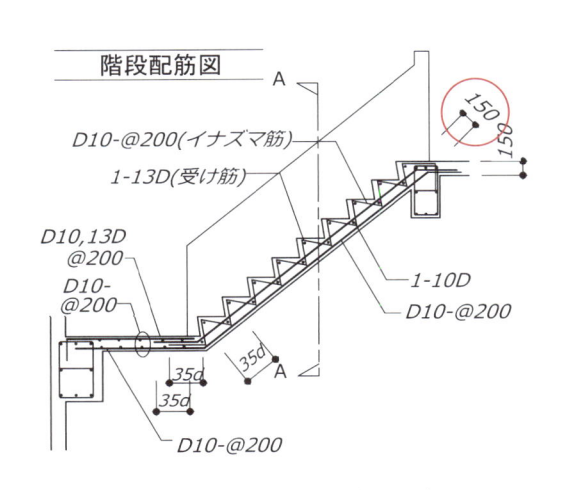

図3・19 階段配筋図（構造図）
（階段スラブのコンクリート厚さ）

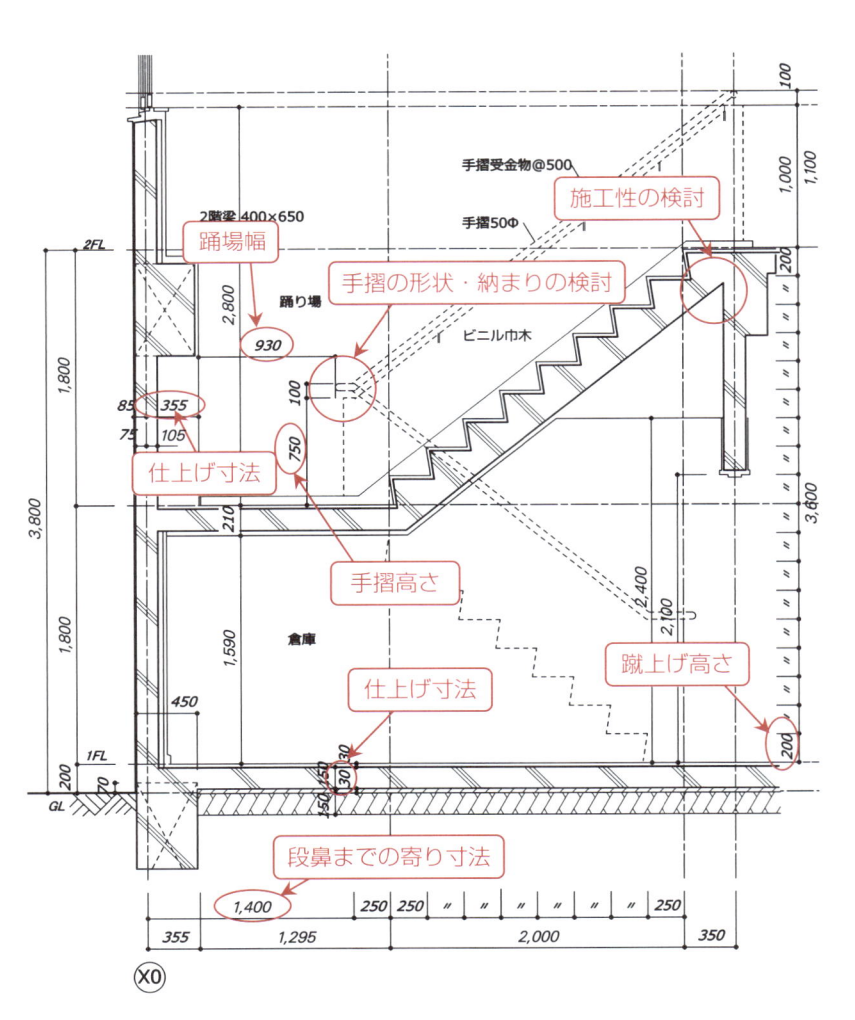

図3・18 階段断面詳細図（意匠図）

(2) 平面図と断面図の作成（図3・20），（図3・21）

階段室は一般階と異なって特殊な形状であるため，平面図は分かり易いように見下げ図とする。さらに，平面図，断面図ともに躯体図を階毎に分割せず，すべての階を1枚の用紙に描く。これは，鉄筋工や型枠工などが，加工・組立を一連の作業として行い易くするためである。また，同じ平面となる場合は省略したり，複雑な階段の場合は詳細図を描き加える。なお，基準階と同様に，平面図と断面図は，同一用紙に描く。

作成手順は，次のとおりである。
1) 用紙，レイアウト，縮尺の決定
2) 通り心，通り心記号の記入
3) 寸法の記入

これは，基準階躯体図と同じである。次いで平面図の手順は，

4) 階段室の主要部材の記入

階段室回りの柱，梁，壁，スラブなどの部材について，基準階躯体図作成時に検討したものをそのまま転記する。

5) 踊場，踏面などの記入

「(1) 階段躯体図作成時の確認事項」で検討した内容を，階段室の躯体図に描き加える。

さらに，断面図の手順は，

6) 柱，梁，壁，スラブの記入

基準階躯体図および平面図作成時に確認した事柄に基づき，柱の立面図と梁，壁，スラブの断面図を作成する。

7) 踊場，踏面の記入

「(1) 階段躯体図作成時の確認事項」で検討した内容を，階段室の躯体図に描き加える。

8) 平面図・断面図の完成

基準階躯体図と同様に，必要な補助寸法線を加えて，寄り寸法，断面寸法および部材記号を記入する。また，注釈などの補足および共通事項や凡例を加えて階段躯体図を完成させる（巻末袋入 階段躯体図 参照）。

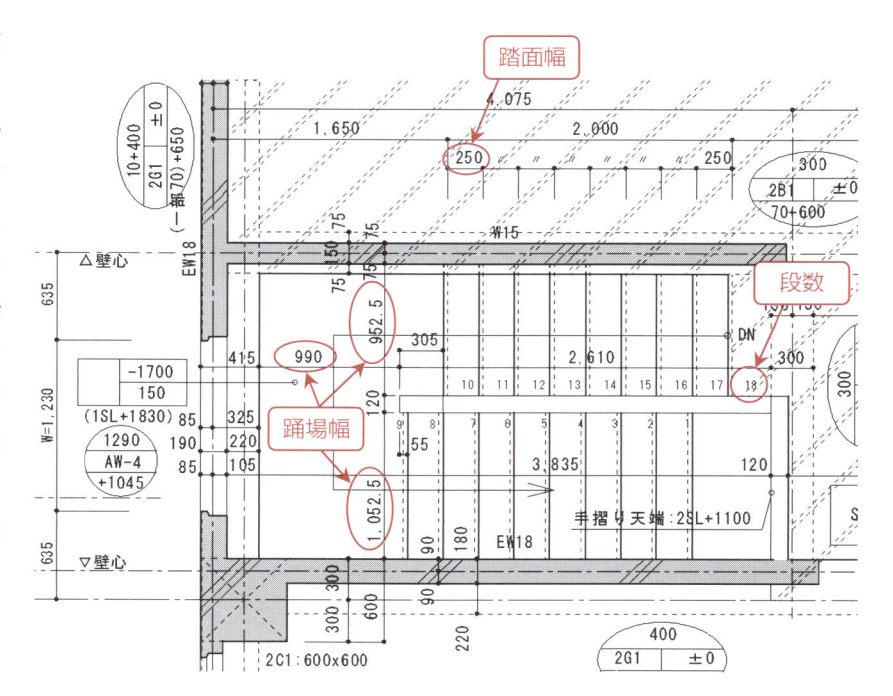

図3・20 平面図の作成

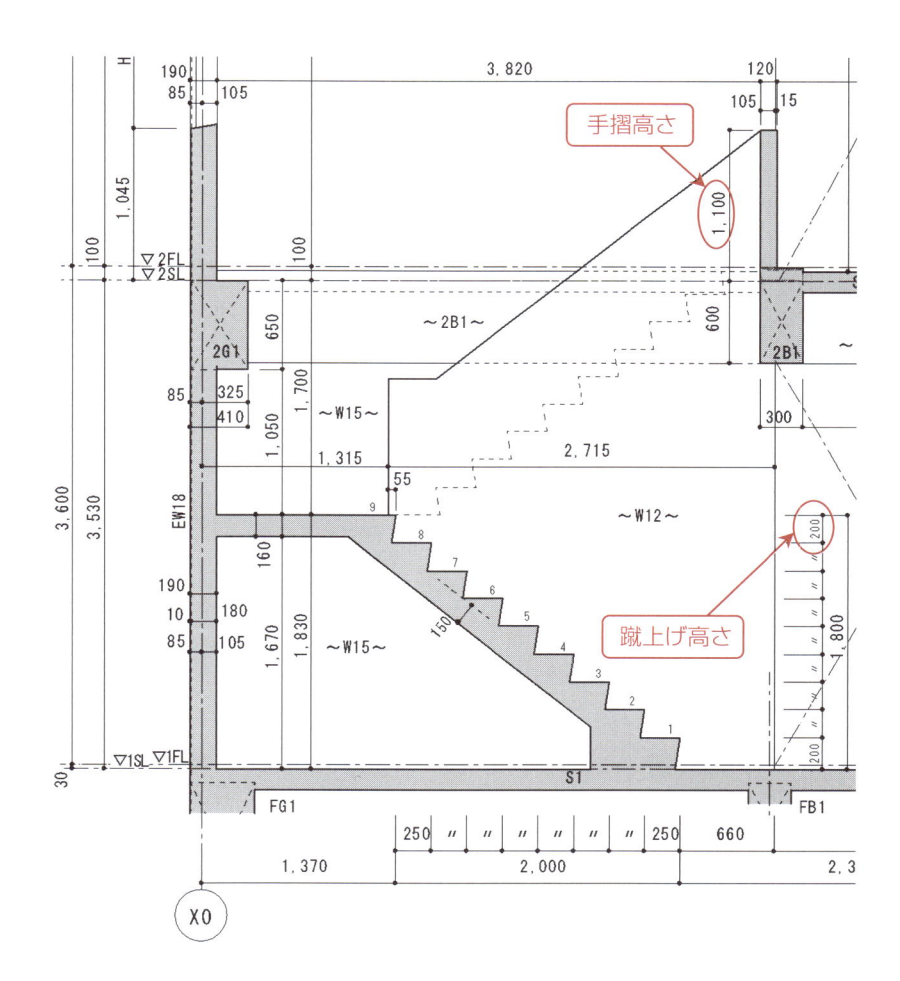

図3・21 断面図の作成

3・2・5 設備開口

各階コンクリート躯体図が完成した後に，設備開口（図3・22）の検討を行う。

建築設計図に表示があってコンクリート躯体図に転記したものは，設備機器，配管経路などを検証のうえ，開口の位置，寸法などに問題のないことを確認する。

一方，建築設計図に示されていない設備開口は，作成したコンクリート躯体図に描き加える。なおこれは，一般的には，設備業者が記入することが多い。

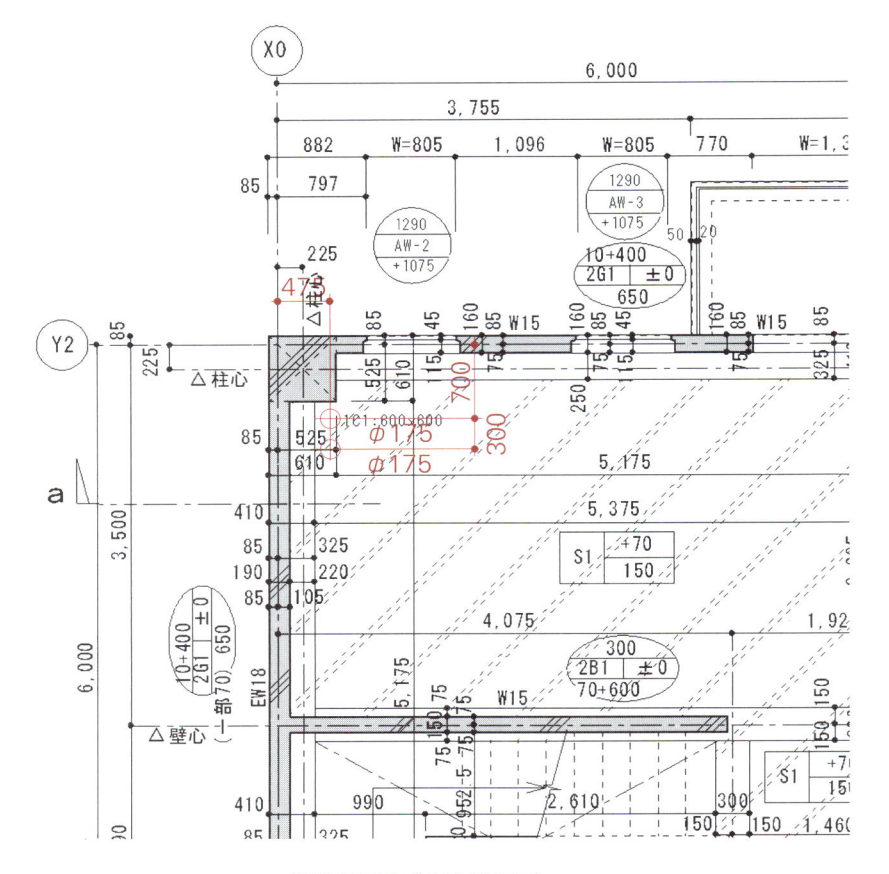

（2階床スラブの設備開口）

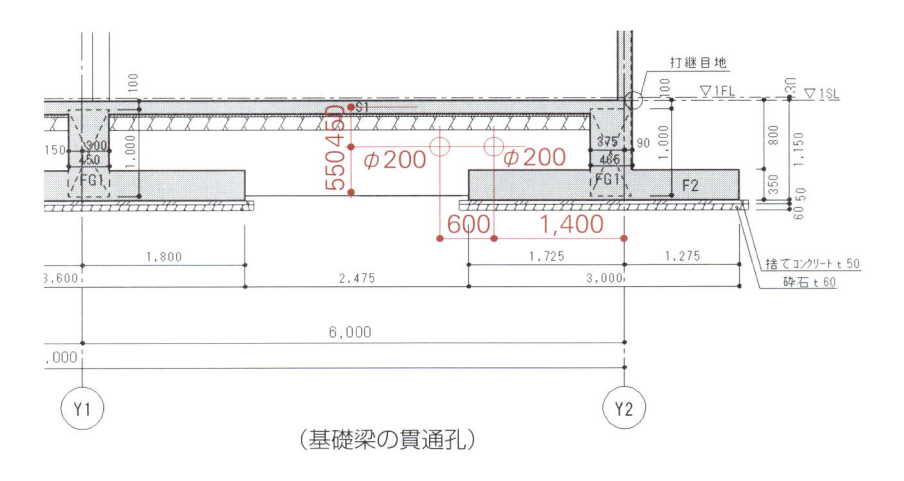

（基礎梁の貫通孔）

図3・22 コンクリート躯体図に描かれた設備開口の例

初めて学ぶ 建築実務テキスト

第4章
コンクリート躯体図の作図の詳細手順

4・1 基準階躯体図（1階躯体図）............................. 85

4・2 タイル割付図（45二丁掛けタイル張りとした場合）... 102

詳細手順の目的は，以下のとおりである。

① 学んだ内容を、自分で実際に描いてみる。
② 最初から完成に至るまでの作図手順を、参照する各作成段階における必要設計図の把握と共に学ぶ。

4・1 基準階躯体図（1階躯体図）

4・1・1 レイアウト計画（平面図，断面図，凡例　他）

建物規模から用紙は A1 判を，縮尺は 1/50 を設定する。

平面図，X，Y 方向断面図，凡例記号等と寸法線スペースを考慮して計画する。断面図の作図位置は，平面図ではわかりにくいところを選ぶ。実施例では，a-a′ 断面と b-b′ 断面（階段部分）を選定した。

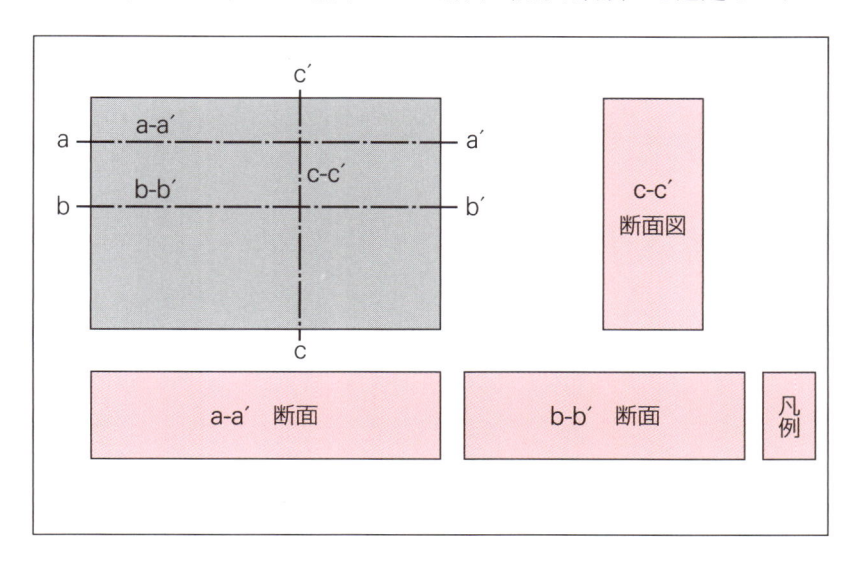

図 4・1　レイアウト計画

4・1・2 通り心（基準）線・符号，壁・柱の中心線ならびに寸法（補助基準）線・寸法の記入

意匠平面図・構造図1階伏図の寸法と符号に基づき，通り心を一点鎖線で記入し，各通り心間および全長の寸法線・寸法を記入する。また壁心および通り心以外の梁心も補助線で示す。

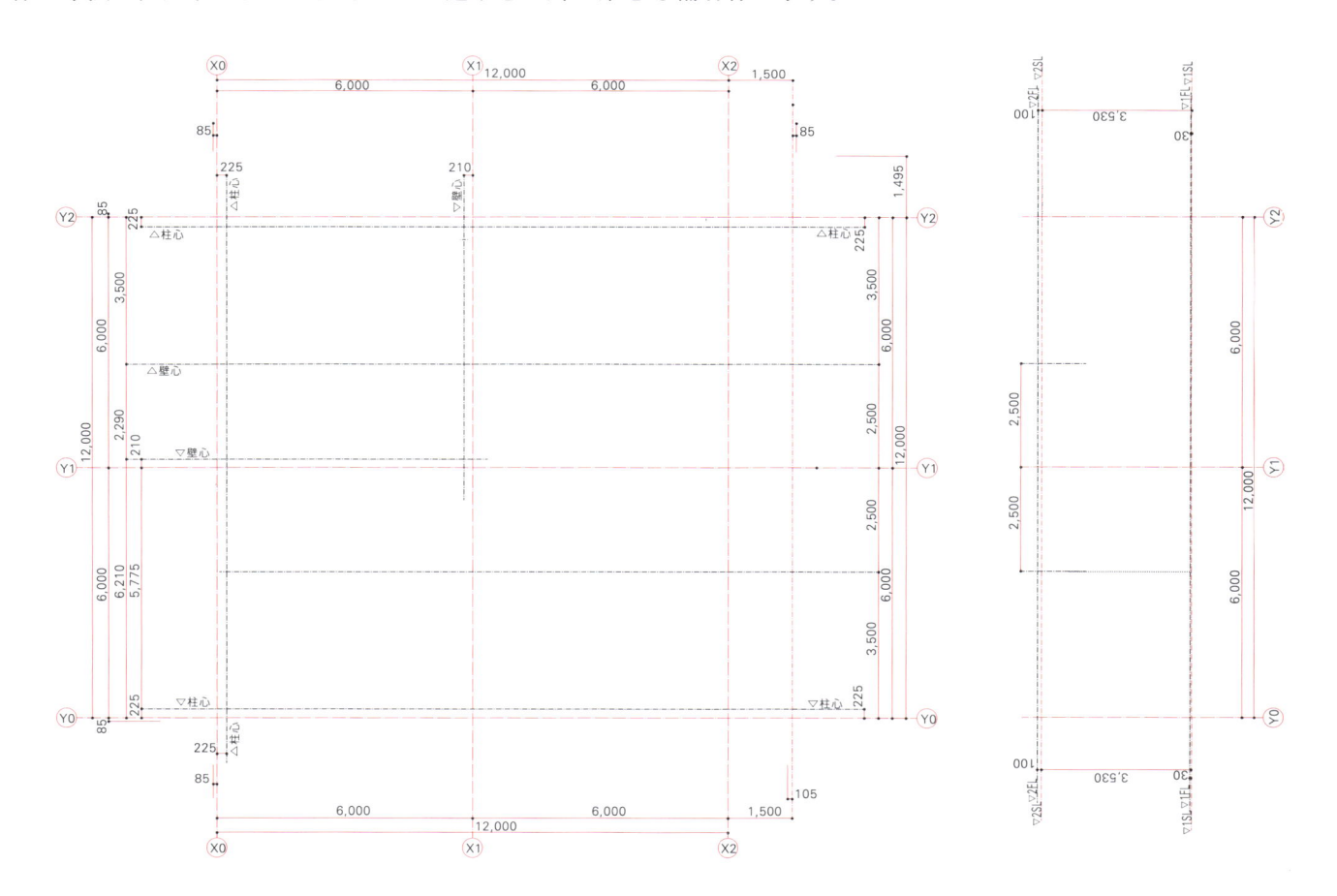

作図番号-1　通り心線・寸法

86　第4章　コンクリート躯体図の作図の詳細手順

4・1・3　平面図の作成
(1) 柱の記入

構造図1階伏図に基づき，通り心からの振分け寸法を確認し，さらに柱の外壁に接する部分は，柱リストのC1（600×600）にかぶり厚さ確保のための増打ち（p.17 図2・11（a）参照）を加えて（610×610）を記入する。

手順−1　構造図1階伏図（p.61）から，柱番号C1を調べる。

手順−2　柱リスト（p.63）から，C1の柱断面 600×600 を把握する。

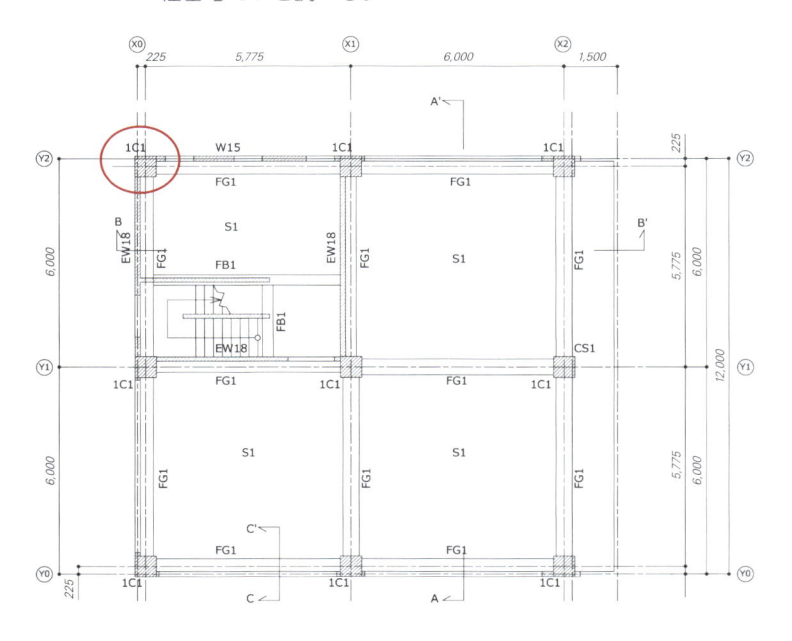

図4・2　1階伏図

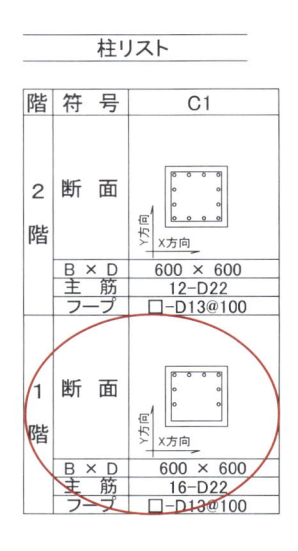

図4・3　柱リスト

手順−3　柱が外壁に接するY0，Y2，X0通りの柱は，柱外面を外壁面と合わせるために，外壁躯体の厚さ150，柱の躯体幅600に，それぞれ増打ち10を加えて壁160，柱610となる。柱心は壁心より225（310−85）ずれることを確認し，柱平面を作図する。

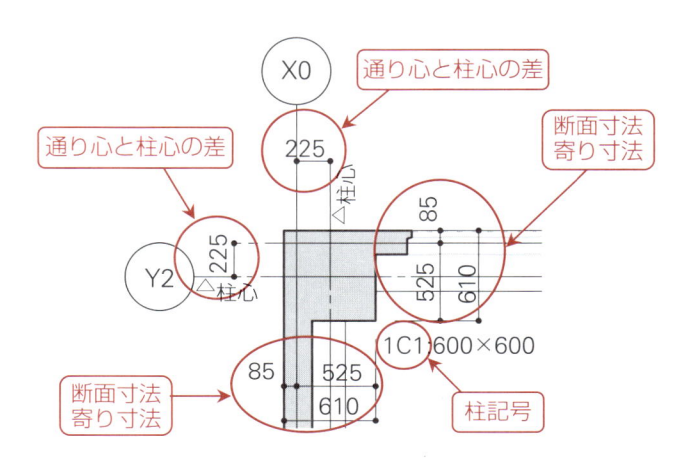

図4・4　柱平面

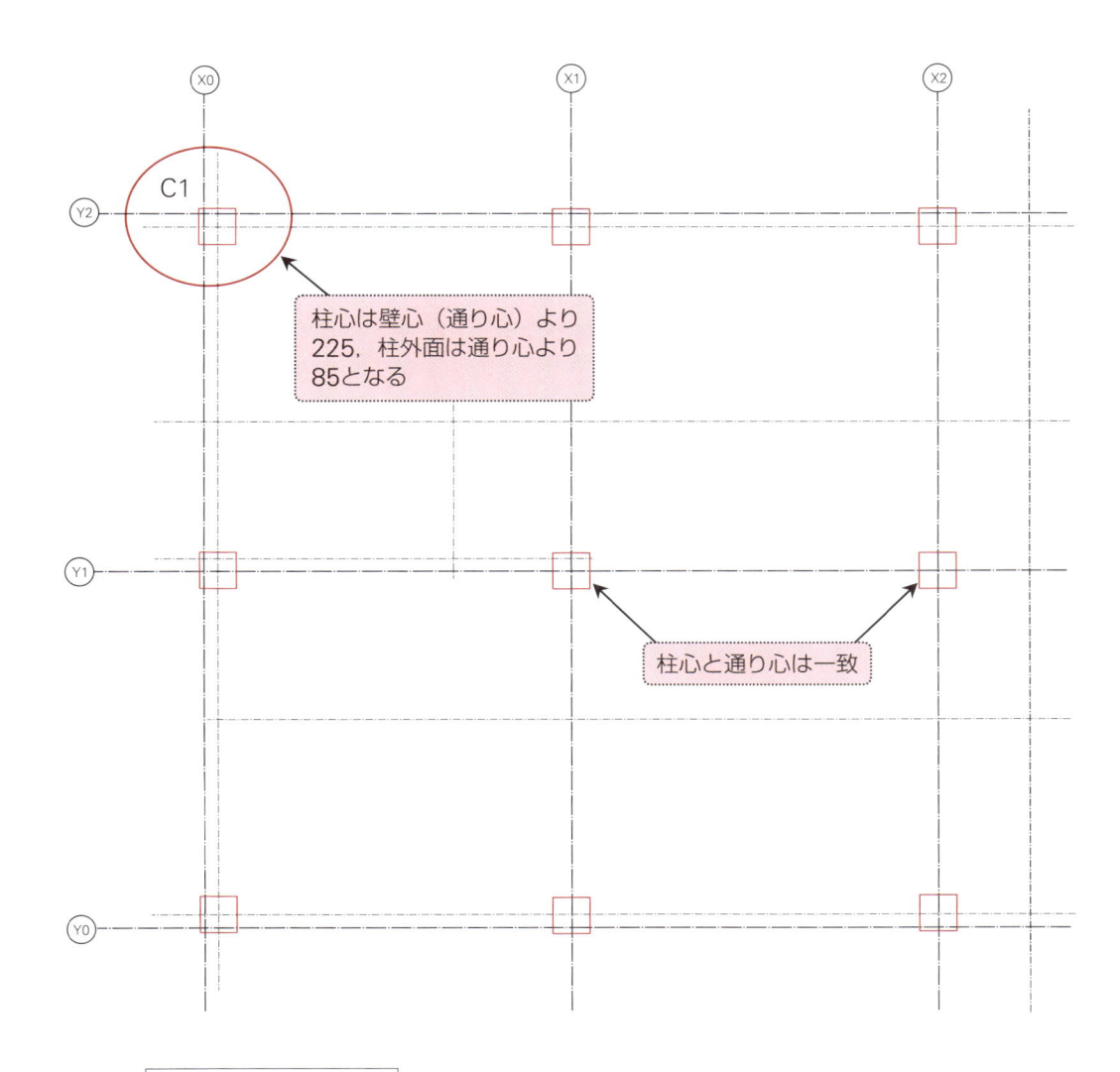

柱心は壁心（通り心）より225，柱外面は通り心より85となる

柱心と通り心は一致

| 作図番号-2　柱の作成図 | 基準階躯体平面図（作図番号-1に，柱を記入した躯体図）

作図のポイント

　外壁は，仕上げの仕様（打放し，タイル張り等）により躯体の増打ち厚が異なる。特にタイル張りの場合は，デザイン面によるタイルの割付けによって，微妙に通り心から外壁面までの寸法や増打ち厚が変わる。

　したがって，事前にタイル割付図を作成して確認しておく必要がある。

(2) 2階床梁の記入

構造図2階伏図および平面詳細図等から，通り心からの振分け寸法を確認し，2階梁リスト 2G1（400×650），B1（300×600）に，外壁に面する梁は増打ちを加えて（410×650）を記入する。

手順-1 構造図2階伏図（p.61）より，梁番号 G1，B1 を調べる。

手順-2 梁リスト（p.63）より，G1 の梁断面 400×650，B1 の梁断面 300×600 を把握する。

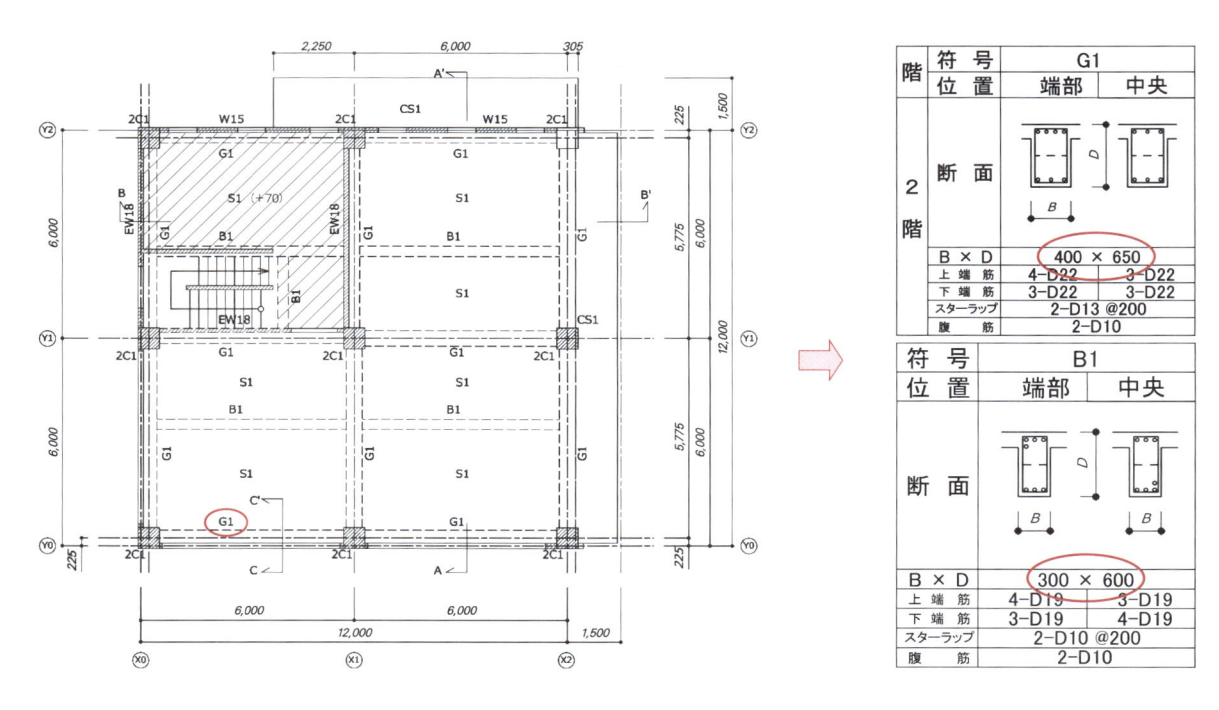

図4・5 2階伏図

図4・6 梁リスト

手順-3 外壁面の増打ち厚 10 を考慮した梁断面 2G1（410×650）を確認する。
手順-4 2階床伏図，詳細図等から，梁幅 410 の通り心からの振分けを 85-325 にして 2G1 を作図する。同様に 2B1 も作図する。

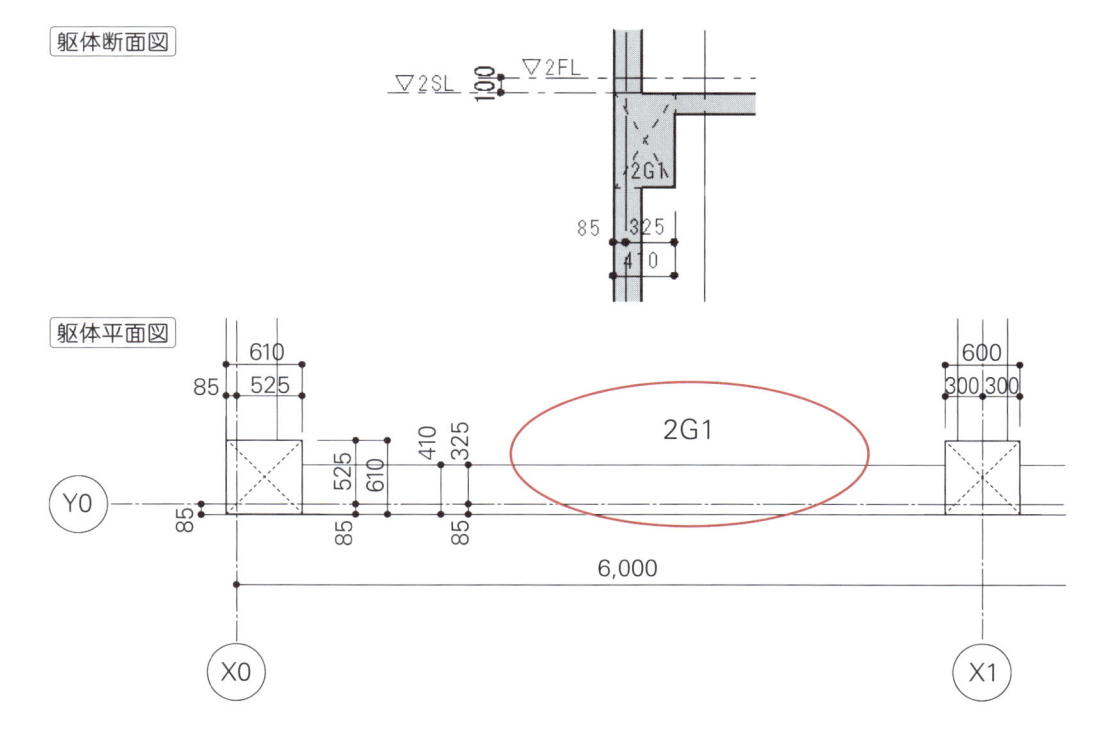

図4・7 2G1 梁図

4・1 基準階躯体図（1階躯体図）

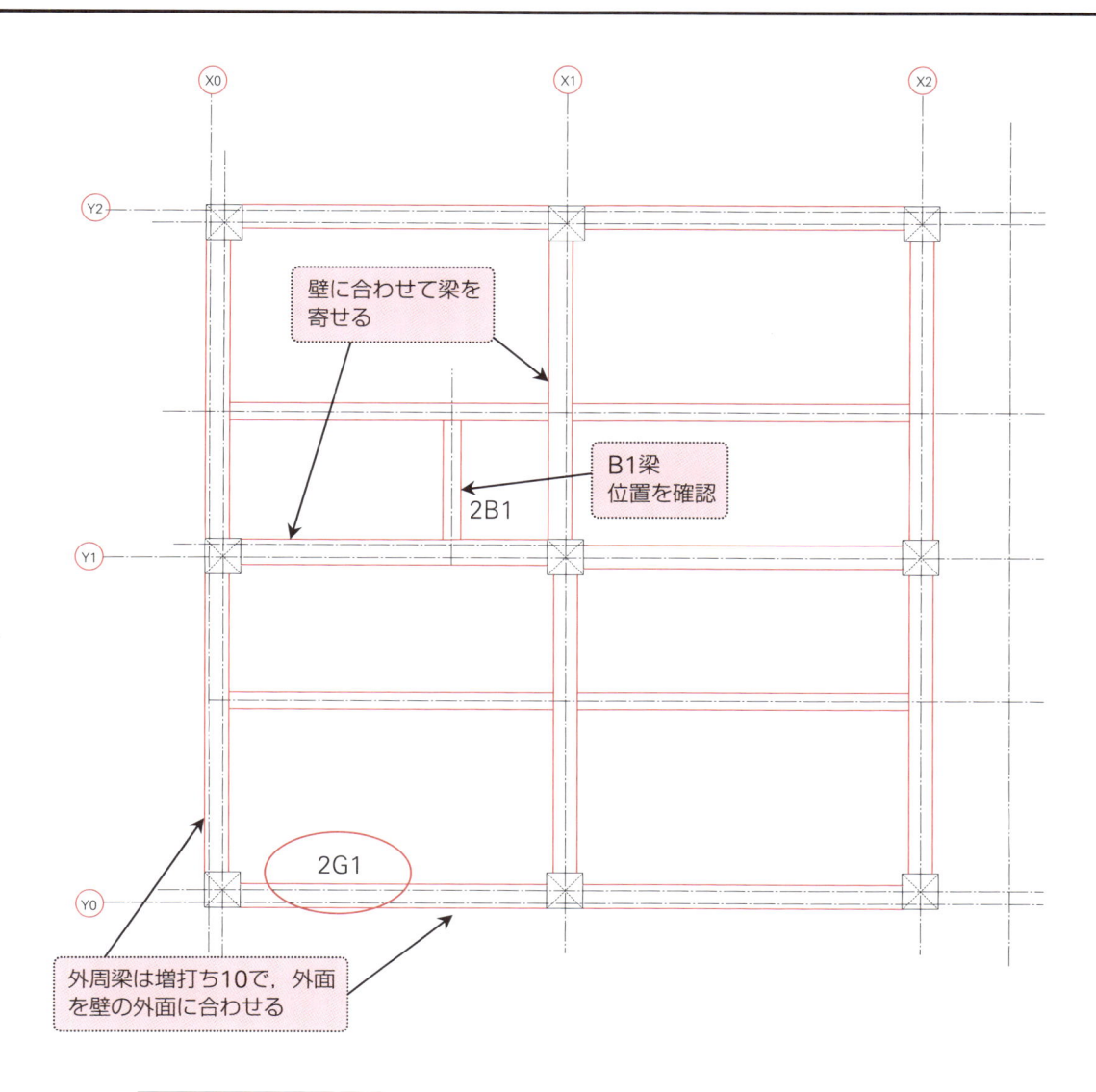

壁に合わせて梁を寄せる

B1梁位置を確認

2B1

2G1

外周梁は増打ち10で、外面を壁の外面に合わせる

| 作図番号-3　梁の作成図 | 基準階躯体平面図（作図番号-2に，梁を記入した躯体図） |

作図のポイント

　梁は構造上，原則的に上下階の壁を受けなければならない。したがって壁面まで梁を寄せるが，場合によっては梁を増打ちすることが必要になる。

　B1は階段受けに必要な梁なので，階段躯体図と照合しながら位置等を確認する必要がある。

90　第4章　コンクリート躯体図の作図の詳細手順

(3) 壁の記入

壁厚は構造図から，壁の配置は平面詳細図から，壁の長さや形状は建具表や開口部の納まりを検討して作図する。

手順-1　1階平面詳細図（p.54）から，壁の配置と寸法を調べる。

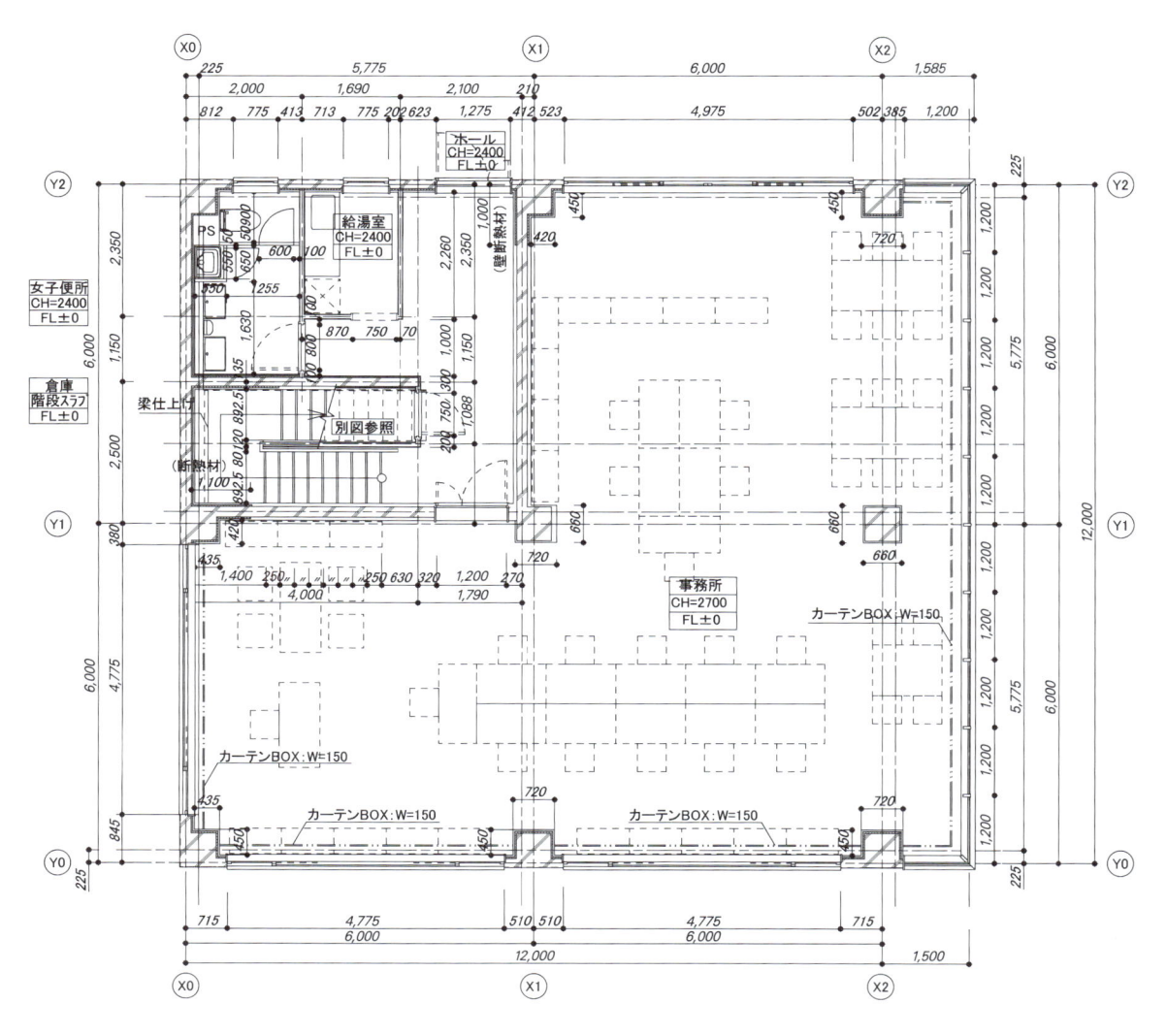

図4・8　1階平面詳細図

手順-2　構造壁リスト（p.63）から，W15の壁厚（150）を把握する（EW18は壁厚180）。外周壁は，増打ちを含め，壁厚160とする。

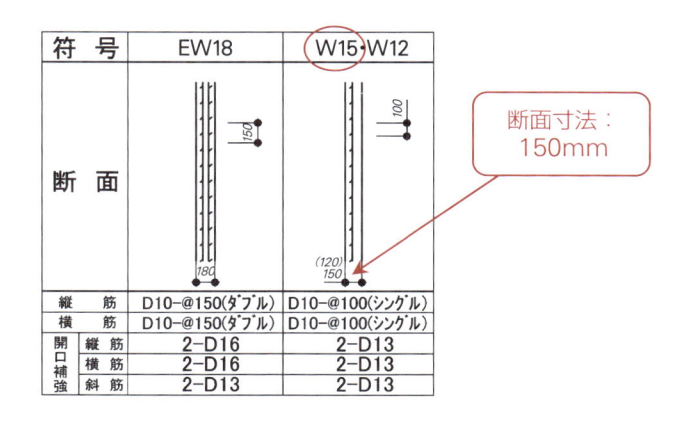

符　号	EW18	W15・W12
断　面		
縦　筋	D10-@150(ダブル)	D10-@100(シングル)
横　筋	D10-@150(ダブル)	D10-@100(シングル)
開口補強 縦筋	2-D16	2-D13
開口補強 横筋	2-D16	2-D13
開口補強 斜筋	2-D13	2-D13

断面寸法：150mm

図4・9　壁断面リスト

4・1 基準階躯体図（1階躯体図）　91

手順−3　サッシ等の開口幅を決定する。

サッシの開口幅は，設計図との整合性や仕上材の納まりなどを検討し，サッシ施工図を参考にして作成する。図4・10のAW-2の場合では，建具表（p.58）からサッシ幅は775 mm，これに左右のチリ寸法（p.31）15 mm×2を加えて，壁の開口幅は805 mmとなる。

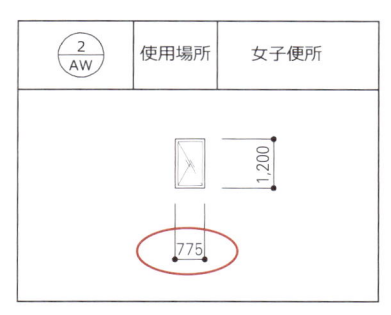

図4・10　建具表

平面詳細図

図4・11　サッシ開口部壁　平面詳細図

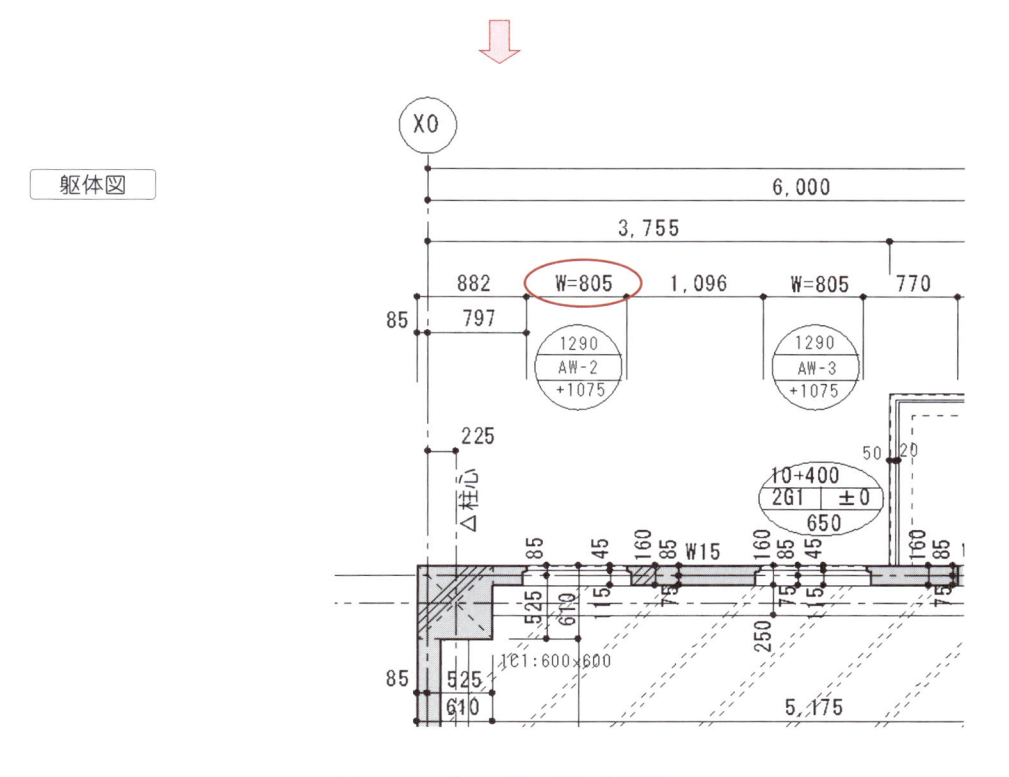

躯体図

図4・12　サッシ開口部壁　躯体図

手順－4　同様に，内部の開口幅も仕上げを考慮し決定する。
　　　　SD-2 を例に説明する。SD-2 の幅は建具表（p.58）から，1,200 mm である。SD の枠の厚みは一般的に 40 であり，これに取付代 30 を加えて，1,200＋(40＋30)×2＝1,340 が躯体の開口部幅となる。

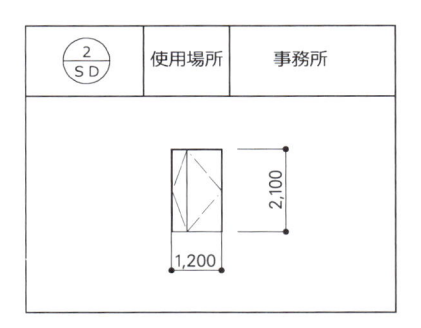

図 4・13　建具表

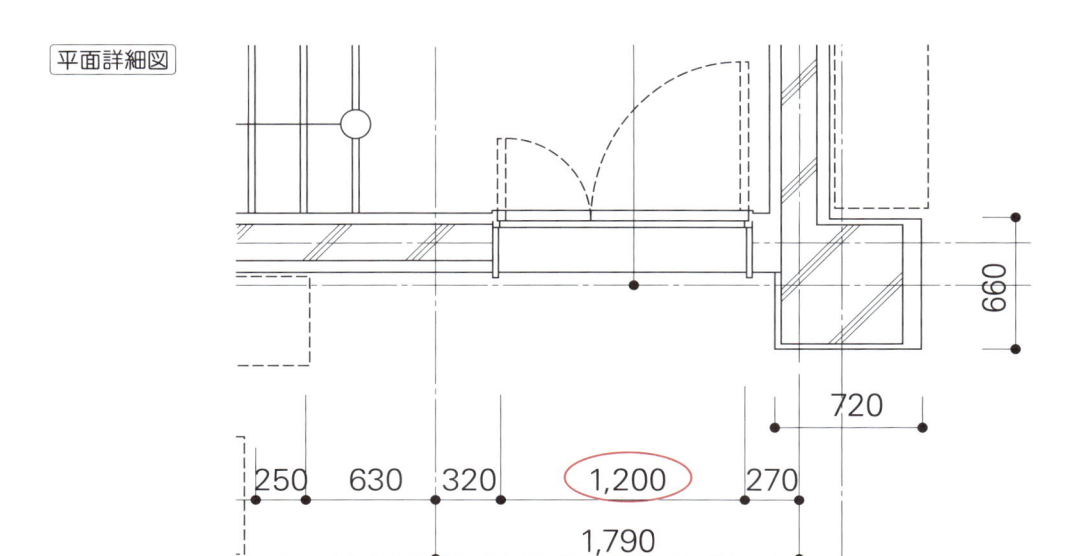

図 4・14　SD 開口部壁（平面詳細図）

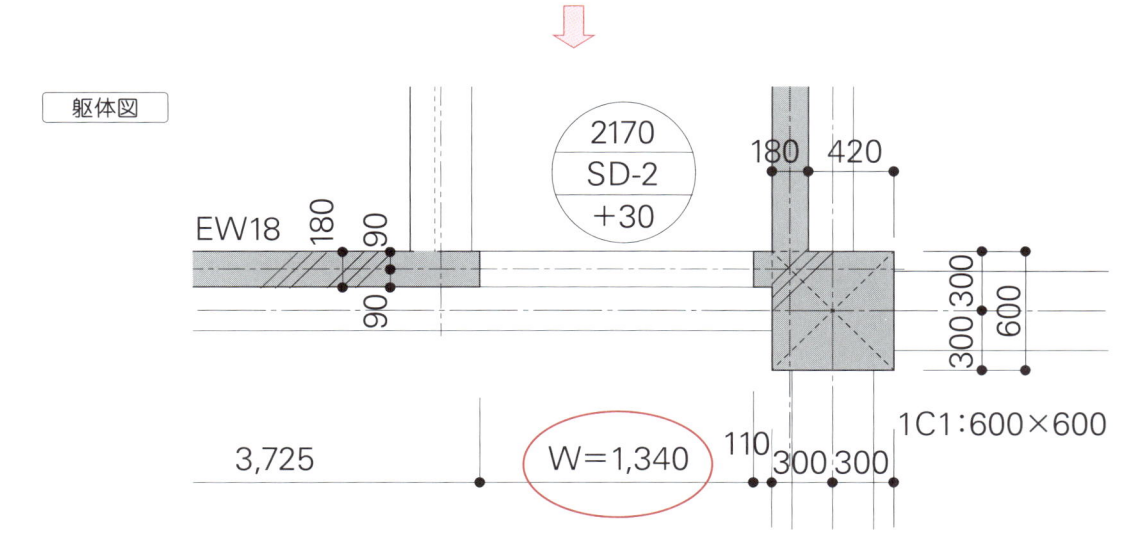

図 4・15　SD 開口部壁（躯体図）

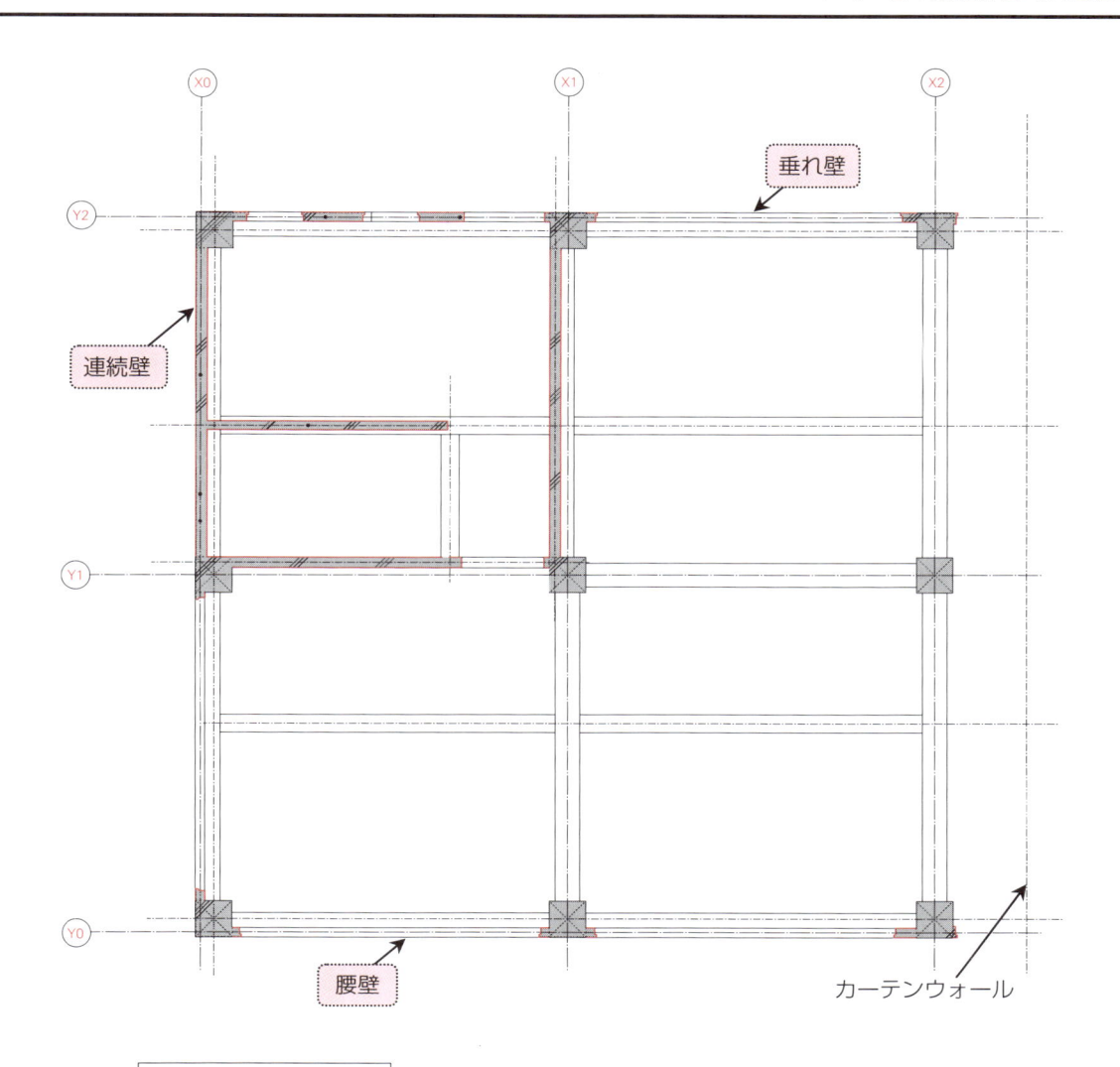

4・1 基準階躯体図（1階躯体図）　93

|作図番号-4　壁の作成図| 基準階躯体平面図（作図番号-3に，壁を記入した躯体図）

作図のポイント

　壁の作図にあたっては，切断面の壁以外の開口部にある垂れ壁や腰壁の位置についても記入する。

　開口部の位置や寸法については，平面詳細図や矩計図だけでなく，立面図や展開図で確認するとともに，建具幅と躯体の取付けに必要なチリ寸法の関係については，サッシ製作図等でも確認する必要がある。

(4) 2階スラブの記入

構造図1階伏図（p.61）とスラブリスト（p.63）を参照し，2階スラブS1（厚さ150），庇および東面の床CS1（厚さ180）を記入する。

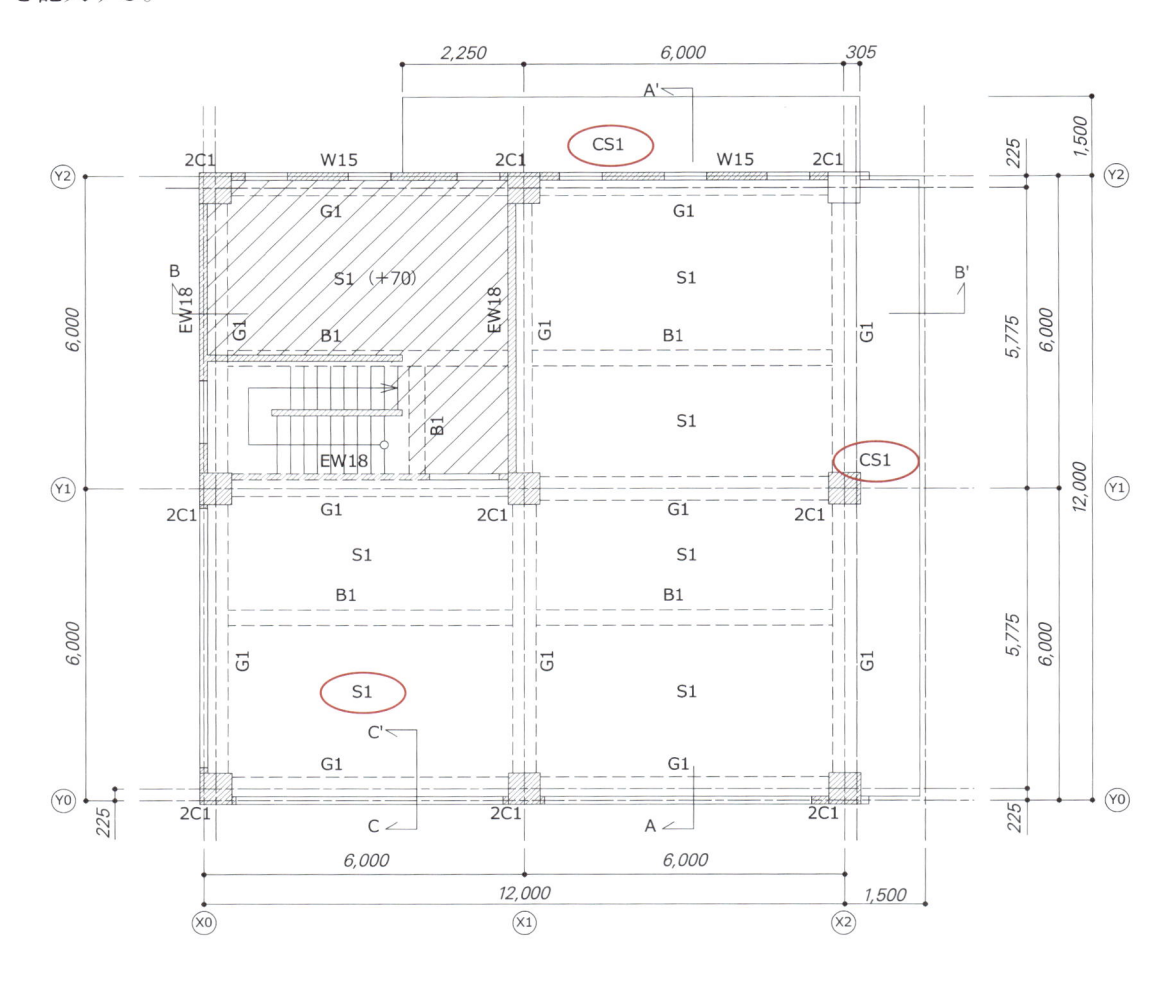

図4・16　2階伏図

躯体外壁面からの庇の出寸法は，2階平面詳細図（p.55）のY2通りからの出寸法1,500から躯体外壁までの85と仕上代5を差し引いた値の1,410となる。（p.24 図2・23参照）。

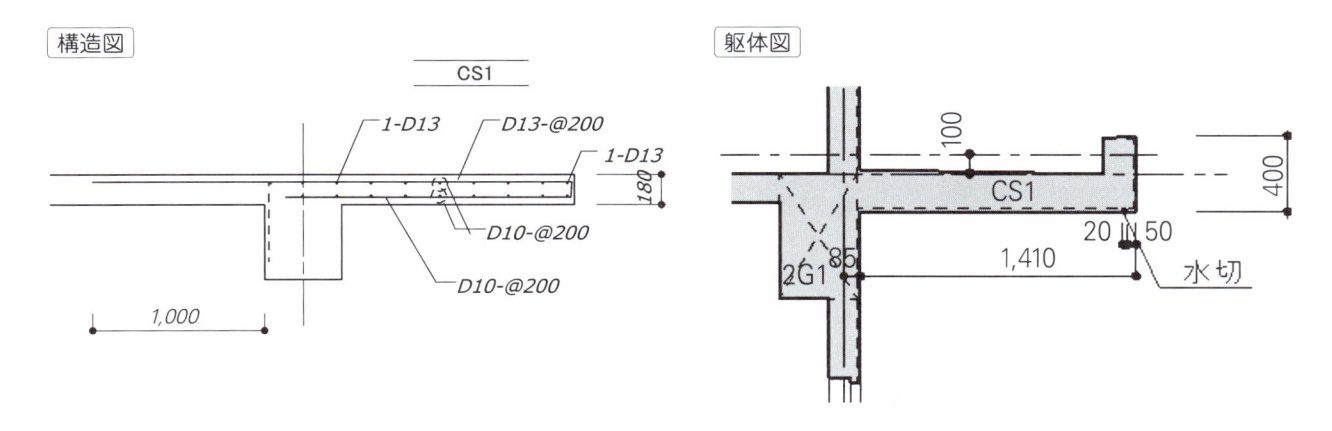

図4・17　CS1スラブの構造図スラブリストと躯体図

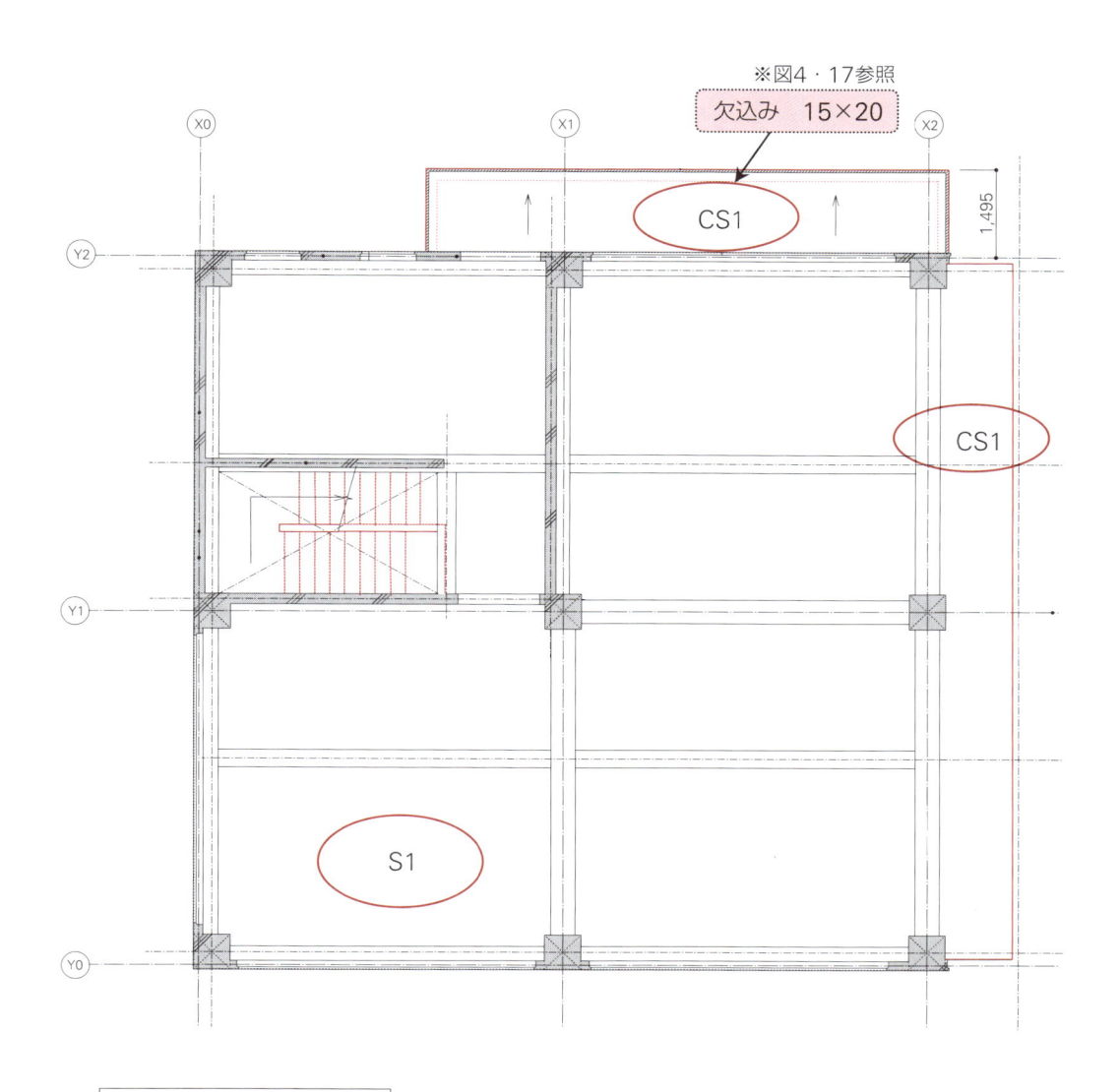

4・1 基準階躯体図（1階躯体図）　95

※図4・17参照
欠込み　15×20

| 作図番号-5　スラブの作成図 | 基準階躯体平面図（作図番号-4に，スラブを記入した躯体図） |

作図のポイント

CS1の出寸法，勾配，排水溝や目地などの欠込寸法を正確に把握する。

躯体欠込みの場合には，構造上の必要断面が欠損しないように注意する。

階段については，別途詳細図を作成するので，平面図では位置が分かる程度の表現でよい。

(5) 寸法の引出し線・寸法線・寸法の記入

寸法の引出線と寸法線を用い，柱・梁・壁の断面寸法と通り心からの寄り寸法を記入する。開口部には幅（W）を，スラブは梁間の寸法を記入する。

寸法は小さいものから大きいもの，かつ内側から外側に向かって記入する。

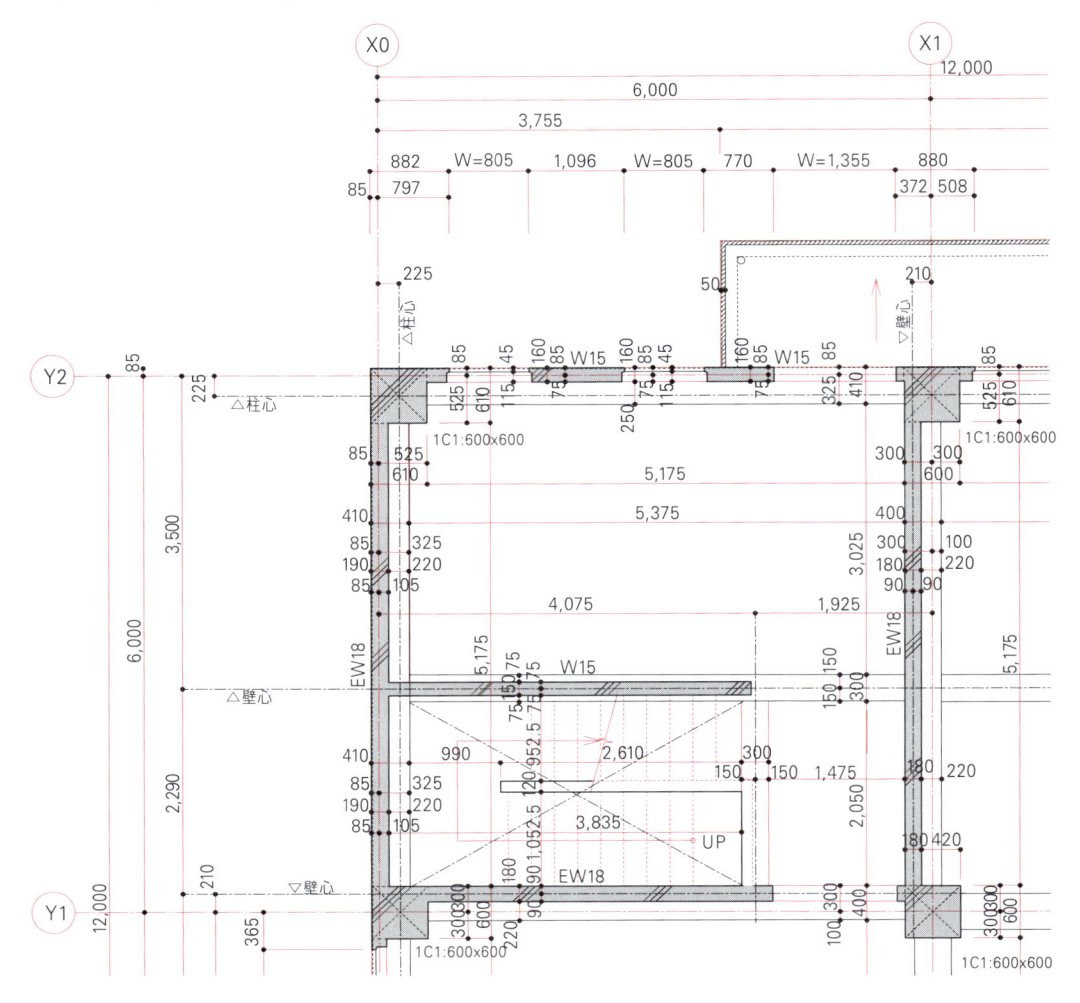

作図番号-6 寸法・寸法線の記入

(6) 詳細記号の記入

柱・梁・壁・スラブの各記号，開口記号を凡例記号のルールにしたがって記入する。

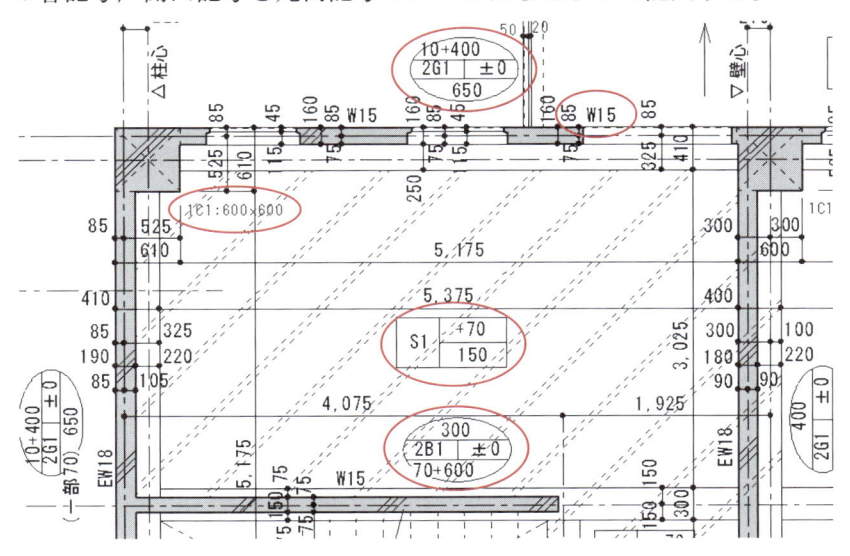

作図番号-7 詳細記号の記入

4・1・4 断面図の作成

断面図は，基準高さ（階高，FL，SL），部材断面（柱，梁，スラブ，壁）の寸法のほかに，開口部および階段の位置や寸法を，矩計図等を参考に作図する。

(1) 床高さの設定

1～2階の仕上床（FL）の階高寸法は，矩計図（p.56）から3,600になっている。1SL～2SLの階高寸法は，1階の床仕上代が30（フローリング＋セルフレベリング）を加え，2階の床仕上代の100を引くと3,530（3,600＋30－100）となる。

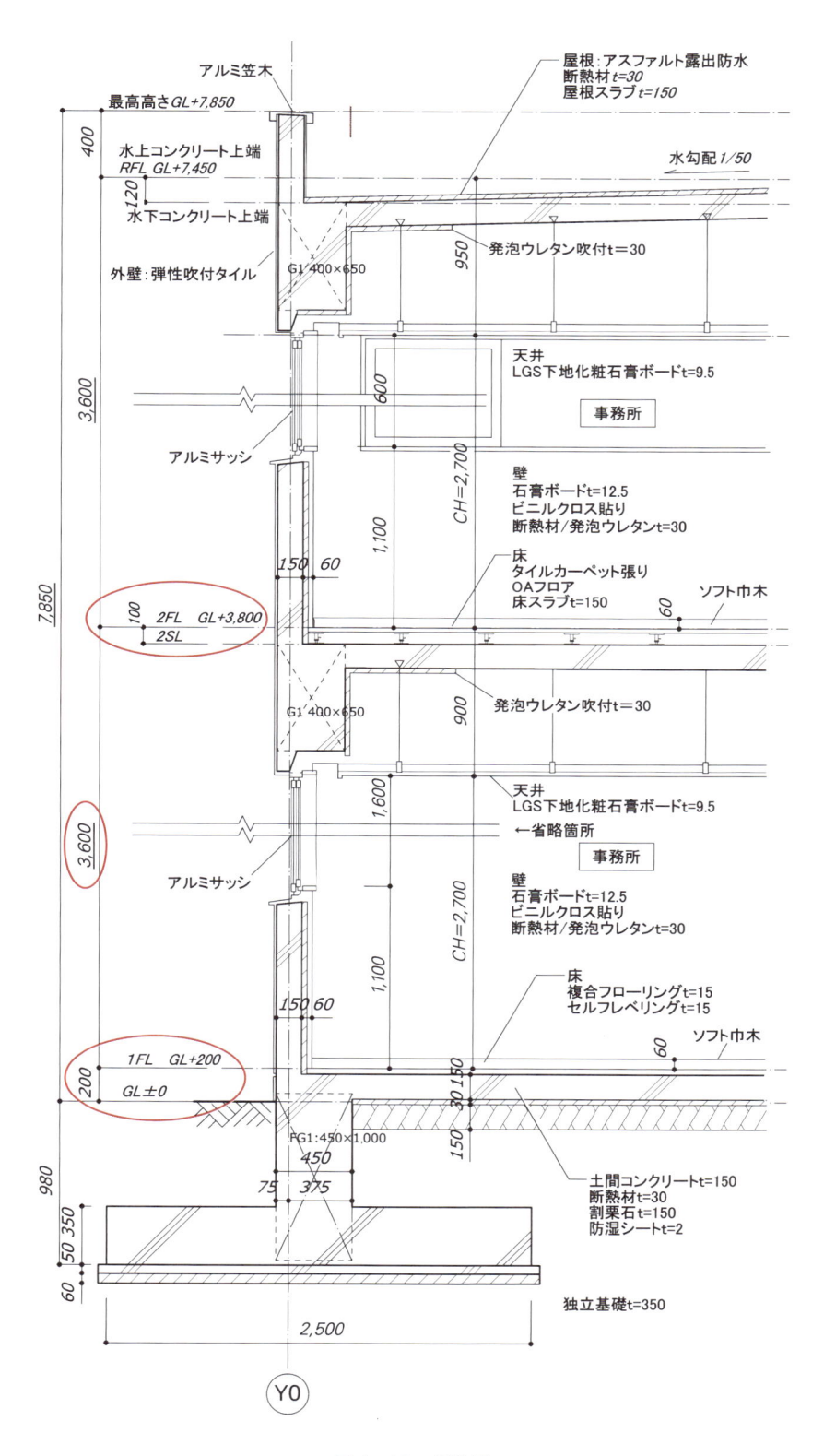

図4・18 矩計図

98　第4章　コンクリート躯体図の作図の詳細手順

(2) 1, 2階床の基準高となるSL, FLを一点鎖線で記入する。(a-a'断面図)

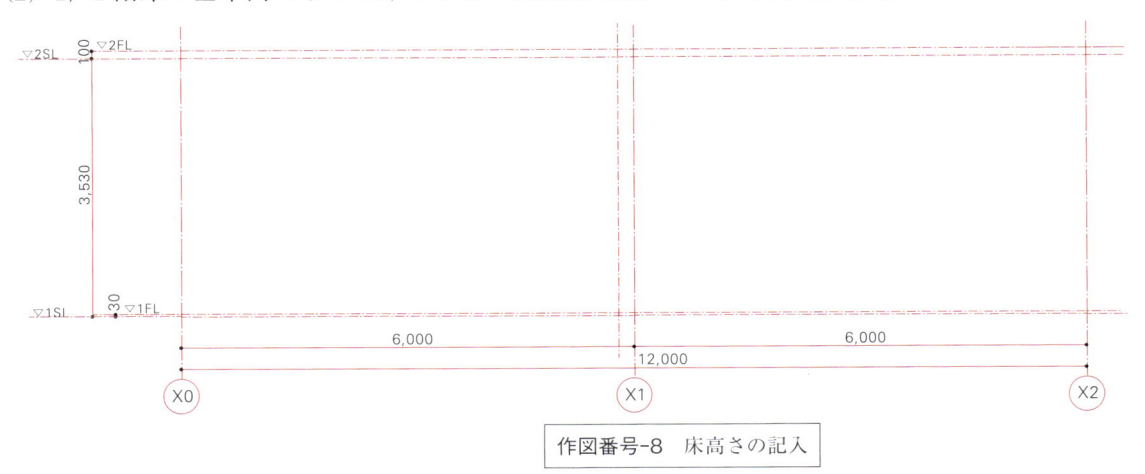

作図番号-8　床高さの記入

(3) 平面図作成時に調べた各部位断面寸法と位置を基に，スラブ，柱，梁，壁を記入する。

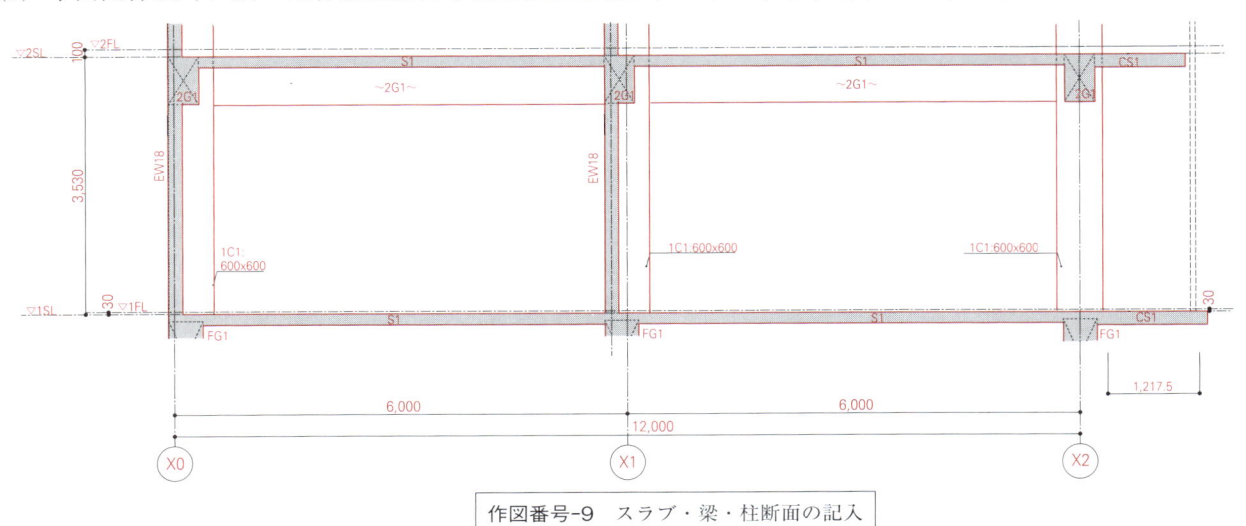

作図番号-9　スラブ・梁・柱断面の記入

(4) 断面部分の切取った先に見える展開部（開口部等）を，躯体平面図を確認しながら順に記入する。

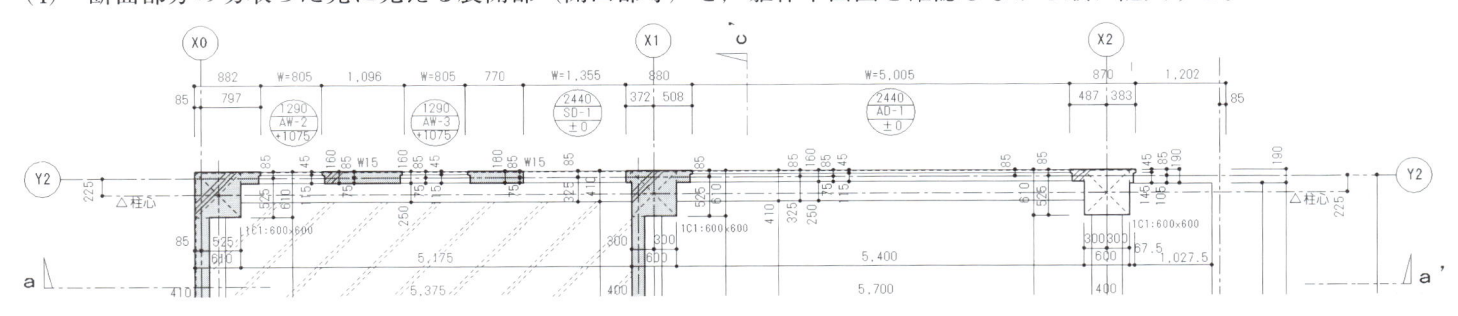

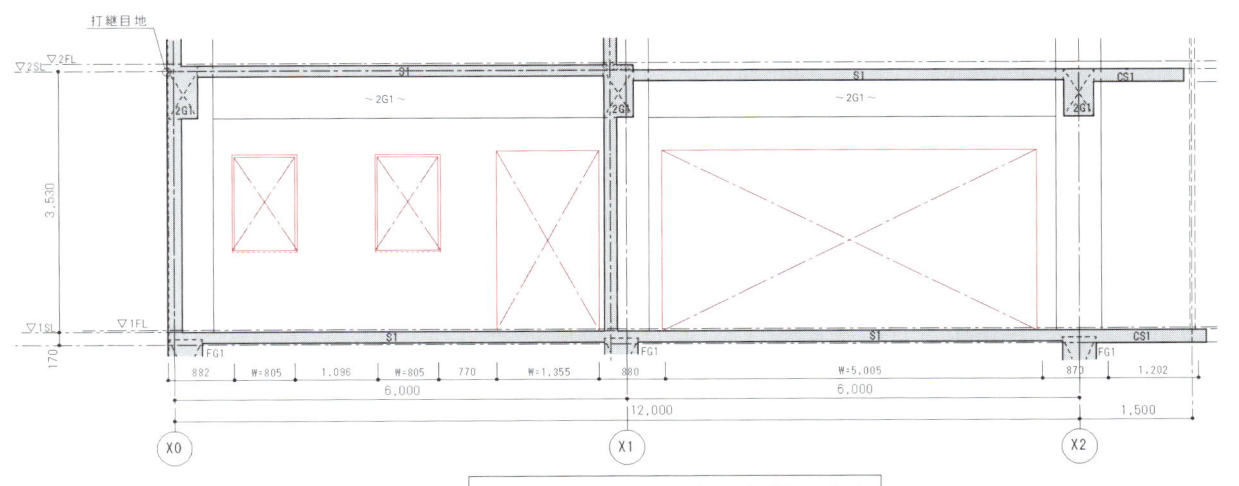

作図番号-10　展開部（開口部等）の記入

（5）階段部断面の記入

階段躯体図から，踏面の幅寸法および蹴上げ寸法を把握し，階段断面を記入する。

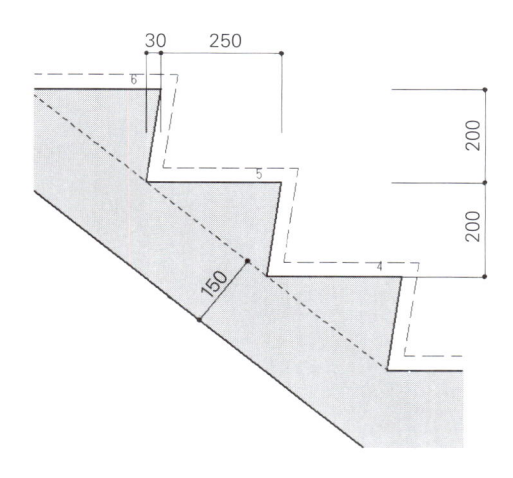

図4・19　階段断面寸法

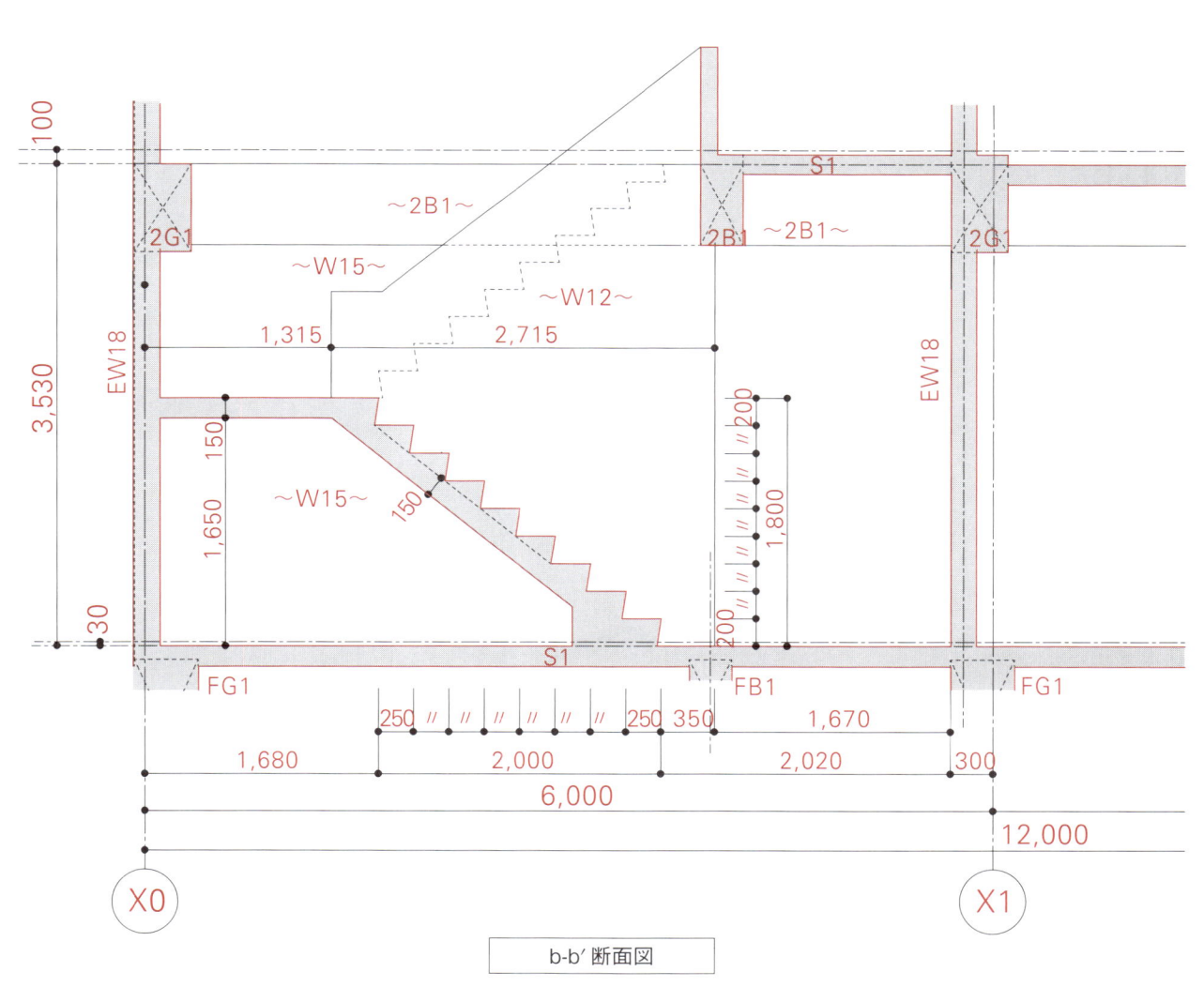

b-b′断面図

作図番号-11　階段断面図の記入

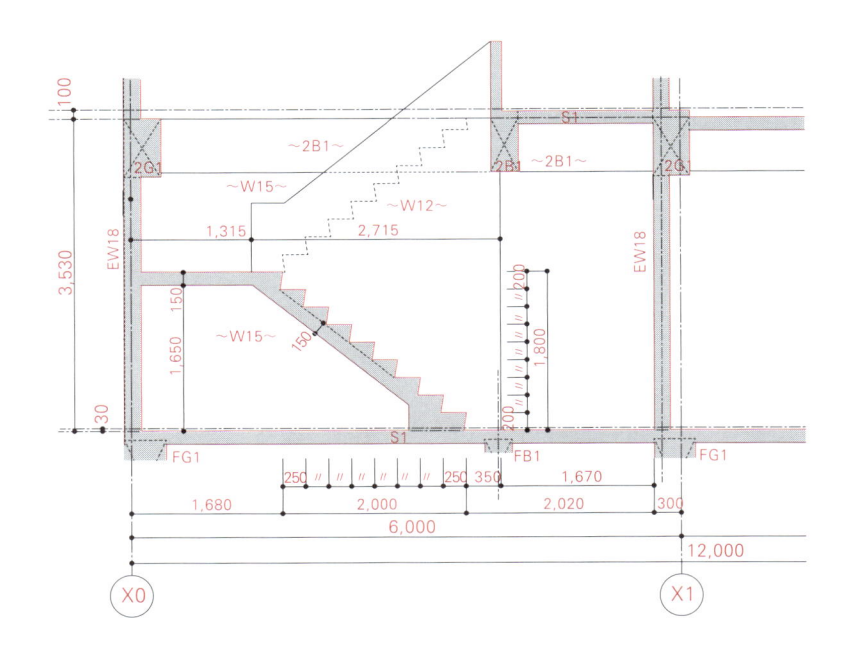

作図番号-12　b-b′階段部断面図

(6) 寸法の引出し線・寸法線・寸法の記入

断面図には，柱・梁・壁・スラブの断面寸法と基準線となる 1SL，1FL からの高さを記入するとともに，展開開口部の高さ（H）を記入する。

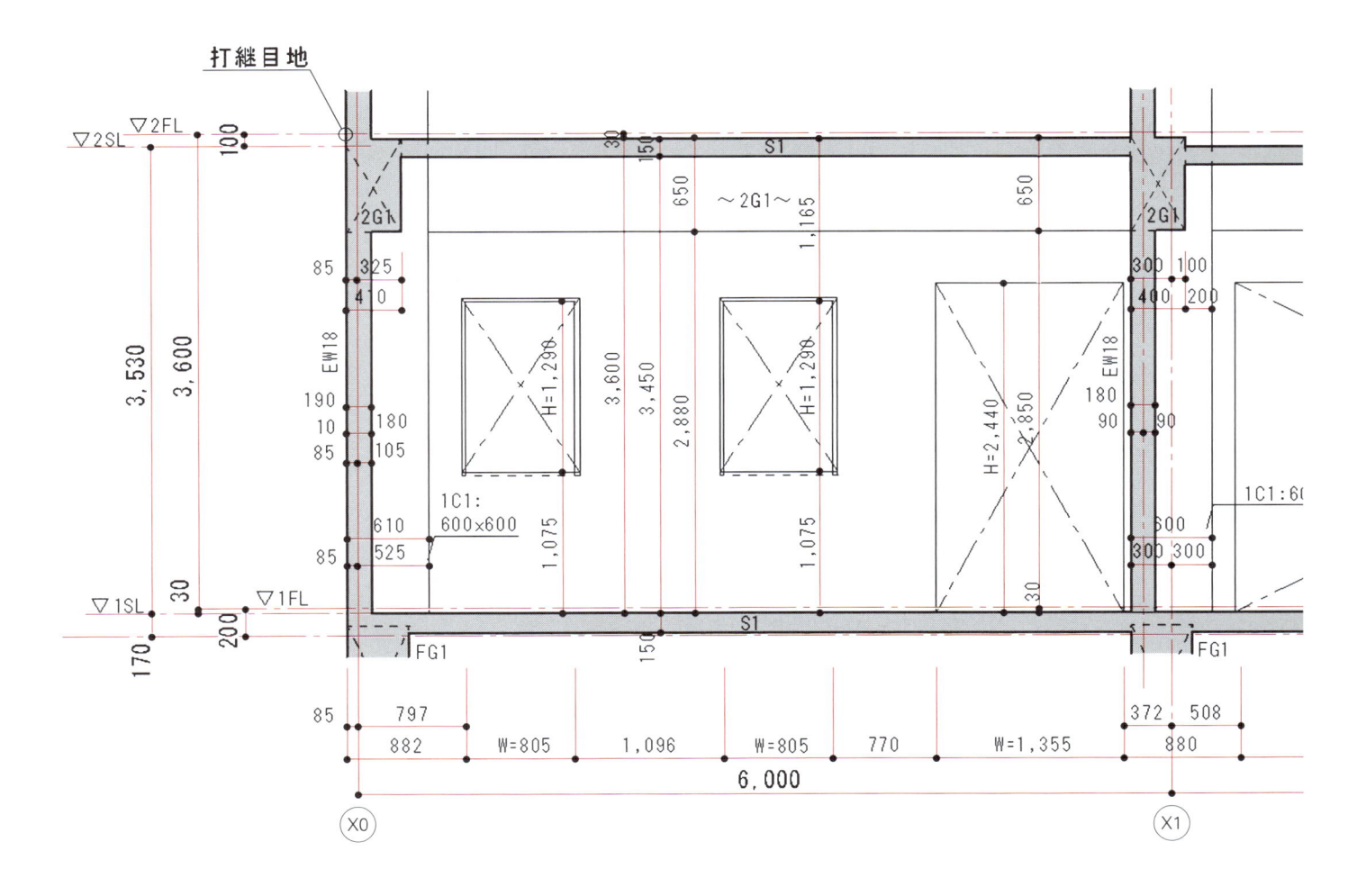

作図番号-13　寸法・寸法線の記入（断面図）

(7) 詳細記号の記入

柱・梁・壁・スラブの各記号，開口記号を凡例記号のルールにしたがって記入する。

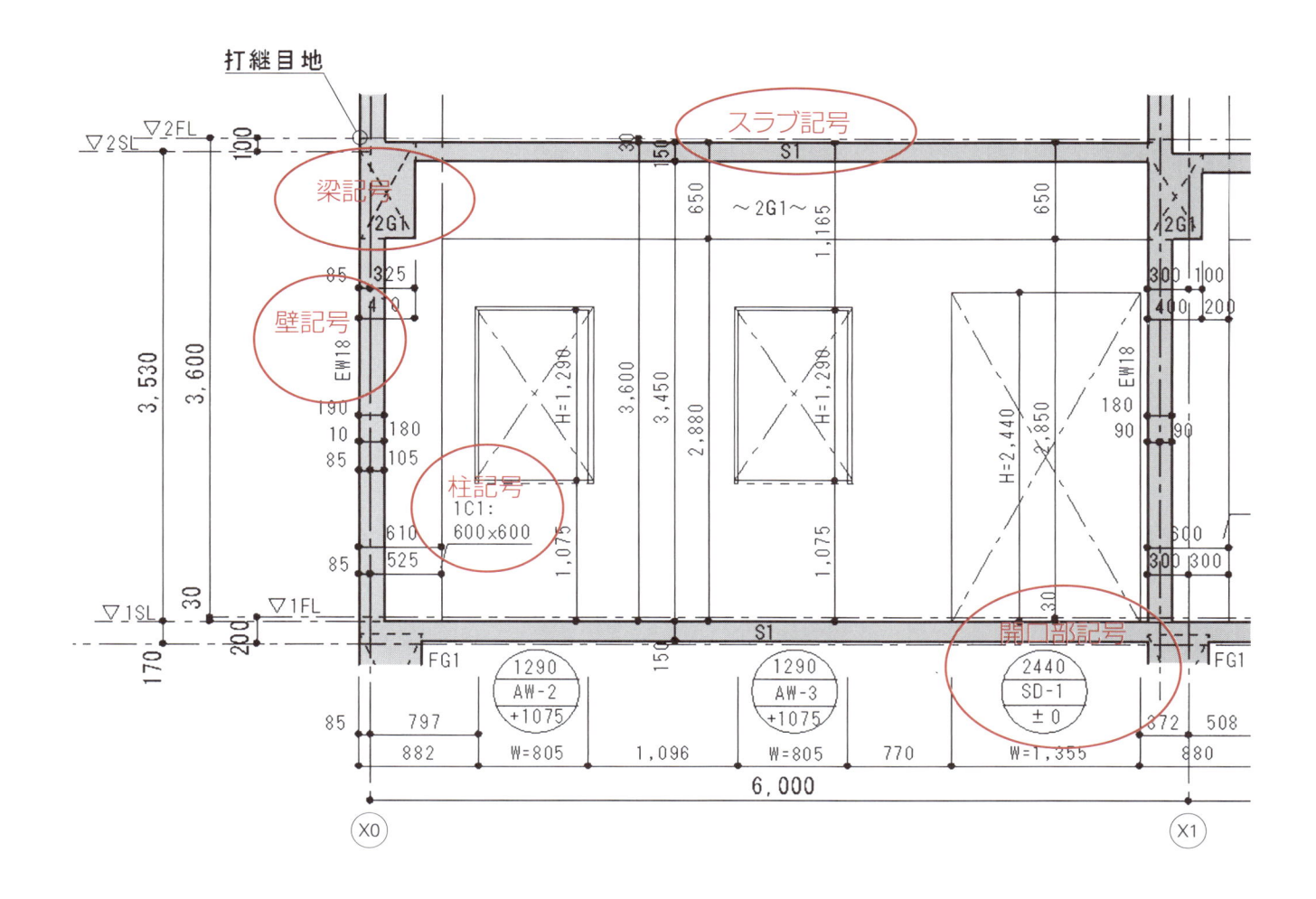

作図番号-14　詳細記号の記入例（断面図）

4・1・5　作図後のチェック

1) 施工方針との照合と修正，補足
   ・開口部採光面積等，施工図作成時の調整が，法的規制に合致していることを確認する。
   ・躯体の欠込み等が，構造上の必要断面を確保出来ていることを確認する。
2) 図面の内容確認
   ・図面間（意匠図，構造図，設備図，特記仕様書）の食い違いがないことを確認する。
   ・法的な制約がクリアされていることを確認する。
   ・各部位の構造記号，寸法の加減計算チェックに間違いがないことを確認する。

4・2 タイル割付図（45二丁掛けタイル張りとした場合）

4・2・1 タイル割付図のレイアウト

平面図は，1/50で1階，2階を1枚ずつA2判の用紙にレイアウトする。平面図と同じ用紙の中に詳細図，凡例等も記入する。立面図も1/50でA2判の用紙1枚に立面1面を描く。建物の規模によっては用紙をA1判にすることもある。また階数が多い場合には縮尺を1/100にしたり用紙を縦に使ったり，途中階を省略したりして工夫する。

また，サッシ廻り，ベランダの下端・天端の納まり等の詳細図は1/10～1/20で描く。

4・2・2 平面の割付け

45二丁掛けタイル，通し目地を例に割付けを行う。

最初に建物全体の幅長さでタイルを割付ける。Y0～Y2の寸法は12,000 mm，躯体の心から外面まで75 mm，タイルの厚さ＋張付モルタルの厚さ12.5 mm，これらの全ての寸法を加えると，12.5＋75＋12,000＋75＋12.5＝12,175 mmとなる。

これに対してタイル割付寸法は，

役物タイル45＋平95×121枚＋目地5×122本＋役物45＝12,195 mmとなる。

この20 mmの不足寸法を躯体の増打ちで調整する。

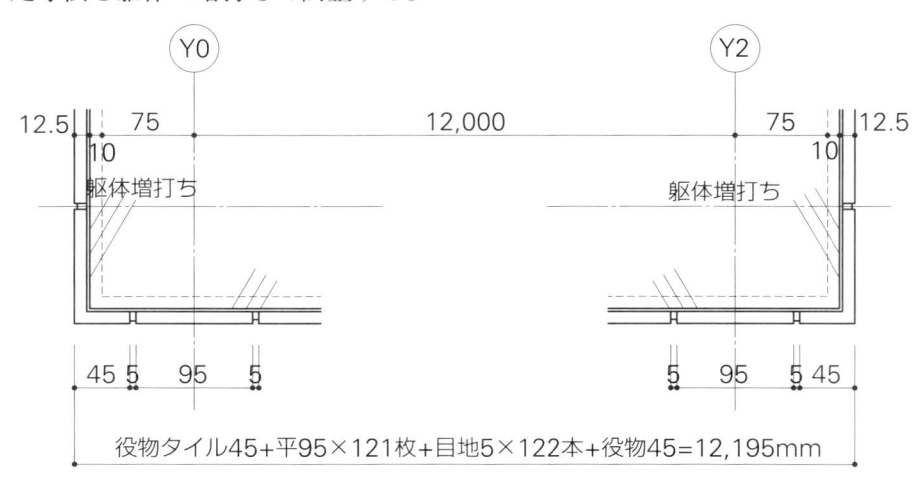

図4・20 平面の割付け

4・2・3 開口部の平面の割付け

全体の割付けが決定したら，次に開口部の割付けを行う。開口部は全体のタイル割付けに合わせてバランスを取りながら位置・大きさを決めていく。開口部の詳細は，図4・21のようになる。

例えば，設計図の開口寸法（サッシW）が800 mmの場合，タイル割に合わせると，

タイル開口（W）＝805 mm（平95×8枚＋目地5×9）となり，施工図でのサッシWは775 mmとなる。

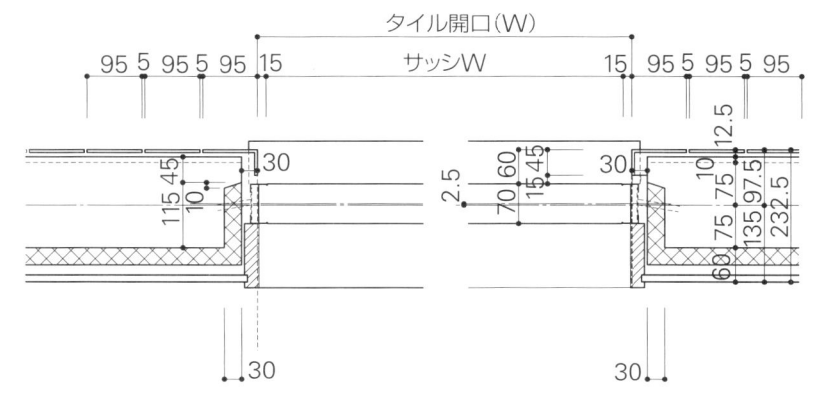

図4・21 開口部の割付け（平面）

4・2・4 高さ方向の割付け

高さ方向のタイル割付けは，各階のスラブ間の寸法をタイル割に合わせることから始める。

コンクリートは各階で打ち継いで上がっていくので，打継ぎ部分には躯体目地を設け，止水のシールをする。したがって，タイル目地もこの躯体目地位置に一致させて設ける。その目地幅を 15 mm に設定し，スラブとスラブの間でタイルを割付けていく。

モデル建物では，1SL から 2SL の高さは 3,530 mm，タイル割りに合わせて打継ぎ目地を考慮すると 3,510 mm となり，20 mm 階高を詰める必要がある。

2SL と RSL 間ではパラペットの立ち上りコンクリートを 2 階コンクリートと一体に打設するので，打継ぎ目地は不要となる。したがって，階高は設計図通りの寸法でよい。パラペット天端は，笠木が被るのでタイル割りは不要となる（図 4・23）。

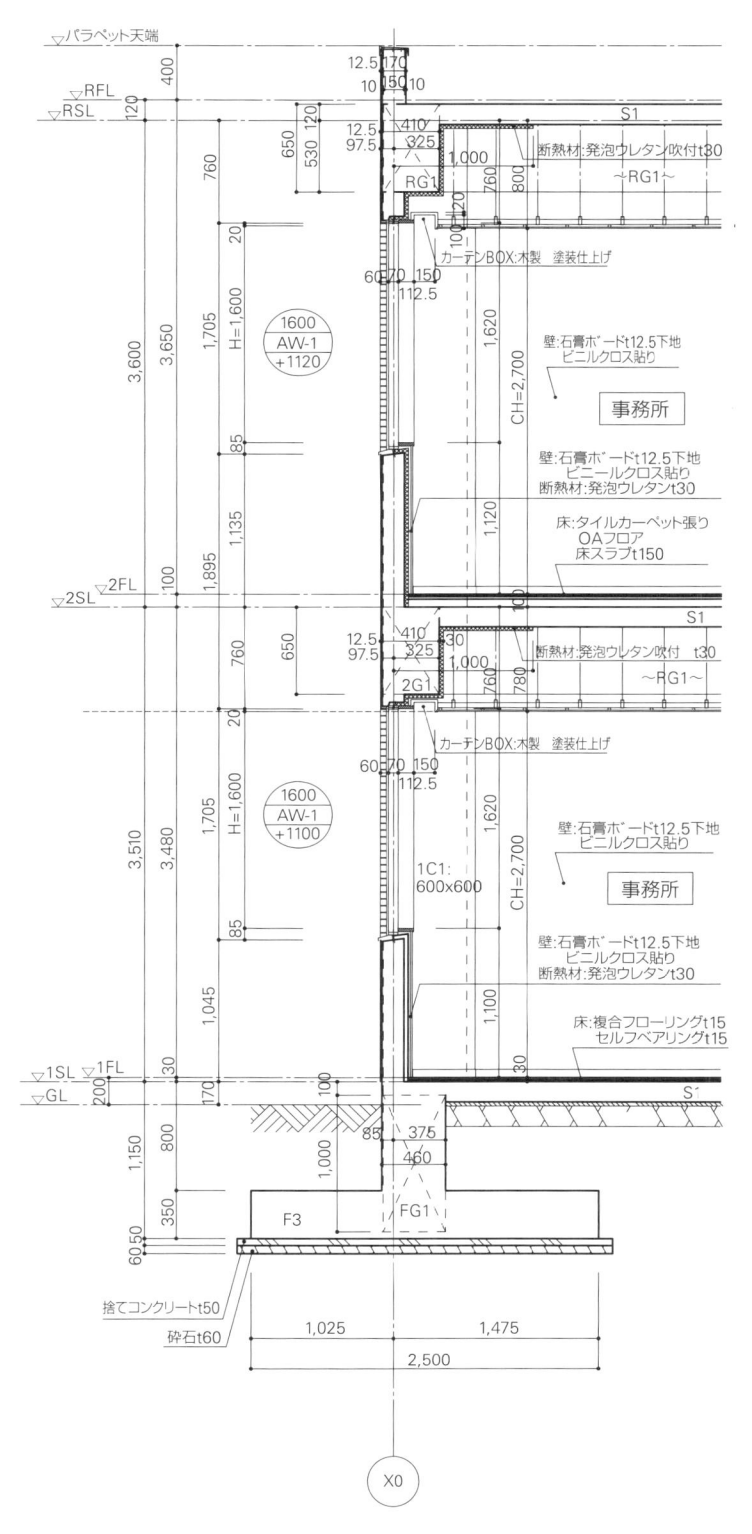

図 4・22　高さ方向の割付け

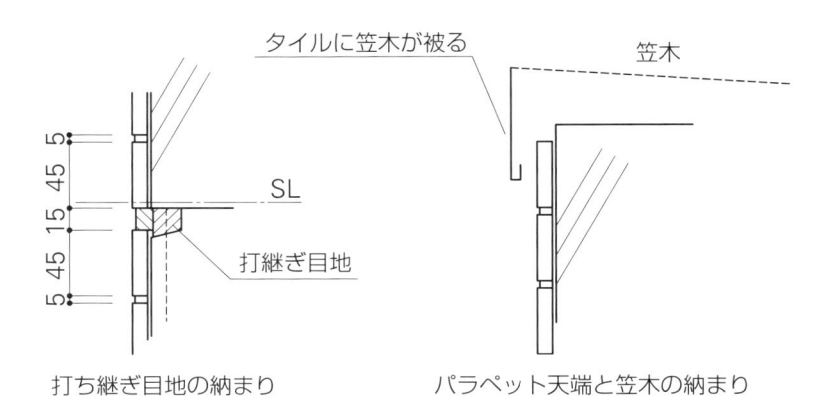

図4・23 スラブ打継ぎ，パラペット天端詳細図

4・2・5 開口部の高さ方向の割付け

階高全体の割付けが決定したら，次に開口部の割付けを行う。高さ方向の開口部の割付けは，外壁としてのバランスのほか，室内の床からの高さや天井との取り合いも検討する。

開口部の詳細は図4・24のようになる。

タイル開口寸法は，

　上端チリ20 mm＋サッシH寸法（800）＋下端水切寸法85 mm＝905 mm（タイル開口H）

となる。タイル割に合わせると，設計図の開口寸法（サッシH）が800 mmの場合，905 mm（45×18枚＋目地5×19）となり，施工図でのサッシHは800 mmとなり設計図通りとなる（水切寸法は，サッシの形状により違うので，その都度確認が必要である）。

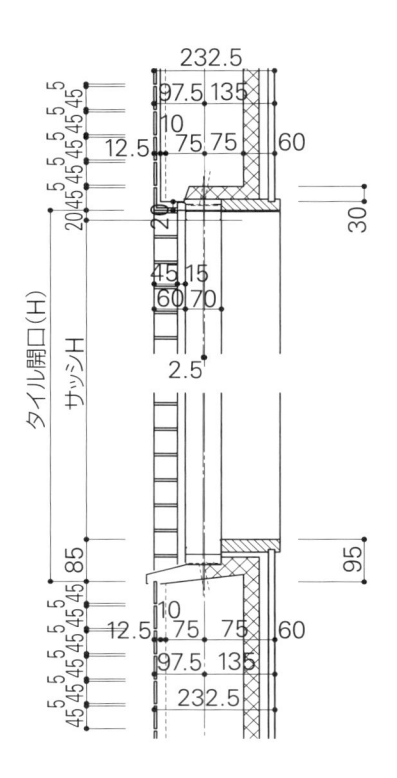

図4・24 開口部の割付け（高さ方向）

4・2・6 完成図

タイル割付図（平面図・立面図）の例を，図4・25，図4・26に示す。

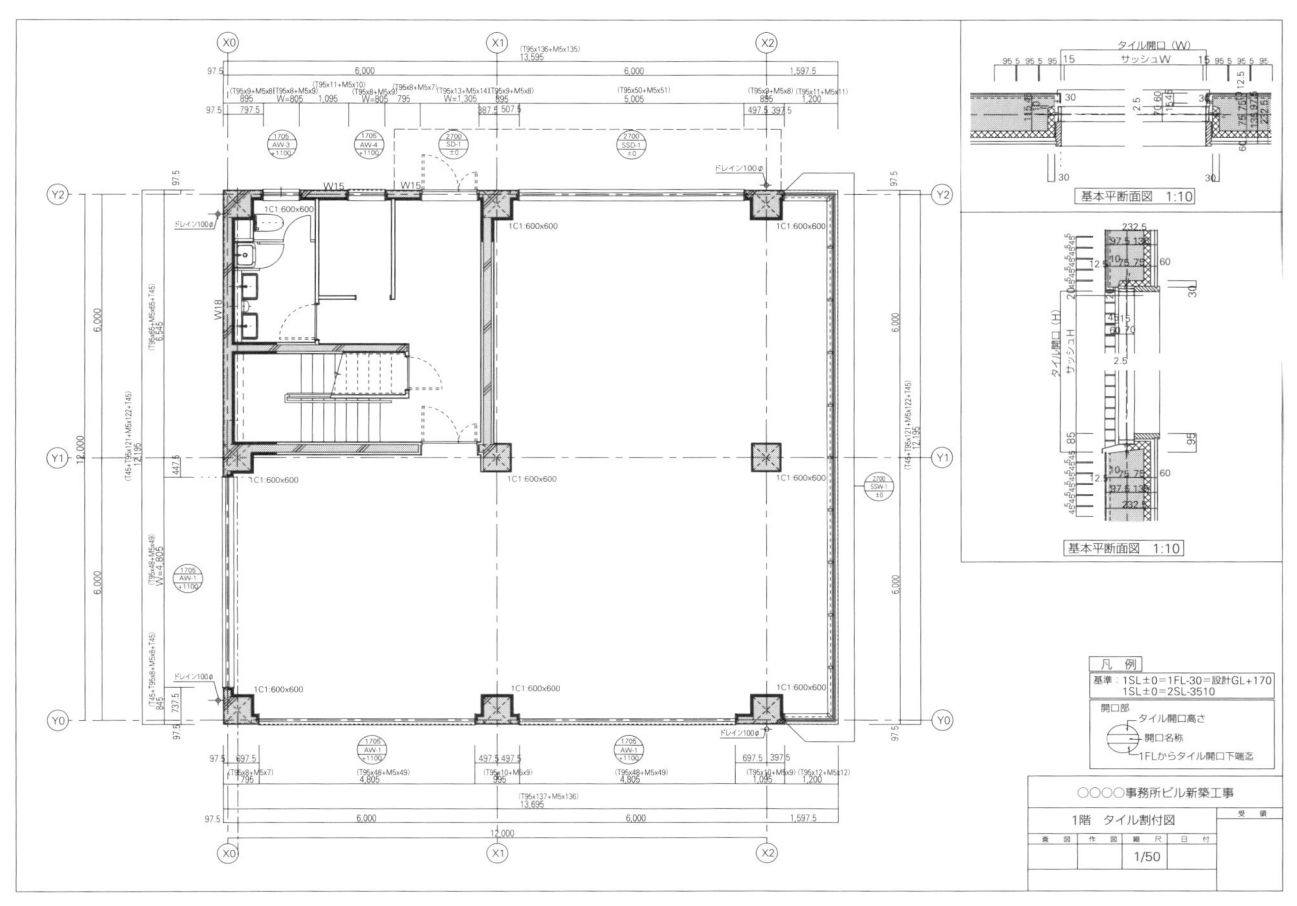

図4・25 タイル割付図（平面図）

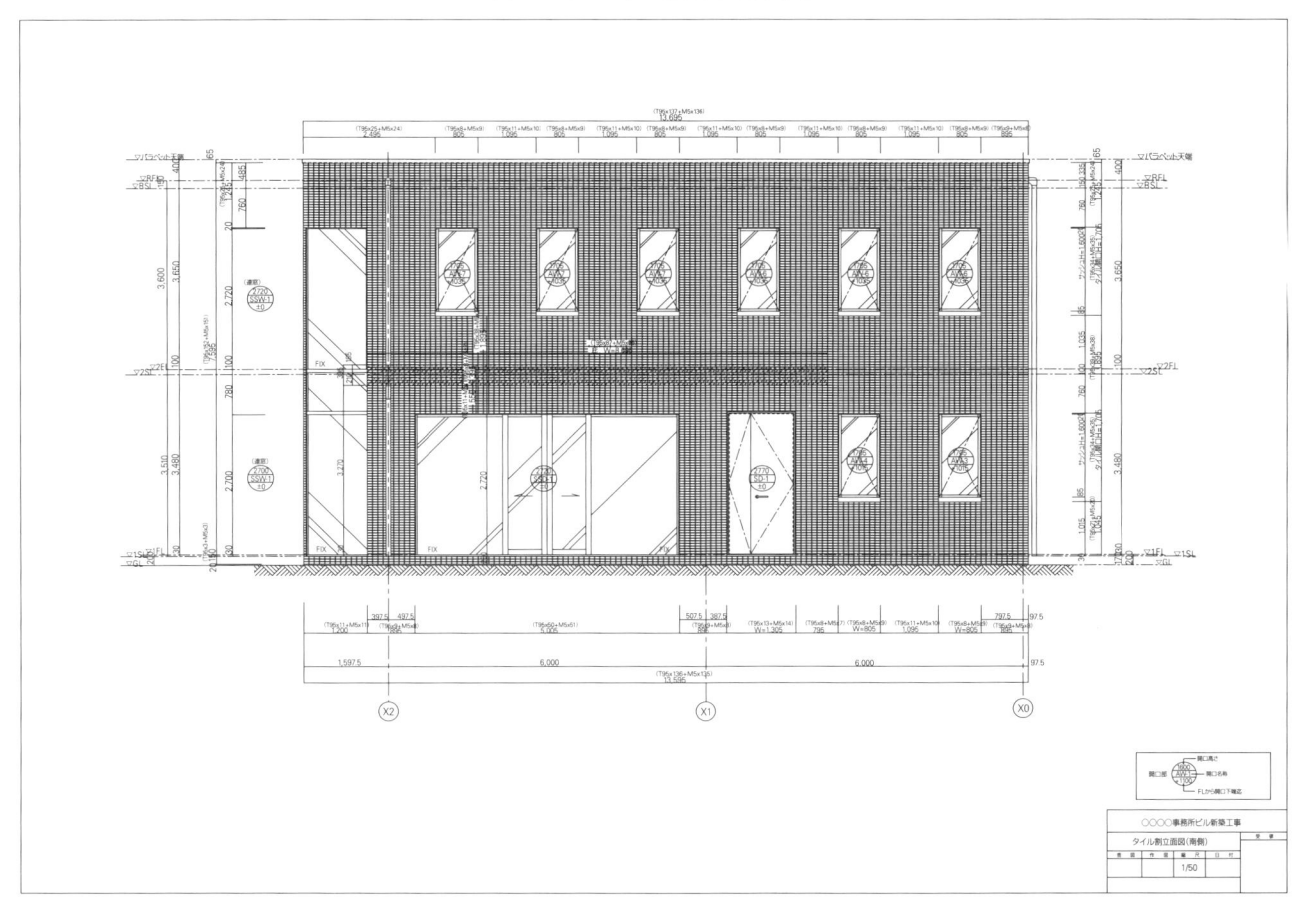

図4・26 タイル割付図（立面図）

索　引

【あ】
アルミサッシ …………………………………… 31

【い】
意匠図 …………………………………………… 5

【う】
打継ぎ目地 ……………………………………… 36

【え】
エレベータシャフト …………………………… 47
FL ………………………………………………… 14
SL ………………………………………………… 14

【お】
屋上階躯体図 …………………………………… 75

【か】
開口部の高さ方向の割付け …………………… 104
開口部の平面の割付け ………………………… 102
外装タイル ……………………………………… 26
階段躯体図 ……………………………………… 80
階段詳細図 ……………………………………… 57
階段躯体図作成時の確認事項 ………………… 80
階段部断面の記入 ……………………………… 99
矩計図 …………………………………………… 56
壁 ………………………………………………… 20
壁の設備開口 …………………………………… 44
完成図 …………………………………………… 105

【き】
基準線 …………………………………………… 14
基準階躯体図 …………………………………… 66
基礎躯体図 ……………………………………… 72

【こ】
構造図 …………………………………………… 5
鋼製建具 ……………………………………… 33, 35
コンクリート躯体図 …………………………… 10

【さ】
材料構造表示記号 ……………………………… 7
材料断面表示記号 ……………………………… 7
最上階躯体図 …………………………………… 75
作図の要点 ……………………………………… 66

【し】
室内防水 ………………………………………… 42
CL ………………………………………………… 14
GL ………………………………………………… 14
縮尺 ……………………………………………… 14

【す】
寸法線 …………………………………………… 15
寸法の引出し線・寸法線・寸法の記入 ……… 96
スラブ（床版） ………………………………… 21
スラブの基本表示 ……………………………… 22

【せ】
製図記号 ………………………………………… 7
施工図 ………………………………………… 2, 3
施工計画図 ……………………………………… 3
施工詳細図 ……………………………………… 3
設計図 …………………………………………… 2
施工図の作成者 ………………………………… 4
施工図の作成手順 ……………………………… 5
設計図書 ………………………………………… 6
設計図書の優先順位 …………………………… 6
設備記号 ………………………………………… 7
設備開口 ………………………………………… 82
設備基礎 ………………………………………… 48
線の種類 ………………………………………… 14
洗面台などの給水管・配水管 ………………… 47

【た】
耐震スリット …………………………………… 43
タイル工事（外装タイル） …………………… 26
タイル割付図 ……………………………… 27, 102
タイル割付図の完成（平面図，立面図） …… 105
タイル割付図のレイアウト …………………… 102
タイル張り（45 二丁掛けタイル） ……… 32, 34
高さ方向の割付け（タイル割付図） ………… 103
たて型ドレン …………………………………… 41
建具記号 ………………………………………… 7
建具表 …………………………………………… 58
断面図（基準階躯体図） ……………………… 71
断面図（基礎躯体図） ………………………… 74
断面図（最上階躯体図） ……………………… 78
断面図の作成 …………………………………… 97

段差があるスラブ	23

【て】

電気設備図	7
電気記号	7

【と】

通り心	14
通り心，通り心記号の記入	85
通り心（基準線）・寸法の記入	66
塗装種類略名記号	7
ドレン	40

【に】

2階床梁の記入	88
2階スラブの記入	94

【ぬ】

ぬすみ	11

【は】

パイプシャフト（PS）	46
柱	16
柱の記入	86
柱の設備機器	45
ハト小屋	48
梁	18
梁の設備開口	46
ハンチスラブ・ドロップスラブ	25
パラペット	38

【ひ】

ひび割れ誘発目地	37

【ふ】

部材リスト（構造設計図）	63

【へ】

平面記号	7
平面図（基準階躯体図）	66
平面図（基礎躯体図）	72
平面図（屋上階躯体図）	75
平面の割付け	27, 102
ベランダ・バルコニー	24

【ほ】

防水工事	38

【ま】

増打ちコンクリート	16

【み】

見上げ図	11
見下げ図	11
水勾配	38

【も】

モデル建物	50

【や】

屋根伏図	11, 79

【ゆ】

床の設備開口	45
床高さの設定	97

【よ】

横引きドレン	40

【れ】

レイアウト計画	85

【作図番号】

1	「通り心線・寸法」	85
2	「柱の作成図」	87
3	「梁の作成図」	89
4	「壁の作成図」	93
5	「スラブの作成図」	95
6	「寸法・寸法線の記入」	96
7	「詳細記号の記入」	96
8	「床高さの記入」	98
9	「スラブ・梁・柱断面の記入」	98
10	「展開部（開口部等）の記入」	98
11	「階段断面図の記入」	99
12	「b-b′階段部断面図」	100
13	「寸法・寸法線の記入（断面図）」	100
14	「詳細記号の記入例（断面図）」	101

【監修】　大野　隆司　Takashi OHNO
　　　　1968年　東京大学工学部建築学科卒業
　　　　　　元　東京工芸大学　教授，故人

【著者】　中澤　明夫　Akio NAKAZAWA
　　　　1968年　京都工芸繊維大学工芸学部建築工芸学科卒業
　　　　1968年〜2001年　(株)新井組
　　　　現　在　(株)アルマチュール研究所　技術士（建設部門）

　　　　安藤　俊建　Toshitatu ANDO
　　　　1969年　東京理科大学工学部建築学科卒業
　　　　1969年〜2010年　(株)佐藤秀
　　　　現　在　(株)佐藤秀　顧問

　　　　佐々木　晴英　Haruhide SASAKI
　　　　1981年　日本大学生産工学部建築学科卒業
　　　　現　在　(株)佐藤秀　建築部長

　　　　秦　邦晃　Kuniaki HATA
　　　　1981年　神戸大学工学部建築学科卒業
　　　　1981年〜2005年　(株)新井組
　　　　現　在　(株)松本商事　技術部副部長　技術士（建設部門）

　　　　（肩書きは，初版発行時のもの）

初めて学ぶ建築実務テキスト　建築施工図

　　　　2012年9月28日　初　版　発　行
　　　　2023年5月1日　初版第9刷

　　　　　　　　監修者　大　野　隆　司
　　　　　　　　執筆代表　中　澤　明　夫
　　　　　　　　発行者　澤　崎　明　治
　　　　　　　　　　　印　刷　新日本印刷
　　　　　　　　　　　製　本　ブロケード

　　　　　　発行所　株式会社　市ヶ谷出版社
　　　　　　　　　東京都千代田区五番町5
　　　　　　　　　電話　03-3265-3711（代）
　　　　　　　　　FAX　03-3265-4008
　　　　　　　　　http://www.ichigayashuppan.co.jp

©2012　　　　　　　　　　ISBN978-4-87071-020-7

初学者の建築講座　編修委員会

〔**編修委員長**〕　　　長澤　　泰（東京大学名誉教授，工学院大学名誉教授）
　　　　　　　　　　　大野　隆司（東京工芸大学 名誉教授　故人）

〔**編修副委員長**〕　　倉渕　　隆（東京理科大学 教授）

〔**編修・執筆委員**〕(50音順)

安孫子義彦（株式会社ジエス 顧問）	鈴木　信弘（神奈川大学 教授）
五十嵐太郎（東北大学 教授）	鈴木　利美（鎌倉女子大学 教授）
大塚　貴弘（名城大学 准教授）	鈴木　洋子（鈴木アトリエ 共同主宰）
大塚　雅之（関東学院大学 教授）	砂田　武則（鹿島建設）
川北　　英（京都建築大学校 学校長）	瀬川　康秀（アーキショップ 代表）
河村　春美（河村建築事務所 代表）	角田　　誠（東京都立大学 教授)
岸野　浩太（夢・建築工房 代表取締役）	戸高　太郎（京都美術工芸大学 教授）
橘高　義典（東京都立大学 教授）	中澤　明夫（アルマチュール研究所）
小山　明男（明治大学 教授）	中村　成春（大阪工業大学 准教授）
坂田　弘安（東京工業大学 教授）	藤田　香織（東京大学 教授）
佐藤　　勉（駒沢女子大学教授）	宮下　真一（東急建設）
佐藤　考一（金沢工業大学 教授）	元結正次郎（東京工業大学 教授）
杉田　宣生（ハル建築研究所 代表）	山田　俊之（日本工学院専門学校）

〔初学者の建築講座〕

- **建築計画**（第三版）
  佐藤考一・五十嵐太郎　著
  B5判・200頁・本体価格2,800円

- **建築構造**（第三版）
  元結正次郎・坂田弘安・藤田香織・
  日浦賢治　著
  B5判・192頁・本体価格2,900円

- **建築構造力学**（第三版）
  元結正次郎・大塚貴弘　著
  B5判・184頁・本体価格2,800円

- **建築施工**（第三版）
  中澤明夫・角田　誠・砂田武則　著
  B5判・208頁・本体価格3,000円

- **建築製図**（第三版）
  瀬川康秀　著，大野隆司　監修
  A4判・152頁・本体価格2,700円

- **建築法規**（第四版）
  河村春美・鈴木洋子・杉田宣生　著
  塚田市朗　専門監修
  B5判・216頁・本体価格2,800円

- **建築設備**（第五版）
  大塚雅之　著，安孫子義彦　専門監修
  B5判・216頁・本体価格3,000円

- **建築環境工学**（第四版）
  倉渕　隆　著，安孫子義彦　専門監修
  B5判・208頁・本体価格3,000円

- **建築材料**（第二版）
  橘高義典・小山明男・中村成春　著
  B5判・224頁・本体価格3,000円

- **建築構造設計**（第二版）
  宮下真一・藤田香織　著
  B5判・216頁・本体価格3,000円

〔新刊〕

- **建築家が使うスケッチ手法**
  ―自己表現・実現のためのスケッチ戦略―
  川北　英　著
  A4判・176頁・本体価格2,800円

- **住宅の設計**
  鈴木信弘　編著
  戸高太郎・岸野浩太・鈴木利美　著
  A4判・112頁・本体価格2,800円

- **建築インテリア**
  佐藤　勉・山田俊之　著，長澤　泰・倉渕　隆　専門監修
  B5判・168頁・本体価格2,800円